Richtlinien

für die

Bewertung von Wassernutzungen und Wassernutzungsanlagen

Vom Landesfinanzamt München als Hauptort für die Einheitsbewertung von Wassernutzungen für 1935/36.

Erläutert von

Ingenieur C. Reindl

München.

1936

München, Berlin und Leipzig

J. Schweitzer Verlag (Arthur Sellier).

Druck von Dr. F. P. Datterer & Cie., Freising-München

Vorwort.

Die einheitliche richtlinienmäßige Bewertung der Wassernutzungen und der dazu dienenden Anlagen aller Art ist steuerlich und technisch eine Neuheit. Zunächst dadurch, daß ein auf den ersten Blick ganz heterogenes Gebiet vereinheitlicht wird, in welchem zunächst jeder Nutzungsfall und jede Nutzungsanlage anders geartet zu sein scheint; aber letzten Endes erfolgt auch die Bewertung von Grund und Boden, von landwirtschaftlichen und forstlichen Nutzungen, von Fabrikgebäuden, Hotels und Warenhäusern, Privatbahnen usw. trotz der Vielgestaltigkeit ihrer Verhältnisse gleichfalls nach Richtlinien. Die besondere Neuheit liegt darin, daß im Gange der Vorarbeiten für die vom RFm. angeordnete Aufstellung von Richtlinien für die Bewertung der Wassernutzungsrechte sich von selbst die Notwendigkeit bestätigte, aus dem erst durch die Ausübung zu einem Vermögenswert werdenden Nutzungsrecht und den zur Ausübung dienenden Sachwerten (Anlagen) — auch im Sinne der Ausführungen der Reichsfinanzräte Ott und Zimmermann*) — eine wirtschaftliche Einheit nach § 2 Abs. 1 RBewG. nach wirtschaftlich-technischen Gesichtspunkten zu bilden. Dabei war ferner infolge der Unmöglichkeit einer richtlinienmäßig erfaßbaren Ertragswertfindung von den stets einwandfrei bestimmbaren Anlagekosten auszugehen, welche durch Berücksichtigung der wirtschaftlichen Besonderheiten trotz der naturgegebenen Verschiedenheiten in den gemeinen Wert übergeführt werden können.

Einen gemeinsamen Nenner für diese alle zu finden durch gleichfalls einheitliche Behandlung aller Besonderheiten, welche den Regelfall zum jeweils vorliegenden Einzelfall wandeln, ist ebenfalls bestimmend für Art und Aufbau der

---

*) Ott: St. u. W. 1931 Bd. I Sp. 1341 ff. — Zimmermann: ebendort 1928 Bd. I Sp. 511 ff. („daß auch das Wassernutzungsrecht nicht als Teil des Grundstückes, sondern als Teil der Wasserkraftanlage in Betracht kommt“).

Richtlinien. Daß Richtlinien nicht alle überhaupt vorkommenden Fälle und Verhältnisse umfassen können, wenn sie nicht zu einer verwirrenden Sammlung von Ausnahmen werden sollen, wird im Zusammenhange ausgeführt; es galt die richtige Grenze dafür zu finden und einzuhalten.

Die Neuartigkeit der vorliegenden Richtlinien in mehrfacher Hinsicht und der Umstand, daß vielfache wirtschaftliche und technische Erwägungen mehr oder weniger unsichtbar hinter ihren Bestimmungen stehen, rechtfertigt es, sie für die handhabenden LFA. und FA. ebenso wie für die Steuerpflichtigen eingehender zu erörtern, als die Richtlinien selbst dazu Raum bieten können, um so mehr als der Verfasser der Erläuterungen bei der Aufstellung der Richtlinien als amtlicher Sachverständiger des Hauptorts mit tätig war. In diesem Rahmen können auch manche Sonderfälle behandelt werden, welche außerhalb von Richtlinien stehen müssen.

Als leitender Grundsatz bei der Ausarbeitung der Richtlinien galt die Sicherstellung der Steuergerechtigkeit und Steuerklarheit, nicht etwa die Erfindung einer neuen Steuerquelle oder die Herbeiführung höherer Wertansätze, als bisher bei sachlich richtiger Veranlagung sich ergebend. Wo allerdings bisher als Folge der Uneinheitlichkeit und Undurchsichtigkeit die Bewertungen zu sachlich unzutreffenden Ergebnissen geführt hatten, kann eine sich nach den Richtlinien ergebende höhere Bewertung nur als Berichtigung im Sinne der Steuergerechtigkeit aufgefaßt werden.

Über den eigentlichen Anwendungsbereich hinaus werden die Richtlinien auch bei der Bemessung der Zuschläge zum land- oder forstwirtschaftlichen Vermögen für einschlägige Nebenbetriebe*) oder sonst als Anhalt zur Wertfindung für Wassernutzungen mit Vorteil hilfsweise herangezogen werden können und Zweifel aufhellen helfen.

Im Gegensatz vielleicht zu vielen Kommentaren wurde Wert darauf gelegt, daß der nichtsachverständige Gebraucherkreis über das rein Formale hinaus auch ein wenigstens allgemeines Bild über das technische und wirtschaftliche Wesen des Bewertungsgegenstandes erhält; so bringen die Erläuterungen auch Ausführungen und einige Schaubilder,

*) vgl. (19) auf S. 41.

die sich zunächst in einem Kommentar nicht erwarten lassen mögen.

Die Richtlinien sind das Ergebnis umfassender früherer finanzamtlicher, technischer und wirtschaftlicher Erfahrungen, welche in rund 1½jähriger Arbeit zu dem grundsätzlichen Aufbau geführt haben, der dann in weiterer eingehender Kleinarbeit unter Beachtung der vom RFm. für die Hauptorte allgemein aufgestellten Richtlinien die endgültige Fassung erhielt.

München, Juni 1936.

Ing. C. Reindl.

Inhaltsübersicht.

Abkürzungen und Hinweise.

Richtl.	Richtlinien des LFA. München für die Bewertung von Wassernutzungen und Wassernutzungsanlagen von 1935/36.	
EinhS.	Einheitssätze für die Bewertung von Wasserkraftanlagen	Anlage 1.
Inderz.	Inderzahlen für Wasserkraftanlagen und sonstige Wassernutzungsanlagen	Anlage 1.
Beschr.	Beschreibung der Wassernutzungsanlagen (Fragebogen).	Anlage 2.
Wertber.	Wertberechnung für Wassernutzungsanlagen und sonstige Wassernutzungen.	Anlage 3.
1	Ziffern der einzelnen Absätze der Erläuterungen.	
RBewG.	Reichsbewertungsgesetz: ohne Jahreszahlangabe: vom 16. 10. 1934; sonst mit Datumangabe.	
AO.	Abgabenordnung.	
RStBl.	Reichssteuerblatt.	
St. u. W.	Steuer und Wirtschaft.	
RFmErl.	Erlaß des Herrn Reichsfinanzministers.	
FA.	Finanzamt.	
LFA.	Landesfinanzamt.	

Der Präsident
des Landesfinanzamts München.

—

Hauptort für die Einheitsbewertung
von Wassernutzungen.

München, 1935/36.

Text der Richtlinien

für die Bewertung von Wassernutzungen und Wassernutzungsanlagen.

Die Richtlinien sind abgestellt auf die am 1. Januar 1935 bestehenden tatsächlichen und rechtlichen Verhältnisse und sind auch für Neu- und Nachfeststellungen nach diesem Zeitpunkt anzuwenden; sie erfassen alle Wassernutzungen und Wassernutzungsanlagen, also nicht nur solche Fälle, in denen etwa die Wassernutzung das Hauptwirtschaftsziel ist. Die Richtlinien bezwecken, anstelle der in den einzelnen Reichsteilen bisher sehr unterschiedlichen steuerlichen Behandlung der Wassernutzungen Begriff und Umfang dieser Wirtschaftsgüter zu klären und einheitlich zu fassen (Abschnitt I und II), sowie für die Beurteilung der bei Wassernutzungen vielfach gegebenen Besonderheiten allgemeinverbindliche Grundsätze aufzustellen (Abschnitt III A d). Darüber hinaus enthalten die Richtlinien für die Masse, insbesondere der kleinen und mittleren Wasserkraftanlagen, bestimmte Einheitssätze (Anlage 1 I) sowie für die Bewertung der sonstigen Wassernutzungsanlagen und ggf. der Großkraftanlagen gewisse Indexzahlen für Gestehungskosten (Anlage 1 II).

Eine Berechnung nach dem wirtschaftlichen Wert (Nutzungswert) ist entsprechend den allgemeinen Erfahrungen nicht überall gangbar. Die richtlinienmäßige Behandlung (III A) konnte daher nur den Anlagewert (Herstellungswert) zum Ausgang nehmen, und zwar den Anlagewert ohne Einbeziehung der Grundstücke (III B). Da bei Wassernutzungen der tatsächliche Anlagewert von dem gemeinen Wert (Kaufpreis) stärker abweichen kann, ist das Verfahren derart aufgebaut, daß zunächst durch Ermittlung des ursprünglichen Anlagewerts (nach Einheitssätzen oder Gestehungskosten) eine sichere Grundlage für das weitere Bewertungsverfahren geschaffen wird, sodann die notwendigen Absetzungen (Abschreibungen) nach III A c erfolgen und erst hernach, soweit veranlaßt, die Besonderheiten nach III A d Berücksichtigung finden, um so die betriebsgünstigen oder betriebsungünstigen Umstände zuverlässig zu erfassen und damit auf den „Teilwert“ (ohne Betriebsgrundstücke) im Sinne des § 12 RBewG. zu kommen.

Die Bewertung von Wassernutzungen und Wassernutzungsanlagen erfolgt nach diesen Richtlinien entsprechend den allgemein geltenden Bestimmungen nur insoweit, als ein steuerliches Interesse an der Erfassung des betreffenden Wirtschaftsgutes besteht (§ 214 AO. — RStBl. 1934 S. 443).

I.

Begriff der Wassernutzung.

Die Wassernutzungen werden eingeteilt in

a) Wasserkraftnutzungen

b) sonstige Wassernutzungen.

Zu a) Die Wasserkraftnutzung erfolgt mittels Wasserkraftmaschinen (Wasserräder, Wasserturbinen) für alle Zwecke aus natürlichen Wasserläufen oder mit künstlich gehobenem Wasser (sog. Pumpenspeicher-Anlagen) durch Ausnützung einer bestimmten Wassermenge mit dem an der Wasserkraftanlage vorhandenem Gefälle, das ist dem Höhenunterschied zwischen Oberwasser- und Unterwasserspiegel.

Zu b) Als sonstige Wassernutzungen kommen in Betracht:

α) Öffentliche Wasserversorgung durch Anlagen, die Wasser aus Quellen, Grundwasserströmen, natürlichen oder künstlichen Wasserläufen, Seen oder Sammelbecken entnehmen, es nötigenfalls in besonderen Betriebsvorrichtungen reinigen, aufbereiten und den Verbrauchern als Trink- oder Nutzwasser zuführen.

β) Alle übrigen Wasserentnahmen und Wassereinleitungen, bestehend aus:

Entnahme aus einem Gewässer oder Grundwasser mittels Gräben, Rohrleitungen, Pumpen für Gewerbebetriebe und landwirtschaftliche Betriebe, mit Ausnahme des häuslichen Bedarfs oder eigener landwirtschaftlicher Verwendung z. B. zur Wiesenbewässerung. Das entnommene Wasser kann entweder gebraucht und hernach wieder eingeleitet werden (z. B. Kühl- oder Waschwasser, Spritzwasser) oder es kann verbraucht werden (z. B. Kesselspeisewasser, Wasser zur Herstellung von Erzeugnissen).

Einleitung gebrauchten Wassers in ein Gewässer, auch Einleitung anderer Stoffe aus Gewerbe- und landwirtschaftlichen Betrieben. Ausnahmen: Einleitung der Abwässer von Einzelhaushaltungen oder des Wassers aus eigenen landwirtschaftlichen Entwässerungen (Tränung) oder Zutageförderung und Einleitung von Grubenwässern oder sonstigen betriebsnotwendigen Entwässerungen, solange das hier beseitigte Wasser nicht auch gewerblich gebraucht oder verbraucht wird.

II.

Umfang der Wassernutzung.

Eine Wassernutzung umfaßt alle technisch zur Ausübung dieser Wassernutzung gehörigen Bestandteile einerseits von der Stelle an, wo zum Zweck der Entnahme von Wasser aus dem natürlichen Gewässer der Wasserlauf verändert wird oder Grundwasser zu Tage gefördert wird (z. B. Anstauen eines fließenden Gewässers, Brunnen) bis zur Wiedereinleitung des genutzten Wassers in das natürliche Gewässer und andererseits bis zu der Stelle, wo die Tätigkeit der Kraft- oder Wassergewinnung endet und die gewonnene Kraft (Wasser) in den gewerblichen Betrieb des Unternehmens zur eigenen Verwendung (Antrieb der Maschinen, Verwertung des Fabrikations- u. dgl. Wassers) oder zum Verkauf an Andere (Elektrizitäts- oder Wasserwerke) übergeht.

A.

Das Wirtschaftsgut einer Wasserkraftnutzung enthält das Recht zur Nutzung sowie alle zum Zwecke der Kraftgewinnung geschaffenen Anlagen und die gemachten Aufwendungen (einschl. derjenigen für Rechte, Verfahren, Planung und Bauleitung) zur Entnahme bzw. Ableitung aus dem natürlichen Gewässer, das sind: die Nutzungsanlagen, bestehend aus der Zuleitung des Wassers zur Ausnutzungsstelle, der Ausnutzungsanlage selbst (Wasserkraftanlage) zur Umsetzung der Wasserenergie in mechanische bzw. elektrische Energie, der Wiedereinleitung des ausgenutzten Wassers in das natürliche Gewässer — die der Nutzung dienenden bebauten und unbebauten Grundstücke, bestehend aus den hierzu erstellten baulichen Anlagen sowie den vom Wasser im Ausnutzungsbereich bedeckten Grundstücken.

1. Eine Wasserkraftanlage besteht, an den Herstellungskosten gemessen, zum weitaus überwiegenden Teil — durchschnittlich etwa 60 bis 80 v. H., meist näher an letzterem Hundertsatz — aus den tiefbaulichen Bestandteilen zur Fassung, Entnahme, Zuleitung und Wiedereinleitung des Wassers aus dem Fluß und zurück in den Fluß.

2. Weitere etwa 25 bis 10 v. H. der Gesamtanlage bestehen in Bauwerken, die entsprechend der technischen Eigenart einer Wasserkraftanlage ebenfalls zum überwiegenden Teil — mindestens 60 v. H., im Durchschnitt 80 bis 90 v. H. ihrer Baukosten — aus den für andere Betriebszwecke untauglichen, also bei Aufhören der Wasserkraftnutzung zwecklosen Tiefbauteilen sich zusammensetzen; insbesondere bei neuzeitlichen Turbinenanlagen bildet der tiefbauliche Teil einen so wesentlichen Bestandteil der Turbine selbst, daß die Turbine ohne den Tiefbau überhaupt nicht aufgestellt werden könnte. Der Hochbauteil (Gebäude im üblichen Sinn) dient regelmäßig nur als schützender Überbau über die Wasserkraftmaschinen und über die

Kraftübertragungsmittel von der Wasserkraftmaschine auf die davon betriebenen Produktionsmaschinen und ist daher, soweit nicht auf Grund der technischen Verhältnisse nach den Allgemeinanordnungen des Reichsfinanzministeriums anderes gilt, keine Betriebsvorrichtung.

3. Die restlichen etwa 15 bis 10 v. H. der Gesamtanlage entfallen auf die Maschinen: das sind die eigentlichen Wasserkraftmaschinen, welche das Arbeitsvermögen des Wassers in mechanische Arbeit an der Turbinen- oder Wasserradwelle umsetzen — einschließlich deren Zubehörteile zur Regulierung sowie zur In- und Außerbetriebsetzung (wie Regler, Öldruckanlagen, Schützen usw.). Ferner gehören dazu die zur Weiterverwendung der gewonnenen Wasserkraftarbeit nötigen Einrichtungen und zwar

a) die mechanischen Zwischengetriebe zur Herbeiführung der gewünschten Drehzahl (Kegelrad- oder Stirnradgetriebe); sie bilden schon durch ihren unmittelbaren Zusammenbau mit den Wasserkraftmaschinen untrennbare Bestandteile der Anlage.

b) bei elektrischer Kraftübertragung die Stromerzeugungsanlage (Generator). Wo die Wasserkraftmaschinen in der heute allgemein für größere Betriebe üblichen Weise mit vielfältig unterteiltem Kraftverbrauch eine Mehrheit getrennt aufgestellter Arbeitsmaschinen statt durch Transmissionswellen, Riemen oder Seile durch Elektromotoren antreiben, vertritt die Stromerzeugungsanlage nur die Stelle der mechanischen Kraftübertragung. Der elektrische Generator bezweckt hier nichts anderes als ein Zahnradgetriebe zwischen Wasserkraftmaschine und weiterlaufender Transmission; an Stelle der Transmissionswellen treten die elektrischen Verteilungsleitungen. Somit muß überall dort, wo aus der Wasserkraft elektrische Energie zum Verbrauch im eigenen — unter Umständen auch räumlich getrennten — Verarbeitungsbetrieb gewonnen wird, die Stromerzeugungsanlage (Generator) noch mit zur wirtschaftlichen Einheit der Wasserkraftanlage gerechnet werden. Dagegen gehören alle Umspannungs- und Verteilungsanlagen sowie die diesen zugehörigen Schaltanlagen nicht mehr zur Wasserkraftanlage selbst.

c) Dasselbe ist der Fall, wenn aus der Wasserkraft elektrische Energie zum Verkauf an andere gewonnen wird. Auch hier ist die eigentliche Stromerzeugungsanlage (Generator mit zugehöriger Schaltanlage) noch zur wirtschaftlichen Einheit der Wasserkraftanlage zu rechnen, während alle Umspannungs- und Verteilungsanlagen wie bei b nicht mehr zur Wasserkraftanlage selbst gehören.

B.

Bei sonstigen Wassernutzungen besteht außer dem Recht auf Nutzung und den dieser Nutzung dienenden bebauten und unbebauten **Grundstücken** die **Nutzungsanlage** selbst aus allen Vorrichtungen, um das zu gebrauchende oder zu verbrauchende Wasser aus dem natürlichen Gewässer oder dem Grundwasservorrat zu entnehmen, der Gebrauchs- oder Verbrauchsstelle zuzuleiten (ausschließlich der Wasserverteilungsleitungen, z. B. Stadtrohrnetz), gegebenenfalls zum Verwendungszweck brauchbar zu machen und schließlich das gebrauchte Wasser wieder in das natürliche Gewässer einzuleiten, unter Umständen es vorher im Vollzug der wassergesetzlichen oder polizeilichen Vorschriften unschädlich zu machen — zu reinigen.

Nicht zu den Anlagen bei sonstigen Wassernutzungen gehören u. a. alle unter den Begriff der sog. Installation fallenden Verteilungsleitungen auf Fabrikgrundstücken und in Fabrikgebäuden, ferner die einen Bestandteil von anderen Kraftmaschinen (Dampfmaschinen oder Dampfturbinen, Dieselmotoren u. dgl.) bildenden Kühlwasserpumpen mit den zugehörigen Rohrleitungen, desgl. Kesselspeisepumpen usw.

C.

Die **Einzelbestandteile** von Wassernutzungen werden, je nachdem es sich um Kraftnutzungen oder sonstige Wassernutzungen handelt, wie folgt aufgeteilt (technische **Aufteilung** — ohne Einfluß auf die Bewertungsweise nach Abschnitt III):

Wasserkraftnutzungen.	**Sonstige Wassernutzungen.**
1. Wassernutzungsrecht.	
2. Entnahme.	
Stauanlagen	Quellfassungen, Grundwassersammelstollen, Brunnenanlagen
Wehre, Schützen	Stauanlagen
Einlaufbauwerke, Talsperren	Wehre, Schützen
Stauweiher-Anlagen	Einlaufbauwerke
	Talsperren
	Pumpen-Anlagen
3. Zuleitung.	
Gräben } Oberwasser	Gräben } Zulauf
Kanäle } Oberwasser	Kanäle } Zulauf
Rohrleitungen	Rohrleitungen } Zulauf
Stollen	Stollen } Zulauf
Wasserschloß	Vorratsbehälter

Wasserkraftnutzungen.

4. Wasserkraftanlage.

Kraftwerkstiefbauten (Turbineneinbau, Entlastungsanlagen, Leerschüsse, Turbinenhaus),
Rechen und Schützen
Druckrohrleitungen
Verteilungsrohrleitungen im Kraftwerk
Wasserkraftmaschinen (Turbinen, Wasserräder)
Regler, Drucköl- und Druckluftanlagen, Getriebe, Krane, Rechenreinigungs-Maschinen.

Sonstige Wassernutzungen.

4. Aufbereitung.

Kläranlagen (mechanische)
Filteranlagen
Aufbereitungsanlagen (chemische)
zugehörige Rohrleitungen
Pumpen usw.
(nicht hierher gehören Reinigungs- und Aufbereitungsanlagen für Kesselspeisewasser oder für die Herstellung einer besonderen zu Fabrikationszwecken nötigen Wasserbeschaffenheit; diese gehören zu den Dampfkessel- bzw. Fabrikationsanlagen des Produktionsbetriebes und bleiben dort zu bewerten).

4a. Elektrische Anlage.

Generatoren
Schaltanlagen für die Generatoren (ausschließlich der Verteilungsschaltanlagen, Stromverteilungsanlagen, Kabel usw. zur Kraftverteilung im eigenen Betrieb oder zur Stromlieferung an Dritte).

5. Wiedereinleitung.

Gräben, Kanäle } Unterwasser
Rohrleitungen
Ausgleichsweiher
Auslaufbauwerke

Gräben, Kanäle } Ablauf
Rohrleitungen
Auslaufbauwerke

5a. Abwasserreinigung.

mechanische und chemische Klär- und Reinigungsanlagen.

6. Nebenanlagen.

Alle ständig und ausschließlich dem Werksbetrieb dienenden Hilfseinrichtungen, wie Seilbahnen (sog. Schrägaufzüge oder Rohrtransportbahnen), Revisions- und Montageaufzüge, Hebevorrichtungen (Krane), Rechenreinigungsmaschinen, Bagger, Schiffe usw.

7. Grundstücksflächen.

Alle ausschließlich zum Zweck der Errichtung und des Betriebes der Wassernutzungsanlage erworbenen Grundstücke, welche von den baulichen Anlagen nach Ziffer 2 mit 6 bedeckt werden oder diese Anlagen enthalten (vgl. III B) einschließlich der sog. Vorrats- und Schutz-Grundstücke bei Wasserversorgungsanlagen.

Im übrigen erfordert die Errichtung von Wassernutzungsanlagen Aufwendungen für den Erwerb entgegenstehender Nutzungsrechte, für die Erstellung oder den Erwerb von Planungen und Vorarbeiten, ferner die Planungs- und Bauleitungskosten, sowie die Kosten und Gebühren des amtlichen wassergesetzlichen und baupolizeilichen Verfahrens.

III.

Bewertungsweise.

A. Wassernutzungsanlagen (ausschl. Grundstücke).

a) Ein Wassernutzungsrecht ist regelmäßig gegeben, wenn die Befugnis zur Wassernutzung durch eine vorhandene oder im Entstehen begriffene Anlage der in Abschnitt I (Begriff der Wassernutzung) aufgeführten Arten tatsächlich ausgenützt wird oder werden soll, gleichgültig auf welcher Rechtsgrundlage die Nutzung erfolgt (z. B. als Ausfluß des Grundeigentums, auf Grund privatrechtlicher Gestattung oder Übertragung oder auf Grund eines gesetzlichen Hoheitsaktes).

Das Wassernutzungsrecht gehört nicht zu den Gewerbeberechtigungen im Sinne des § 58 RBewG.; subjektiv dingliche Wassernutzungsrechte gelten nicht als Bestandteile eines Grundstücks oder Betriebsgrundstücks. Als besonderes Wirtschaftsgut ist das Wassernutzungsrecht ausnahmsweise dann zu bewerten, wenn es für sich allein besteht und nicht Teil einer Wassernutzungsanlage ist (RFH. in RStBl. 1933 S. 698). Im Regelfalle ist das gewerbliche Nutzungsrecht zusammen mit den übrigen Bestandteilen der Wassernutzungsanlage in dem Wert des einheitlichen Wirtschaftsgutes mitzuerfassen.

Für das Wassernutzungsrecht ist als Rechnungsposten anzusetzen:

1. Bei Kraftnutzungen als Wert je PS Ausbauleistung (Begriffsbestimmung b 1 Abs. 2) 50.— RM. Wird eine Wassernutzungsgebühr vom Reich, Land, Gemeinde oder sonstiger Körperschaft des öffentlichen Rechts erhoben, so wird der dafür angesetzte und mit 18 kapitalisierte Jahresbetrag in Abzug gebracht, jedoch nicht mehr als 40.— RM. je PS Ausbauleistung, so daß mindestens 10.— RM. je PS Ausbauleistung als Wert des Wassernutzungsrechts übrig bleiben. — Bei Pumpenspeicheranlagen wird das Wassernutzungsrecht als Entnahme von Gebrauchswasser nach Ziff. 2 bewertet.

2. Bei den sonstigen Wassernutzungen, soweit sie nicht vorübergehenden Zwecken oder dem eigenen häuslichen oder landwirtschaftlichen Bedarf dienen:

für Entnahme von Trink- und Nutzwasser, auch für öffentliche Wasserversorgung	je 100 l/sec	RM. 1000	Als Wassermenge gilt die von den Pumpen oder sonstigen Entnahme- oder Einleitungseinrichtungen im Dauerbetrieb förderbare Wassermenge.
für Entnahme von Verbrauchswasser zum eigenen gewerblichen Betrieb	je 100 l/sec	RM. 500	
für Entnahme von Gebrauchswasser zum eigenen gewerblichen Betrieb	je 1 m^3/sec	RM. 500	
für gewerbliche oder öffentliche Abwassereinleitung	je 1 m^3/sec	RM. 1000	

Bei einer etwa dafür zu leistenden Benützungs- bzw. Entnahme- oder Einleitungsgebühr ist sinngemäß wie bei Ziff. 1 zu verfahren mit der Maßgabe, daß mindestens 20 v. H. des sich ergebenden Nutzungsrechts-Wertes verbleiben. Der Mindest-Ansatz darf 100.— RM. nicht unterschreiten.

3. Ist die Wasserbenützungsgebühr aus besonderen, dem Unternehmen eigenen wirtschaftlichen Gründen bereits niedriger als üblich angesetzt worden, so ist auf begründeten Antrag und nach sachverständiger Prüfung der Wert des Nutzungsrechts äußerstenfalls bis zu den in Ziff. 1 und 2 genannten Mindestsätzen zu ermäßigen.

Gehört zum landwirtschaftlichen u. dgl. Vermögen ein derartiges Recht auf Wassernutzung oder besteht eine Wassernutzungsanlage (z. B. im landwirtschaftlichen Nebenbetrieb), so wird der Wert gegebenenfalls zusammen mit dem Anlagewert durch einen Zuschlag zum Vergleichswert des landwirtschaftlichen Betriebes miterfaßt.

b) Die Bewertung der Wassernutzungsanlagen erfolgt auf der Grundlage des Teilwertes (§ 12 RBewG.). Dabei kann ausgegangen werden:

1. von erfahrungsmäßigen Einheitssätzen (nur bei Wasserkraftanlagen!), welche die derzeitigen Anlagekosten auf der Preisbasis 1934 für übliche Ausführung je PS Ausbauleistung wiedergeben; sie berücksichtigen sämtliche Einzelbestandteile der Anlage (II C) ausschließlich der Grundstücke und Kanäle und ausschließlich des Rechnungspostens für das Wassernutzungsrecht. Falls eine elektrische Kraftübertragung vorhanden ist, tritt zu den Einheitssätzen ein Zuschlag.
Ausbauleistung ist die Gesamtleistung aller vorhandenen Wasserkraftmaschinen, insoferne nicht etwa die vorhandenen

Einrichtungen zur Wasserentnahme oder Wasserzuleitung eine geringere Höchstleistung gestatten und die darüber hinausgehende Maschinenleistung dann nur Betriebsreserve ist. Für die Bewertung nach Richtsätzen ist lediglich maßgebend die aus der größten zu verarbeitenden Wassermenge (Ausbauwassermenge) und dem ausgenützten Gefälle (nach IV 3) zu berechnende Leistung. Die vom Pflichtigen angegebene Ausbauleistung ist auf die Richtigkeit nachzuprüfen; falls sie eine Betriebsreserve enthält, ist diese zusätzlich nach den Einheitssätzen Anl. 1 I unter H oder nach den allgemein geltenden Bestimmungen zu bewerten.

Die Einheitssätze sind in der Anlage 1 I enthalten.

oder

2. von den tatsächlichen Gestehungskosten der Wassernutzungsanlage. Diese sind im Verhältnis der Preisbasis des Baujahres zur Preisbasis 1934 auf die Preisbasis 1934 umzurechnen. Für die Zeit 1915/23 lassen sich Indexzahlen nicht bilden, statt dessen ist entweder der Wert aus den Einheitssätzen (III A b 1) zu bilden oder es ist nachzuweisen, was die Anlage beim Bau im Jahre 1934 kosten würde.

Die Kostenindexzahlen sind in Anlage 1 II enthalten.

c) Von diesen nach III A b 1) oder 2) auf der Preisbasis 1934 ermittelten Anlagekosten wird die Absetzung für Abnützung abgezogen, welche der gewöhnlichen Wertminderung durch die natürliche Alterung und durch den technischen Fortschritt entspricht (Ausnahmen III A d 3).

Die Wassernutzungs- und Wasserkraftanlagen setzen sich zusammen aus Bestandteilen sehr verschiedener Art und Lebensdauer. Für Tiefbauteile (Mauerwerk, Beton) rechnet man als Lebensdauer 70 bis 100 Jahre, für Eisenbauten (Wehre, Rohrleitungen) 30—60 Jahre, für Turbinen und Generatoren 20—30 Jahre. Damit die Anlage dauernd leistungsfähig bleibt und der Betriebssicherheit genügt, werden also einzelne Bestandteile bereits durch neue ersetzt werden müssen, wenn andere Bestandteile noch voll unter verhältnismäßig geringen laufenden Instandsetzungen brauchbar sind. Somit wird bei einer fortlaufenden (nicht befristeten oder widerruflich erlaubten) Nutzung entsprechend der steten Brauchbarkeit der Anlage immer ein ziemlich erheblicher Mindestwert vorhanden sein. Geht man davon aus, daß der Wert der gebrauchsfähig erhaltenen und innerhalb der Lebensdauer der längstlebigen Teile im einzelnen bereits ausgewechselten und modernisierten Anlage am Ende dieser Lebensdauer noch etwa 40 v. H. des Neuwertes beträgt, so ergibt sich als Abschreibungssatz (Abschreibung für Abnutzung = Wertminderung für gewöhnliche Alterung) je Jahr Bestandsdauer 1,5 v. H.

Die Abschreibung für gewöhnliche Abnutzung kann im Regelfall nicht über 60 v. H. hinausgehen; einer weitergehenden Überalterung durch besondere Umstände ist jedoch Rechnung zu tragen (III A d 6 ε).

Für Wassernutzungsanlagen, welche nach III A b 2 zu den nachgewiesenen Gestehungskosten bewertet werden, kann in besonderen Fällen (u. a. auf Antrag des Pflichtigen unter Beigabe der erforderlichen Unterlagen) anstelle der Pauschabschreibung nach III A c auch das allgemein übliche Abschreibungsverfahren beibehalten werden, jedoch soll auch hier der Endwert von 40 v. H. nicht unterschritten werden, soweit nicht die Voraussetzungen nach III A d 6 ε zutreffen.

Berechnungsbeispiel: Erlaubnisdauer unbegrenzt, Alter der Anlage 20 Jahre:

Wert der Anlage		1000000 RM	
20 × 1,5 v. H. = 30 v. H.; abzusetzen also 30 v. H. von 1000000	=	300000 RM	
verbleibt anzusetzender Wert			700000 RM

d) Besonderheiten.

1. Bei noch nicht ausgeübten Nutzungen kann es sich um eine noch unfertige Anlage oder um ein erst im Entstehen begriffenes Recht handeln. Im ersteren Fall ist die Wassernutzungsanlage mit den bis zum Stichtag gemachten Bauaufwendungen d. h. mit den dann bereits vorhandenen Vermögenswerten an Bauwerken, angelieferten Baustoffen und Maschinen zu bewerten; Umrechnung nach Indexzahlen erübrigt sich. Im letzteren Fall ist lediglich der tatsächlich gezahlte Preis für den Boden und das gegebenenfalls hiezu erworbene Gebäude anzusetzen.

2. Ist eine Wassernutzungsanlage stillgelegt und befindet sie sich wegen der unterbliebenen Instandhaltung nicht mehr in gebrauchsfähigem Zustand, so ist sie außer mit dem Wert des Wassernutzungsrechts mindestens noch mit dem Abbruchwert anzusetzen; dieser beträgt in der Regel 10 v. H. der Anlagekosten, bezogen auf 1934.

3. Bei befristeter Erlaubnisdauer ist zu unterscheiden, ob:
   a) nach Ablauf der Erlaubnisdauer die Anlage gegen Heimfall-Entschädigung an den Staat (das Reich) fällt. Der Endwert ist gleich der Heimfall-Entschädigung laut Erlaubnisbedingungen — Berechnungsbeispiel: Erlaubnisdauer 60 Jahre — Anlage besteht bereits 20 Jahre.

Wert der Anlage		1000000 *RM*
Entschädigung bei Heimfall		300000 *RM*
Unterschied		700000 *RM*

mal dem Verhältnis

$$\frac{\text{verstrichene Bestandszeit} = 20}{\text{gesamte Erlaubnisdauer} = 60}$$

ergibt Wertminderung = 233333 *RM*

β) die Erlaubnis ohne Entschädigung erlischt; der Endwert ist gleich dem Abbruchwert = 10 v. H. der Anlagekosten 1934 — Berechnungsbeispiel:

Wert der Anlage 1000000 *RM*

90% hiervon mal dem Verhältnis

$$\frac{\text{verstrichene Bestandszeit} = 20}{\text{gesamte Erlaubnisdauer} = 60}$$

ergibt Wertminderung = 300000 *RM*

γ) die Anlage zu entfernen und der natürliche Zustand wiederherzustellen ist. Der Endwert ist gleich Null, da der Abbrucherlös durch die Wiederherstellung des natürlichen Zustandes mindestens aufgezehrt wird — Berechnungsbeispiel:

Wert der Anlage 1000000 *RM*

mal dem Verhältnis

$$\frac{\text{verstrichene Bestandszeit} = 20}{\text{gesamte Erlaubnisdauer} = 60}$$

ergibt Wertminderung = 333333 *RM*

Für Abschreibungen nach III A c ist in den Fällen *α* bis *γ* nur insoweit Raum, als diese allgemeinen Abschreibungen über die Wertminderung für den Heimfall hinausgehen.

4. Bei stets widerruflicher Nutzungserlaubnis kann regelmäßig davon ausgegangen werden, daß die an sich bestehende Unsicherheit der wirtschaftlichen Zukunft erfahrungsgemäß durch die Handhabung in der Praxis wesentlich gemildert ist. Es genügt daher in der Regel ein Abzug von 15 v. H. des nach der ordnungsmäßigen Abschreibung (III A c) verbleibenden Gesamtwertes der Anlage. — Ist zugleich die Wiederherstellung des früheren Zustandes auferlegt, so sind dementsprechend in der Regel 25 v. H. abzusetzen.

5. Bestehen Auflagen auf wiederkehrende Leistungen zum Uferschutz oder Hochwasserschutz, zur Instandhaltung von Uferstrecken, von Schiffahrts- oder Floßschleusen oder Triftanlagen außerhalb der eigentlichen Betriebseinrichtungen, so

ist der im Durchschnitt der letzten 10 Jahre dafür nachweisbar aufgewendete oder schätzungsweise anfallende Jahresbetrag mit 18 kapitalisiert in Abzug zu bringen. Wenn statt der Sachleistungen entsprechende jährliche Geldleistungen auferlegt sind (nicht Wassernutzungsgebühr!), so sind diese ebenso zu behandeln. Die laufende Instandhaltung der unter II C aufgeführten Bestandteile der Wassernutzungsanlagen ebenso wie zeitweise größere Instandsetzungen und die Behebung von Schäden durch Naturereignisse (Überschwemmungen u. dgl.) können keine Berücksichtigung bei der Bewertung selbst finden.

6. Besondere wertmindernde Umstände können in folgenden Fällen geltend gemacht werden:

α) Außergewöhnlich einfache Ausführung wichtiger Bestandteile wie einfachste hölzerne Gerinne, hölzerne Wasserräder, hölzerne Wasserradhäuser, das Fehlen besonderer Werksgräben, Wehre oder anderer wichtiger Bestandteile einer üblichen Anlage, soweit dies nicht schon durch die Einheitssätze Anl. 1 I unter F berücksichtigt ist.

β) Verlagerungen im Versorgungsgebiet, wenn infolge einer Umstellung der versorgten Betriebe auf andere Erzeugnisse oder Verfahren ein geringerer Kraftbedarf, oder infolge behördlicher Betriebs- oder Absatzbeschränkungen des versorgten Unternehmens oder infolge von Bevölkerungsverschiebungen eine geringere Ausnutzung vorliegt und der Überschuß an Kraft oder Wasser unanbringlich ist.

γ) Unzweckmäßiger Ausbau, wenn die Anlage nach Entwurf, Ausführung oder Baukosten dem Stand der Technik zur Zeit ihrer Errichtung vollwertig entsprach, aber gegenwärtig zur Erzielung der gleichen Leistung erheblich einfacher und billiger hergestellt werden würde.

δ) Verbindung mit anderen wasserwirtschaftlichen Aufgaben dergestalt, daß die Größenbemessung und Betriebsart der eigentlichen Wassernutzungsanlage beeinträchtigt wird durch fremde oder sogar gegensätzliche Anforderungen (Wasserabgabe zu Bewässerungs- oder Schiffahrts-Zwecken nach bestimmten Vorschriften — Hochwasserschutz — Kraftwerke an Schiffahrtsschleusen oder im Nebenbetrieb an Fluß-Klärbecken).

ε) Überalterung, wenn die Anlage oder wesentliche Teile derselben (z. B. Turbinen oder Wasserräder, Stauanlage) sich in einem so überalterten Zustand befindet, daß die Unbrauchbarkeit oder Unwirtschaftlichkeit in naher Zeit zu erwarten ist. Bei veralteten Turbinen, wenn in der „Beschreibung" (II 3 Art der Wasserkraftmaschinen) angegeben wird „Jonvalturbinen" oder „Girardturbinen" oder die Turbinen älter als

30 Jahre nachgewiesen werden, kann ein Abzug von 20 v. H. des für Anlagen ohne Kanäle geltenden Wertes (Anlage 1 I Spalte 1 bzw. Kurven 1) in der Wertberechnung (Berechnungsbogen bei A, d) angebracht werden.

ζ) Errichtung von Anlagen aus besonderen Gründen volkswirtschaftlicher, kraftwirtschaftlicher oder wehrpolitischer Art (z. B. wegen Arbeitsbeschaffung, zur Herstellung besonderer Erzeugnisse), wenn mit Rücksicht auf die Aufgaben der Wassernutzung oder auf die Absatzbedingungen der Erzeugnisse die Wirtschaftlichkeit der Anlage ausgeschlossen oder mindestens stark gefährdet ist.

η) Außergewöhnlich hohe Ausbauleistung im Verhältnis zur vieljährigen mittleren Leistung (Ausbauleistung größer als etwa das 1½fache der mittleren Leistung), z. B. zur Spitzendeckung oder bei besonders unstetigen Wasserläufen. Über die mittlere Leistung ist in Zweifelsfällen Angabe bei der zuständigen Wasserbaubehörde einzuholen. Der Abzug ist im Höchstfall so zu bemessen, daß als Wert der Wasserkraftnutzung das 1½fache jenes Wertes bleibt, welcher sich bei Ansatz der mittleren Leistung ergeben würde.

ϑ) Ausgesprochen schlechte Standortsbedingungen für die Wassernutzung infolge der Notwendigkeit der Fortleitung von Energie oder Wasser auf weite Strecken wegen örtlich ungünstiger Absatz- oder Verkehrslage.

ι) Wesentliche Überteuerung in der Herstellung der Anlage durch unvorhergesehene Umstände gegenüber der üblichen Ausführung, wodurch die Wirtschaftlichkeit des Unternehmens erheblich gefährdet ist.

Derartige Vorbringen, die besondere wertmindernde Umstände geltend machen, sind eingehend zu begründen und in jedem Fall einer amtlichen sachverständigen Prüfung sowohl hinsichtlich ihrer tatsächlichen Berechtigung wie hinsichtlich der dafür angemessenen Wertminderung zu unterziehen. Der nach Berücksichtigung solcher Sonderabzüge nach α—δ und ζ—ι verbleibende Anlagewert (einschließlich des Rechnungspostens für das Wassernutzungsrecht, vgl. III A a Abs. 2 und IV 8) darf keinesfalls geringer sein, als der Wert einer der Zweckbestimmung angemessenen Anlage. — Werden andere als die hier aufgeführten wertmindernden Umstände geltend gemacht, so ist über ihre Berücksichtigung Entscheidung des Hauptortes herbeizuführen.

B. Grundstücke (bebaut und unbebaut).

Die baulichen Bestandteile einer Wassernutzungsanlage bedürfen zu ihrer Errichtung des Grund und Bodens. Die (bebauten und unbebauten) Grundstücke sind nach den hiefür geltenden allgemeinen Vorschriften des RBewG. und nach den hierzu ergangenen MinErl. zu bewerten. Als Grundstücke gelten auch die offenen Kanäle und Gräben sowie die überfluteten Grundflächen der Stauanlagen, Speicherweiher und die Stollen, soweit das über Tag liegende Grundstück dem Wassernutzer selbst gehört.

Für die Abgrenzung der Gebäude von Betriebsvorrichtungen gelten die hiezu gegebenen ministeriellen Anordnungen (insbesondere MinErl. S 3231 A — 620 III v. 14. 12. 35 RStBl. 1935 S. 1544); zu den Betriebsvorrichtungen sind Stollen dann zu rechnen, wenn das über Tag liegende Grundstück im Eigentum eines Betriebsfremden steht (Regelfall!).

Für die Grundstücke ist zur endgültigen Wertfeststellung wegen der Abschreibung folgendes zu beachten:

Boden	kein Abschlag
Kanäle u. dgl.	0,7 v. H. (im Anhalt an III A c)
Anlagengebäude	vgl. MinErl. S 3231 A — 330 III v. 23. II. 1935 und S 3231 A 630 III v. 24. 12. 1935. RStBl. 1935 S. 350 und 1559.

Die mit der Bewertung des Grundbesitzes befaßten Belegenheitsfinanzämter erhalten von dem für die Feststellung des Einheitswertes des Betriebsvermögens zuständigen Sitzfinanzamt, soweit dies bei größeren Anlagen erforderlich ist, die notwendigen Unterlagen für die Ermittlung der in den einzelnen Gemeinden befindlichen Grundstückteile (Kanäle, Stauanlagen, Speicherweiher, Stollen unter eigenem Grund, Anlagengebäude u. dgl.) sowie den anteilig zum Grundstück zu schlagenden, nach Abschreibung sich ergebenden Wert der Kanäle usw. Wenn die Gestehungskosten der Kanäle nicht nachgewiesen werden, können hilfsweise hiefür die in den Einheitssätzen (Anlage 1 I Sp. 2 der Tabelle und Kurven 2 der Kurvenblätter) besonders ausgeworfenen Werte zugrunde gelegt werden. Hiernach haben die Belegenheitsfinanzämter die Einheitsbewertung der Grundstücke durchzuführen und für die Zwecke der Realsteuern (Gemeindebesteuerung) den Einheitswert der Kanäle usw. auf die einzelnen Gemeinden zu zerlegen. Hiefür wird der Einheitswert im Verhältnis der in der beteiligten Gemeinde liegenden metrischen Länge zur gesamten Länge auf die einzelnen Gemeinden verteilt. Die so festgestellten Werte sind vom Belegenheitsfinanzamt dem Sitzfinanzamt mitzuteilen.

Erforderlichenfalls sind auch bei Grundstücken die Besonderheiten nach III A d 2—4 und 6 β—ι (nach sachverständiger Prüfung!) anteilsmäßig zu berücksichtigen. Das gleiche gilt, falls durch Entscheidung des Hauptortes noch weitere wertmindernde Umstände anerkannt werden.

IV.

Bewertungsgang.

1. Zur Einleitung der Bewertung erhält der Pflichtige einen Vordruck „Beschreibung der Wassernutzungsanlagen" (Anlage 2); auf diesem sind auch die notwendigen Anleitungen zur Ausfüllung enthalten. Bei mehreren räumlich getrennten Nutzungsanlagen ist für jede Anlage ein besonderer Beschreibungsvordruck auszufüllen. Etwa erforderliche Unterlagen zur Ermittlung des Kreises der Wassernutzungsberechtigten sind aus den Wasserbüchern der Bezirksverwaltungsbehörden zu entnehmen.

Wegen der in der „Beschreibung" verlangten technischen oder wasserrechtlichen Erklärungen, z. B. über Gefälle, Ausbauwassermenge, mittlere Wassermenge, Ausbauleistung, mittlere Leistung sowie über die Art der Benutzungserlaubnis können die zuständigen Wasserbaubehörden oder Bezirksverwaltungsbehörden Aufschluß geben. Auch kann, soweit vorhanden, in Wasserbücher oder Wasserkataster Einsicht genommen werden.

2. Nach Eingang der Erklärungen ist insbesondere zu prüfen, ob die Zahlenangaben bei Wasserkraftanlagen nicht offensichtliche Fehler aufweisen. Einen Anhalt zur Prüfung bietet folgende Berechnung:

Leistung bei Wasserturbinen im Durchschnitt:
Gefälle (m) × Wassermenge (m^3/sec) × 10,6 = Leistung (PS)
Leistung bei Wasserrädern im Durchschnitt:
Gefälle (m) × Wassermenge (m^3/sec) × 8,0 = Leistung (PS).

3. Ist die in der Beschreibung II 3 angegebene Gesamtleistung aller Wasserkraftmaschinen kleiner oder um mehr als 10 v. H. größer, als sich aus der Ausbauwassermenge nach obigen Formeln errechnet, so war offenbar im Fragebogen eine Größe unrichtig angegeben, oder es liegt — wenn die angegebene Gesamtleistung der Wasserkraftmaschinen erheblich größer ist als die errechnete Leistung — der Fall von III A b 1 Abs. 2 (Betriebsreserve) vor. Zur Klärung über vermutete Unstimmigkeiten, Vorhandensein einer Betriebsreserve oder unvollständige Angaben der rechtlichen Verhältnisse sind zweckmäßig die zuständigen Wasserbau- oder Verwaltungsbehörden einzuschalten.

Berechnungsbeispiele:

Fragebogenangabe unter Frage II 3:

Ausgenütztes Gefälle an den Wasserkraftmaschinen	4,5 m
Größte zu verarbeitende Wassermenge	12 m^3/sec
Gesamtleistung aller Wasserkraftmaschinen	600 PS

Kontrollrechnung:		
$4{,}5 \times 12{,}0 \times 10{,}6 = 573$ PS;	Angaben in Ordnung.	
Fragebogenangabe unter Frage II 3:		
Ausgenütztes Gefälle an den Wasserkraftmaschinen	4,5 m	
Größte zu verarbeitende Wassermenge	2 m³/sec	
Gesamtleistung aller Wasserkraftmaschinen	65 PS	
Kontrollrechnung:		
$4{,}5 \times 2{,}0 \times 10{,}6 = 95$ PS;	Leistungsangabe um 31,5 v. H. zu niedrig, also offensichtlich Fehlangabe.	
Fragebogenangabe unter Frage II 3:		
Ausgenütztes Gefälle an den Wasserkraftmaschinen	4,5 m	
Größte zu verarbeitende Wassermenge	12 m³/sec	
Gesamtleistung aller Wasserkraftmaschinen	750 PS	
Kontrollrechnung:		
$4{,}5 \times 12{,}0 \times 10{,}6 = 573$ PS;	Leistungsangabe um 30 v. H. zu groß; also entweder Fehlangabe oder eine Betriebsreserve von $750-573 = 177$ PS, was durch Rückfrage bei der zuständigen Wasserbaubehörde zu klären ist. — Bestätigen sich die Angaben von Gefälle und Wassermenge, so liegen 177 PS Betriebsreserve vor. Die Anlage ist hiernach mit 573 PS × dem Einheitssatz (Anlage 1 I) zu bewerten; für die zusätzliche Bewertung der Betriebsreserve gilt III A b I Abs. 2 (Bewertung nach den Einheitssätzen Anl. 1 L unter H oder auf Verlangen nach den allgemein geltenden Bestimmungen).	

4. Zur Bewertung der Wasserkraftanlagen nach den Einheitssätzen ist die Ausbauleistung der Anlage (vgl. III A b 1 Abs. 2 und voriger Abs.) mit dem aus Anlage 1 I für diese Ausbauleistung entnommenen Einheitssatz der Baukosten zu multiplizieren. Die Einheitssätze nach Anlage 1 sind entsprechend der Größe der Anlagen und deren Ausführungsart gestaffelt und ferner in solche mit kurzen oder längeren Rohrleitungen und Stollen aufgeteilt. Für die richtige Einstufung dienen in der „Beschreibung" die Fragen zu II, 4 mit 6. Für zwischenliegende Größenstufen können die Einheitssätze aus den Kurvenblättern in Anlage 1 I abgelesen werden.

5. Wenn bei Bewertung einer Wasserkraftanlage nach den ausgewiesenen Gestehungskosten diese auf Preisbasis 1934 umgerechneten Kosten je PS Ausbauleistung um mehr als 30 v. H. unter dem Betrag liegen, der sich für die betreffende Anlage nach den Einheitssätzen ergibt, so ist Nachprüfung und Feststellung nötig,

ob die in der „Beschreibung" II, 10 angegebenen Anlagekosten alle Bestandteile der Anlage enthalten,

ob die angegebenen Anlagekosten richtig sind.

Wegen der Bewertung der Grundstücke wird auf III B verwiesen.

6. Um eine doppelte Erfassung zu vermeiden, ist darauf zu achten, daß Bestandteile, die bei der Bewertung der Wassernutzungsanlage berücksichtigt sind (Betriebsvorrichtungen, Maschinen, Stollen) nicht etwa auf Grund der Bilanzkonten des Unternehmens noch in anderen Wirtschaftseinheiten mit enthalten sind. Eine doppelte Heranziehung der nämlichen Gegenstände ist unter allen Umständen zu vermeiden.

7. Die Beschreibungen werden auch für spätere Jahre Gültigkeit behalten, so daß sich die künftigen Erhebungen in wesentlich vereinfachter Weise werden vornehmen lassen und nur die Änderungen zu erfassen brauchen, die zwischenzeitlich im Bestand der Nutzungen eingetreten sind.

8. Im Anhalt an die „Wertberechnung" (Anl. 3) läßt sich der Bewertungsgang folgendermaßen darstellen:

Darstellung des Bewertungsgangs einer Wasserkraftnutzung.

Wert des Wassernutzungsrechts.

Anlagewert	Errichtungskosten
nach den Einheitssätzen (Anlage 1 I) ohne Gebäude und Grundstücke (samt Kanälen usw.), für die ein besonderer Einheitswert festzustellen ist.	lt. Nachweis nach „Beschreibung" II, 10 ohne Gebäude und Grundstücke (samt Kanälen usw.), für die ein besonderer Einheitswert festzustellen ist. Umrechnung nach der Kostenindexziffer auf die Kosten 1934 (Anlage 1 II).

Abschreibung nach Richtlinien III A c

Abschläge für

1. Berücksichtigung von Besonderheiten nach Richtlinien III A d 2—5,
2. Besondere wertmindernde Umstände nach Richtlinien III A d 6,

ergibt den

Teilwert der Wasserkraftnutzung (ohne Grundstücke).

Darstellung des Bewertungsgangs einer sonstigen Wassernutzung.

Wert des Wassernutzungsrechts.

Errichtungskosten

laut Nachweis nach „Beschreibung" III, 5 — ohne Gebäude und Grundstücke (samt Kanälen usw.), für die ein besonderer Einheitswert festzustellen ist. — Umrechnung nach Kostenindexziffer auf die Kosten 1934 (Anlage 1 II).

Abschreibung nach Richtlinien III A c

Abschläge für

1. Berücksichtigung von Besonderheiten nach Richtlinien III A d 2—5,
2. Besondere wertmindernde Umstände nach Richtlinien III A d 6,

ergibt den

Teilwert der sonstigen Wassernutzung (ohne Grundstücke).

Erläuterung der Richtlinien.*)

Einleitung.

Die Richtlinien sind abgestellt auf die am 1. Januar 1935 bestehenden tatsächlichen und rechtlichen Verhältnisse[1]) und sind auch für Neu- und Nachfeststellungen nach diesem Zeitpunkt anzuwenden; sie erfassen alle Wassernutzungen und Wassernutzungsanlagen[2]), also nicht nur solche Fälle, in denen etwa die Wassernutzung das Hauptwirtschaftsziel ist. Die Richtlinien bezwecken, anstelle der in den einzelnen Reichsteilen bisher sehr unterschiedlichen[3]) steuerlichen Behandlung[4]) der Wassernutzungen Begriff und Umfang[5]) dieser Wirtschaftsgüter zu klären und einheitlich zu fassen (Abschnitt I und II), sowie für die Beurteilung der bei Wassernutzungen vielfach gegebenen Besonderheiten[6]) allgemeinverbindliche Grundsätze aufzustellen (Abschnitt III A d). Darüber hinaus enthalten die Richtlinien für die Masse, insbesondere der kleinen und mittleren Wasserkraftanlagen, bestimmte Einheitssätze (Anlage 1 I) sowie für die Bewertung der sonstigen Wassernutzungsanlagen und gegebenenfalls der Großkraftanlagen gewisse Indexzahlen für Gestehungskosten (Anlage 1 II)[7]).

1. Nach § 79 Abs. 1 RBewG. vom 16. Oktober 1934 ist der zu Beginn des 1. Januar 1935 vorhandene Vermögensstand zu erfassen. Es sind also die zu diesem Zeitpunkt vorhandenen Vermögenswerte (Anlagen, vgl. 9 auf S. 27) zugrunde zu legen. Wassernutzungen unterliegen allgemein hinsichtlich ihres Bestandes an sich, ihres erlaubten Umfanges, oft auch hinsichtlich ihrer Dauer (befristete Erlaubnis), sowie hinsichtlich etwaiger auf ihnen ruhender geldlicher oder sachlicher Belastungen (Abgaben, Verpflichtungen zu einmaligen oder fortlaufenden Bau- oder Instandhaltungsmaßnahmen) den Landeswassergesetzen**); maßgebend sind die am Beginne des 1. Januar

---

*) Der Text der „Richtlinien" ist in großer, die Erläuterungen sind in kleiner Schrift gedruckt.

**) Die einzelnen Landeswassergesetze wenden für gleiche oder ähnliche Begriffe verschiedene Bezeichnungen an (vgl. Anhang). Der Einfachheit wegen werden in den Erläuterungen nicht alle Bezeichnungen aufgeführt, sondern jeweils nur eine Bezeichnung angegeben.

1935 geltenden auf Grund der Landeswassergesetze erlassenen und alle einschlägigen Bedingungen enthaltenden Beschlüsse oder Anordnungen der zuständigen Verwaltungsbehörden. Das im Entstehen begriffene Reichswassergesetz wird für künftige Veranlagungen eine einheitliche wassergesetzliche Grundlage schaffen.

Bei Wassernutzungen, welche nach dem 1. Januar 1935 in ihrem sachlichen oder rechtlichen Bestand verändert wurden, oder bei Entfernung und Änderung von Wassernutzungsanlagen nach dem 1. Januar 1935 ist zunächst der am Stichtag vorhanden gewesene Bestand zu bewerten; nach Fertigstellung der Änderungen bzw. der Neuanlage ist der neue Zustand durch eine Neu- oder Nachfeststellung zu erfassen.

Die Neufeststellung ist nach § 22 RBewG. vom Pflichtigen zu beantragen, oder vom FA. durchzuführen, wenn der Wert des Gesamtvermögens, von welchem der Wert der Wassernutzung ein Teilwert ist, sich um mehr als 20% ändert. Bei Wassernutzungen im Rahmen gewerblicher Betriebe werden also auch erhebliche Änderungen der Wassernutzungsanlagen häufig zu keiner Neuveranlagung Anlaß bieten.

2. a) Die Wassernutzung erfolgt nur dort um ihrer selbst willen und ist das Hauptwirtschaftsziel, wo sie die Abgabe des Wassers an Andere (öffentliche Wasserversorgung) oder die Beseitigung von Abwässern Anderer durch Einleitung in die Gewässer (öffentliche Abwasserbeseitigung) bezweckt, wo also die Lieferung oder Beseitigung von Wasser für einen Kreis von Beteiligten der Gegenstand des Unternehmens ist, wobei diese Beteiligten entweder als reine Kunden dem Unternehmen gegenüberstehen, oder an demselben auch beteiligt sein können (Genossenschaften). — In allen übrigen Fällen, also weitaus in der Mehrzahl, u. a. bei jeder Wasserbeschaffung oder Abwasserbeseitigung zu den gewerblichen Zwecken des Wassernutzers und bei jeder Wasserkraftnutzung, ist die Wassernutzung nur ein Hilfsmittel zum gewerblichen Endzweck des Unternehmens (Herstellung von Erzeugnissen unter Ausnutzung des Wassers zum Antrieb der Maschinen oder unter Verwendung des Wasser selbst, oder Abgabe von elektrischer Energie aus Wasserkraft an Andere). Die Wassernutzung dient hier stets dem anderen Wirtschaftsziel des Unternehmens. Das Wirtschaftsziel z. B. einer Mühle oder Papierfabrik ist der Verkauf, und als dessen Voraussetzung die Erzeugung, von Mehl oder Papier; dazu ist Kraft als Hilfsmittel und vielfach auch Wasser als Rohstoff oder sonst im Fabrikationsgang (zur Beimischung, zum Waschen und dgl.) nötig. Das Wirtschaftsziel eines Elektrizitätswerkes ist der Verkauf elektrischer Energie; zu ihrer Gewinnung wird Wasser zum unmittelbaren Antrieb der Generatoren (Stromerzeuger) oder zur Speisung der Dampfkessel und als Kühlwasser für die Kondensation der Dampfmaschinen oder für die Ölmaschinen benützt. In allen diesen Fällen ist also die Wassernutzung stets Hilfsmittel zum Wirtschaftsziel, nie aber das Wirtschaftsziel. Eine Erfassung nur jener Fälle, in welchen die Wassernutzung Hauptwirtschaftsziel ist, durch die Richtlinien würde also nur einen sehr kleinen Teil der öffentlichen Wasserversorgung und Abwasserbeseitigung den Richtlinien unterstellen, weil nämlich die meisten dieser Wassernutzungen nach 11 mangels steuerlichen Interesses von der Bewertung ausgenommen sind. Sämtliche Wasserkraftnutzungen und gewerblichen sonstigen Wassernutzungen hingegen würden von den Richtlinien nicht erfaßt werden.

b) Den Richtlinien unterliegen im Reiche etwa 45 000 Wasserkraftnutzungen.

Größen-Verteilung der deutschen Wasserkraftanlagen.
(Nach dem Stand von 1930 mit schätzungsweiser Berichtigung auf 1935/36).

Größenstufe nach Ausbau-Leistung PS	Zahl der Anlagen	Gesamt-Leistung in Mio PS	Gesamt-Leistung in % der Leistung aller Anlagen
bis 10	29000	0,160	5,16
11 „ 100	12500	0,390	12,60
101 „ 500	1600	0,320	10,30
501 „ 1000	200	0,140	4,52
1001 „ 2000	110	0,148	4,78
2001 „ 5000	60	0,170	5,50
5001 „ 20000	40	0,350	11,28
20001 „ 100000	35	1,070	34,51
über 100000	3	0,352	11,35
zusammen	43548	3,100	100,00

Die kleinen und mittleren Triebwerke bis zu einigen 1000 PS Leistung dienen weitaus überwiegend der eigenen gewerblichen Kraftversorgung, die großen Triebwerke vorwiegend und die Großanlagen etwa von 10000 PS an fast ausschließlich der öffentlichen Elektrizitätsversorgung bis auf wenige Größtanlagen der (elektrochemischen) Industrie.

Die in diesen Wasserkraftanlagen gewonnene Arbeit verteilt sich auf die hauptsächlichen Verwendungszwecke ungefähr:

α) Chemische Industrien 27,5%
Papierindustrie 12,6%
Mühlenindustrie 9,5%
Textilindustrie 3,6%
Holzindustrie 1,9%
sonstige Industrieen und Gewerbe 9,1%

Industrie und Gewerbe 64,2%
β) öffentliche Elektrizitätswerke 33,2%
Reichsbahn (elektr. Bahnbetrieb) 1,3%
γ) Landwirtschaft 1,3%

gesamte Wasserkraftarbeit 100,0%

Die sonstigen Wassernutzungen, d. s. alle nicht zur Wasserkraftnutzung dienenden Wassernutzungen (vgl. 14—18), sind bisher statistisch nicht erfaßt worden; sie dürften etwa die gleiche Anzahl erreichen.

3. Bisher war noch kein Versuch zu einer einheitlichen steuerlichen Erfassung der Wassernutzungen und Wassernutzungsanlagen unternommen worden.

a) Die Verschiedenheit der Landeswassergesetze in ihren Auswirkungen auf den rechtlichen Charakter der Wassernutzung und auf die den Nutzern auferlegten Bedingungen stand einer einheitlichen Behandlung entgegen. Diese Umstände werden bei der richtlinienmäßigen Bewertung durch eine

Reihe von Besonderheiten erfaßt, soweit sie auf den Wert Einfluß haben.

b) Die Vielgestaltigkeit der Wassernutzungen nach Art, Zweck, Umfang und den zu ihrer Ausübung dienenden Anlagen (Einrichtungen) ließ die Aufstellung einheitlicher Grundlagen bisher untunlich erscheinen.

c) Die Schaffung eines einheitlichen Wirtschaftsgutes der Wassernutzung bedeutet gegenüber dem früheren Zustand nicht die Schaffung eines neuen Steuerobjektes oder die Erhöhung des Steuersoll durch Erhöhung der zu erfassenden Werte. Jeder Vermögensbestandteil oder jeder Teil eines solchen mußte auch bisher mit seinem gemeinen Wert zur Vermögensteuer herangezogen werden. Neben dem selbständigen Wertansatz für das Nutzungsrecht oder für den Ertragswert der Nutzung an sich waren die Bestandteile der Nutzungsanlagen als Vermögensbestandteile ebenfalls zu erfassen, und zwar mangels des Vorhandenseins der Wirtschaftseinheit verteilt auf verschiedene Steuerkonten (Grundstücke, Baulichkeiten, Maschinen, gegebenenfalls auch elektrische Anlagen). Bei richtigem Wertansatz für diese zerstreuten Einzelposten und richtiger Abschreibungshöhe für die einzelnen Summanden muß die Summe derselben notwendig den gleichen Vermögenswert ergeben wie die Bewertung als einheitliches Wirtschaftsgut.

4. Der einzige Versuch zu einer Vereinheitlichung lag für Wasserkraftnutzungen in der Bewertung des Nutzungsrechtes im Erl. RFm. III V 220 vom 15. Januar 1927 auf der Grundlage eines Ertragswertes. Diese schon seinerzeit ausdrücklich als Nährungsformel aufgestellte Ertragswertformel enthielt aber so viele dem Ermessen der Bewertungsstelle und den auf die hier keineswegs maßgebende Handelsbilanz des Unternehmens abstützbaren Vorbringungen des Pflichtigen offenstehende Faktoren, daß sich für die gleiche Wasserkraftnutzung alle Werte von sehr hohen Wertansätzen an bis zu einem negativen Wert errechnen ließen. Diese Verhältnisse führten dort, wo die Ertragswertformel zur Ermittlung des Wertes der Wasserkraftnutzung herangezogen wurde, letzten Endes doch meist zu einem einvernehmlichen Wertansatz zwischen sachverständigem Unternehmen und nichtsachverständigem FA. Viele LFA. haben in Erkenntnis der Unmöglichkeit richtiger Wertfindung durch die FA. sodann für ihre Bezirke interne Anweisungen herausgegeben, z. T. im Einvernehmen mit Unternehmerorganisationen; anderswo haben die FA. im Zusammenwirken mit Berufsvertretungen der Unternehmer Durchschnitts- oder Grenzwerte für Wasserkraftnutzungen (auf die Leistung in PS bezogen) aufgestellt. Diese Wertansätze für die Wasserkraftnutzung schwanken zwischen etwa 200 und 800 *RM.*/PS, bezogen teils auf die Ausbauleistung, teils auf die mittlere Leistung; teils sollten sie die Anlagen (Baulichkeiten, Turbinen) mit enthalten, teils waren diese ausdrücklich ausgenommen. Andernorts wurde der Wert der Wassernutzung als ein im Grundstückswert bereits enthaltener Mehrwert betrachtet oder dem Grundstückswert als Mehrwert zugeschlagen. Die Einreihung der Vermögenswerte der Nutzungsanlagen in die einzelnen Steuerkonten des Gesamtunternehmens war dem Pflichtigen freigestellt und ebenso wie die Abschreibung mangels irgendwelcher Vorschriften der Herleitung aus der Handelsbilanz anheimgegeben.

Eine so verschiedenartige und ungeregelte steuerliche Behandlung der Wassernutzung, als eines im Lauf der letzten Jahrzehnte zu großer Bedeutung gelangten Wirtschaftsfaktors mit bedeutenden in ihr liegenden und durch sie bedingten Vermögenswerten (Sachwerten), forderte im Interesse steuerlicher Gerechtigkeit unbedingte Allgemeinheit der Erfassung, Klarheit und Einheitlichkeit der Bewertung aller Wassernutzungen und Wassernutzungsanlagen. — Aus diesen Erwägungen heraus waren auch die grundlegenden Vorarbeiten über den zunächstliegenden Gedanken der einheitlichen Bewertung der Wasserkraftnutzung hinaus auf die sämtlichen Wassernutzungen und Wassernutzungsanlagen erweitert worden.

5. Zur Erreichung dieses Zieles muß zunächst den Pflichtigen wie den Bewertungsstellen der Begriff und der Umfang des Bewertungsgegenstandes genau umschrieben werden (Richtl. II und 2 C auf S. 47), so daß im allgemeinen das Wirtschaftsgut auch seitens des nichtsachverständigen FA. festgestellt und ganz umfaßt werden und eine besondere Sachverständigentätigkeit auf möglichst wenig Fälle beschränkt werden kann. Abschnitt I der Richtlinien erklärt daher, was unter Wassernutzung zu verstehen ist und welcher Art die verschiedenen Formen der Wassernutzung sind. Abschnitt II sagt in allgemein verständlicher Weise, aus welchen Bestandteilen das Wirtschaftsgut einer Wassernutzung besteht, in welchem sachlichen und wertmäßigen Zusammenhang diese einzelnen Bestandteile zu einander stehen und welche in einer Wassernutzungsanlage vorkommenden Bestandteile nicht zu dem zu bewertenden Wirtschaftsgut gehören, vielmehr in anderen Wirtschaftsgütern des Gesamtunternehmens mit zu bewerten sind zufolge besonderer allgemeiner Bewertungsvorschriften oder zufolge sachlicher (technischer) Gründe. Damit ist sichergestellt, daß zunächst der Umfang des Wirtschaftsgutes trotz der Verschiedenheiten der einzelnen Nutzungsarten und Nutzungsfälle von allen Bewertungsstellen und allen Pflichtigen gleichmäßig erfaßt und abgegrenzt wird.

6. a) Entsprechend dem Zweck, dem die Wassernutzung dient, ferner je nach den Rechtsverhältnissen und Bedingungen, unter welchen die Nutzung wassergesetzlich und gewerbepolizeilich genehmigt ist, schließlich je nach dem Zustand, Alter, der Bauart oder Betriebsweise der Nutzungsanlage und unter Umständen eigenen wirtschaftlichen, technischen und betrieblichen Verhältnissen werden vielfach bei der Wertfindung des nach 5 umschriebenen Wirtschaftsgutes besondere Erwägungen Platz greifen, sei es zur eigenen Berücksichtigung der FÄ. bei der Bewertung, sei es zur Prüfung der von den Pflichtigen im Sinne einer Wertminderung gemachten Vorbringungen. Um auch hiefür eine Einheitlichkeit in Art, Umfang und Maß der Berücksichtigungen zu gewährleisten, sind die im allgemeinen vorkommenden Besonderheiten in 16 kennzeichnende Fälle zusammengestellt, die in der Beschreibung (Fragebogen) Anlage 2 auch dem Pflichtigen in Fragen und Erläuterungen vorgelegt werden.

b) Richtlinien haben ihrer Natur nach die Aufgabe, die Behandlung der üblicher Weise vorkommenden Fälle in ein klares und durchsichtiges Schema zu ordnen und in einfacher Weise vereinheitlichend zu regeln. Nicht ihre Aufgabe kann es sein, sich auch auf seltene oder vereinzelte Fälle und Möglichkeiten zu erstrecken und in Verkennung ihres Zweckes Alles umfassen zu wollen. Ein solches zu weit gestecktes Ziel würde Richtlinien unübersichtlich, für den Nichtfachmann schwer oder nicht mehr verständlich machen, die Gefahr von Fehlanwendungen und von falschen Verallgemeinerungen seltener Besonderheiten nach sich ziehen, mithin dem Ziel der Vereinheitlichung widersprechen. Es wird also einzelne Fälle geben, welchen die Richtlinien und die in ihnen enthaltenen Besonderheiten nicht gerecht werden; ihre Geltendmachung ist dem Pflichtigen nach Richtl. III A d 6 Schlußsatz freigegeben und der fallweisen steuerrechtlichen oder technisch-sachverständigen Prüfung durch den Hauptort unterstellt. — Die Möglichkeit oder der Nutzen von Richtlinien verlangt nicht, daß diese alle möglichen Sachlagen umfassen müssen. Der Bewertungsarbeit der FA. und der Steuergerechtigkeit gegenüber dem Reich wie gegenüber den Pflichtigen ist besser gedient, wenn z. B. 90% aller Fälle einheitlich richtlinienmäßig behandelt werden können und nur 10% durch Einzelbehandlung, durch besondere Hauptortsentscheidung oder im Rechtsmittelverfahren erledigt werden müssen, als wenn mangels Richtlinien alle 100% in — meist sachverständigen — Einzelbearbeitungen zu behandeln wären.

c) Von Anfang an wurde das Ziel bei der Ausarbeitung der Richtlinien nicht nur in der einheitlichen Behandlung aller steuerlich, technisch und wirtschaftlich glatten Regelfälle, sondern mindestens ebenso, und vielleicht noch mehr, in der einheitlichen Erfassung der mehr oder weniger regelmäßig auftretenden Besonderheiten gesehen. Deren Behandlung ist als ein nach dem Vorgesagten in bestimmten Grenzen gehaltenes Hauptstück der Richtlinien zu betrachten. Auf die sinngemäße und nicht engherzige, aber auch jede unbegründete oder mißbräuchliche Ausweitung ausschließende Anwendung der Besonderheiten haben die FA. besonders zu achten, nicht ohne bei allen ihre eigene Sachkenntnis überschreitenden Fällen und Vorbringungen sich amtssachverständiger Beurteilung zu versichern. Abschläge wegen Besonderheiten dürfen nur bewilligt werden, wo solche Besonderheiten tatsächlich vorliegen. Keinesfalls aber darf der sich richtlinienmäßig ergebende Wert auf einen etwa bisher geringeren veranlagten Wert herabgedrückt werden. Der bisher aus den einzelnen Veranlagungsposten sich ergebende Gesamtbetrag für den Wert einer Nutzung hat bei der Wertfeststellung nach den Richtlinien ganz außer Betracht zu bleiben. Bei erheblichen Verschiedenheiten kann hernach sachverständig nach den Gründen gesucht werden.

7. Einheitssätze s. Richtl. III A b 1 (61); Indexzahlen für die Gestehungskosten Richtl. III A b 2 (74) ff.

Eine Berechnung nach dem wirtschaftlichen Wert (Nutzungswert) ist entsprechend den allgemeinen Erfahrungen nicht überall gangbar[8]). Die richtlinienmäßige Behandlung (III A) konnte daher nur den Anlagewert (Herstellungswert) zum Ausgang nehmen[9]), und zwar den Anlagewert ohne Einbeziehung der Grundstücke (III B). Da bei Wassernutzungen der tatsächliche Anlagewert von dem gemeinen Wert (Kaufpreis) stärker abweichen kann, ist das Verfahren derart aufgebaut, daß zunächst durch Ermittlung des ursprünglichen Anlagewerts (nach Einheitssätzen oder Gestehungskosten) eine sichere Grundlage für das weitere Bewertungsverfahren geschaffen wird, sodann die notwendigen Absetzungen (Abschreibungen) nach III A c erfolgen und erst hernach, soweit veranlaßt, die Besonderheiten nach III A d Berücksichtigung finden, um so die betriebsgünstigen oder betriebsungünstigen Umstände zuverlässig zu erfassen und damit auf den „Teilwert“ (ohne Betriebsgrundstücke) im Sinne des § 12 RBewG. zu kommen[10]).

8. a) Für die Wertberechnung nach dem Ertragswert (wirtschaftlicher Wert, Nutzungswert) ist bei den Vorarbeiten zum Richtlinien-Entwurf zunächst eine allgemein gültige Form zu finden versucht worden. Sie kann nur beruhen auf der Ersparnis, welche die Wasserkraft gegenüber dem nächstbilligen Bezug bzw. Eigengewinnung der Kraft, oder die eigene Wasserbeschaffung gegenüber dem Bezug von Wasser aus einer öffentlichen Wasserversorgung bietet. Nun gibt es aber schon viele Fälle, in welchen praktisch eine anderweitige eigene Kraftgewinnung wegen der Unmöglichkeit der Errichtung einer eigenen Kraftanlage oder wegen des von vornherein zu hohen Preises von Wärmekraft, oder ein Kraftbezug von einem öffentlichen Elektrizitätswerk aus Preisgründen oder wegen Nichtanschlußmöglichkeit gar nicht vorhanden ist. Zumeist bei Wasserbeschaffung, fast immer bei Abwassereinleitung ist eine andere Möglichkeit als die eigene Vornahme der Nutzung überhaupt nicht gegeben. Somit könnte eine Ersparnis durch die Wassernutzung überhaupt nicht erzielt werden, es fehlt der Vergleichsmaßstab für die Ersparnis, also überhaupt die Möglichkeit einer Ersparnis- bzw. Ertragsberechnung. Aber auch in jenen Fällen, wo die Verhältnisse eine anderweitige Kraft- (bzw. Wasser-)beschaffung gestatten und keine Notwendigkeit vorliegt, zu einer in den vorigen Fällen fiktiven Ertragsberechnung mit einem angenommenen und daher stets vom Pflichtigen oder vom FA. anstreitbaren Ersatzstrompreis, Kraftpreis, Kohlenpreis od. dgl. zu rechnen, gehen in die Ertragswertberechnung Größen ein, über die sich allgemein nichts aussagen oder festlegen läßt.

b) Die jährlichen Kraft-Gestehungskosten bei einer Wasserkraftnutzung sind gleich dem für die Verzinsung des (mit fortschreitender Kapitalamortisation abnehmenden) Anlagekapitals aufzuwendenden Betrag + der Amortisationsquote + den unmittelbaren Betriebskosten (Löhne, Schmier- und Putzmaterial, Reparaturen, Erneuerungsrücklage, Verwaltung, Versicherungen, Steuern). Wenn bedeutet:

p in % den Zinsfuß, dzt. 4,5%;
a in % die Amortisation, entspr. der Lebensdauer oder Erlaubnisdauer der Anlage;
b die unmittelbaren Betriebskosten;
g das Anlagekapital = Gestehungskosten der Anlage, Herstellungswert, Anlagewert,

so sind die jährlichen Kraft-Gestehungskosten nach n Jahren:

$$K = g \cdot \left(1 - n \cdot \frac{a}{100}\right) \cdot \frac{p}{100} + g \cdot \frac{a}{100} + b.$$

Ausgangspunkt der Kraftgestehungskosten-Berechnung ist also der Herstellungs- oder Anlagewert, welcher in allen Fällen erfaßbar ist. Desgleichen liegt der Zinsfuß und die Amortisation im allgemeinen fest, die unmittelbaren Betriebskosten sind gering und erfahrungsmäßig zu schätzen. Dagegen hängen die Jahreskosten der anderweitigen Kraftbeschaffung — soweit eine solche möglich ist — von der Frachtlage für die Kohle und der zu verfeuernden Kohlensorte, von der Größe der Dampf-Kraftanlage, von deren Anlage- und Betriebskosten, von der jährlichen Arbeitsstundenzahl und mithin von der Art des kraftversorgten Unternehmens, vielfach auch von der gleichzeitigen Verwendung des Dampfes zu Fabrikationszwecken (so daß dann nur ein Teil der Dampf- bzw. Kohlenkosten der Kraftgewinnung anzurechnen ist) ab. — Bei anderweitigem Strombezug ist je nach örtlicher Lage des Unternehmens, je nach den Strompreisen des Elektrizitätswerkes, der Jahresabnahme und oft auch nach den besonderen Stromlieferungsbedingungen in jedem Falle mit anderen Jahreskosten zu rechnen.

Um zu einer diese so verschiedenartigen Grundlagen gerecht erfassenden Wirtschaftlichkeitsrechnung zu kommen, wäre also — insoweit überhaupt nach dem Vorgesagten die Möglichkeit eines Wettbewerbspreises vorliegt — in jedem Falle die Aufstellung oder mindestens Nachprüfung der Ertragswertberechnung durch amtlich sachverständige Seite nötig. Es wäre aber unrichtig und unwirtschaftlich, wegen weniger außergewöhnlicher und u. U. in Anlehnung an einen Ertragswert zu behandelnder Fälle von vornherein alle Bewertungen auf diesen umständlichen Weg zu verweisen, wenn es möglich ist, weitaus die Mehrzahl aller Nutzungen richtlinienmäßig gleichartig zu behandeln.

c) Eine Ertragswert-Veranlagung entspricht aber auch nicht dem vorhandenen Vermögenswert. Am Anfang der (durch die Lebensdauer oder die erlaubte Nutzungsdauer bestimmten) Bestandszeit der Anlage ist der Sachwert der Anlage am größten (gleich dem Herstellungswert), der Zinsendienst daher am höchsten, die Jahresbetriebskosten sind also ebenfalls am höchsten, die Ersparnis und der Nutzungswert (kapitalisierte Ersparnis) also am geringsten, u. U. sogar anfangs negativ (anfänglicher Verlustbetrieb). In dem Maß, wie die Anlage älter wird, sich daher ihr wirklicher Sachwert vermindert, sinkt durch die fortschreitende Amortisation das noch zu verzinsende Kapital, also auch der jährliche Zinsbetrag $\left(g\,(1-n\,\frac{a}{100})\cdot\frac{p}{100}\right)$, so daß — bei unveränderter Abschreibungsquote $\left(g\cdot\frac{a}{100}\right)$ und unveränderten Betriebskosten (b) — die Jahreskosten stark abnehmen, folglich der Nutzungswert sehr stark zunimmt. Am Schluß der Lebensdauer der Anlage, nach deren völliger bilanzmäßiger Abschreibung, bleiben als Jahreskosten nur mehr die sehr geringen unmittelbaren Betriebskosten der Wassernutzung übrig, so daß sich rechnungsmäßig der wirtschaftliche Widersinn ergibt, daß trotz Alterung und Abnutzung der Anlage deren zu veranlagender Wert nicht abnehmen, sondern bis zum Doppelten und mehr des Anlagewertes (Neuwertes) steigen würde. — Wird der Abschreibungssatz im Sinne der handelsbilanzmäßigen Übung hoch angesetzt, so würde der Ertragswert rasch steigen; je geringer der Endwert der Anlage angesetzt wird, desto größer wird der Widerspruch zwischen dem Sachwert und dem Ertragswert. Die Abb. 1 zeigt den zeitlichen Wertverlauf einer beispielsweise zugrunde gelegten Wasserkraftnutzung (Großwasserkraftanlage), berechnet einmal nach den

Richtlinienbestimmungen (Linie a—a), sodann nach dem Ertragswert gegenüber einer sehr niedrig angesetzten Dampfkraft (billigst arbeitendes Großkraftwerk an der Kohlengrube mit Braun- oder Abfallkohle) mit Kraftkosten von 0,75 Pfg./kWh (Linie b—b) und einer solchen von 0,90 Pfg./kWh (Linie c—c) als zwei außerordentlich billig arbeitenden Wettbewerbsanlagen.

Der Wert je PS_a ergibt sich bei Bewertung nach

Beispiel	Richtlinien	Ertrag	
	a)	b)	c)
Wettbewerbspreis der Kraft Pfg/PSh	—	0,50	0,60
Anfangswert der Nutzung *RM*	242,00	240,00	275,00
Mittelwert „	187,00	197,05	302,31
Endwert „	42,00	242,00	358,00
Gesamtes Steueraufkommen in den 70 Jahren in %	100,00	105,00	162,00

Wo die anderweitigen Kraftkosten höher sind (z. B. übliche Strombezugspreise für Kleinabnehmer, Steinkohlen- oder Ölmaschinen-Kraftanlagen), also im allgemeinen gerade für kleinere Anlagen, steigen die Ertragswerte bis zum 5-fachen und selbst 10-fachen des Anlagenwertes und erreichen Beträge von 1000 *RM*/PS und mehr.

9. a) Nachdem einerseits die praktische Unmöglichkeit einer richtlinienmäßigen Nutzungswertberechnung erkannt war (8a), andererseits aber auch für eine Nutzungswertberechnung vom Anlagewert auszugehen wäre (8b), war nach eingehenden Erwägungen die Wertfindung auf den Anlagewert (Herstellungswert aufzubauen, weil nur dieser entweder durch mittlere Erfahrungszahlen (vgl. S. 101) darstellbar oder vom Pflichtigen auf Grund der Bauabrechnungen u. dgl. einwandfreier Unterlagen in klarer und nachprüfbarer Weise erhoben und angegeben werden kann*).

Die Begriffsbestimmungen Richtl. II A, B und insbes. C sagen genau, was in den nachzuweisenden Anlagekosten enthalten sein muß bzw. was in den Einheitssätzen enthalten ist, so daß unbedingte Einheitlichkeit des Umfanges der zu bewertenden Wirtschaftseinheit besteht.

b) Im allgemeinen wird für alle Anlagen, deren Gestehungskosten nachweisbar sind, aber insbes. für alle Großkraftanlagen oder bei abnormal gebauten Anlagen und für alle sonstigen Wassernutzungsanlagen die Bewertung nach Gestehungskosten, für die kleinen und mittleren Anlagen (schon aus Gründen der Vereinfachung für den Pflichtigen) die Bewertung nach Einheitssätzen die Regel sein.

*) Es wurde schon zum RBewG. vom 1. 1. 1925 in den Reichstagsverhandlungen darauf hingewiesen, daß „der Anschaffungspreis ... bei konstanten wirtschaftlichen Verhältnissen einen sehr guten Anhalt für die Bewertung geben" werde, so daß man „in der Praxis daher weitgehend für die Bewertung den Anschaffungspreis übernehmen" könne. — Vgl. Dr. Dinkelsbühler, Über die Besteuerung der Wasserkraft, Die Wasserkraft 1925, S. 330.

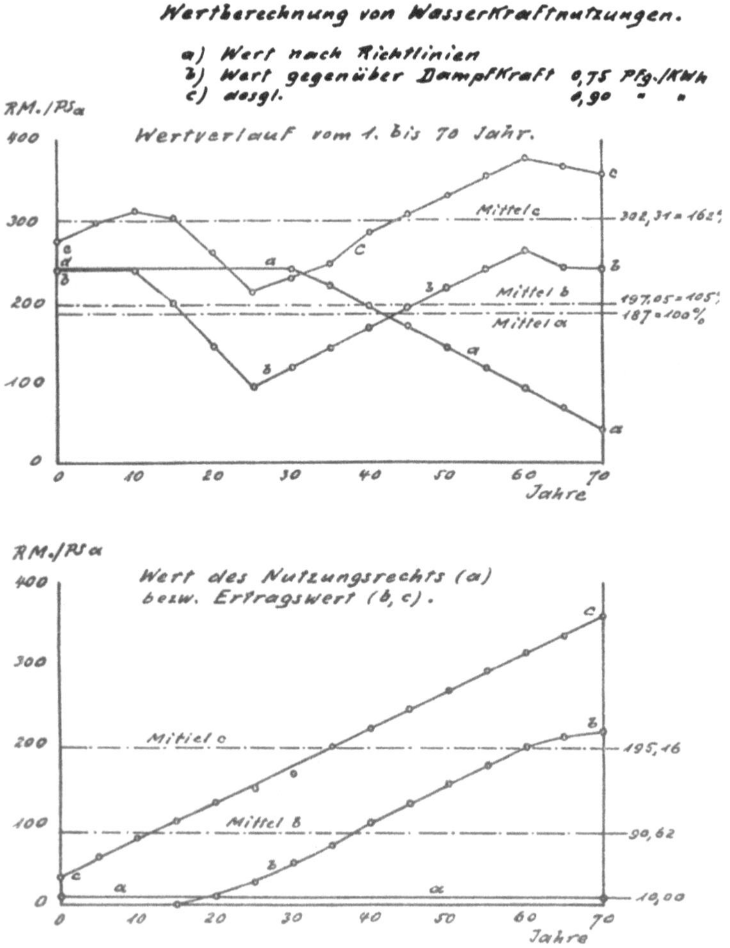

Abb. 1. Zeitlicher Verlauf des Wertes einer Großwasserkraftnutzung. Baukosten 400 *RM* je PS. Erlaubnisdauer (= Abschreibungszeit nach Richtl. III A d 3 β) 70 Jahre. Kraftkosten bei 6500 Std. jährlicher Benutzungsdauer:

c) Vom nachgewiesenen Anlagewert abzuziehen, bzw. in den Einheitssätzen von vornherein nicht enthalten, ist der Wert der Grundstücke, für welche, weil der Grundsteuer unterliegend, ein besonderer Einheitswert nach den für Grundstücke geltenden Bew.-Vorschriften festzustellen ist. (Richtl. III B, vgl. S. 91).

10. Wegen der natürlichen Abnutzung und Alterung der Anlagen, ihrem Erhaltungszustand, der Verschiedenheit des Charakters der naturgebotenen Wasserverhältnisse hinsichtlich Menge des Wassers, geringerer oder größerer Ungleichmäßigkeit der Darbietung im Lauf des Jahres, ausnützbarem Gefälle (bei Kraftnutzung) oder Förderhöhe (bei Wassergewinnung), Beschaffenheit des Wassers, Absatzfähigkeit der Kraft (öffentliche Elektrizitätswerke) oder des Wassers (öffentliche Wasserversorgungen) bzw. Verwendbarkeit im eigenen Unternehmen, die Ausnützungsfähigkeit beschränkender natürlicher Verhältnisse oder behördlicher Anordnungen, behördlicher Auflagen auf Geld- oder Sachleistungen, auch aus allgemeinen wirtschaftlichen Verhältnissen kann und wird häufig der von dem nach § 10 Abs. 2 RBewG. gedachten Käufer des Unternehmens für die Wirtschaftseinheit der Wassernutzung als Teilwert im Rahmen des ganzen Unternehmens (vgl. 2a auf S. 20) anteilig anzulegende Kaufpreis unter dem Herstellungswert liegen. Deshalb wird vom Anlage-(Herstellungs-)wert („Ausgangswert") zunächst ein Abzug für die natürliche Abnutzung und gegebenenfalls für auflagengemäße Beschränkungen der Ausnutzungsdauer gemacht; damit ist gewissermaßen der auf den Veranlagungsstichtag zutreffende „Zeitwert" der idealen, d. h. unter den üblichen natürlichen, wirtschaftlichen und betrieblichen Verhältnissen errichteten und arbeitenden Wassernutzung gegeben. Wie der gedachte Käufer nicht auf Geratewohl einen Pauschbetrag schätzen, sondern systematisch vom Neuwert ausgehend sich durch Abschreibungen den Zeitwert errechnet und dann, Posten für Posten, sich über etwaige Wertminderungen in ihrer finanziellen Bedeutung

---

4,5% Kapitalverzinsung und 1,5% Amortisation *), zus. 6%	0,37	Pfg./PSh
Betriebskosten für Löhne, Schmier- und Putzmaterial, Reparaturen, Erneuerungen, Verwaltung, Steuern*)	0,20	„
Kosten der PSh im 1. Jahr	0,57	Pfg.
„ 35. „	0,4435	„
„ 70. „	0,2925	„

a) nach Richtlinien zu veranlagender Wert (vgl. S. 70).

b) Nutzungswert gegenüber Dampfkraftpreis von 0,75 Pfg./kWh = 0,50 Pfg./PSh; Abschreibung in 30 Jahren (3,33%) bis auf 66,75 *RM*/PS und vom 61. Jahr ab bis auf Null. Ersparnis gegenüber Dampfkraft im 70. Jahr 0,207 Pfg./PSh.

c) Nutzungswert gegenüber Dampfkraftpreis von 0,90 Pfg./kWh = 0,60 Pfg./PSh; Abschreibung wie vor. Ersparnis gegenüber Dampfkraft im 70. Jahr 0,307 Pfg./PSh.

---

*) Amortisationssatz von 1,5% und Betriebskostensatz s. Dr. Joh. Heß, Energieprobleme und chemische Industrie, Vortrag 8. 12. 1928; s. auch 81 auf S. 71 zur Abschreibung.

Rechenschaft gibt und so zu dem von ihm anzubietenden Preis kommt, ebenso werden im richtlinienmäßigen Bewertungsgang alle solchen einzelnen wertmindernden Besonderheiten als Summanden der gesamten Wertminderung erfaßt (vgl. 6 S. 23) und vom Ausgangswert in Abzug gebracht (s. Schema der Wertberechnung, Anlage 3). Die richtlinienmäßige Wertfindung geht also den gleichen Weg wie ein ernster Käufer, um auf den sachlich richtigen Teilwert des § 12 RBewG. zu gelangen.

Die Bewertung von Wassernutzungen und Wassernutzungsanlagen erfolgt nach diesen Richtlinien entsprechend den allgemein geltenden Bestimmungen nur insoweit, als ein steuerliches Interesse an der Erfassung des betreffenden Wirtschaftsgutes besteht (§ 214 AO. — RStBl. 1934 S. 443)[11].

11. Für die Frage der Steuerpflicht sind die für die einzelnen Steuern erlassenen Gesetze und Befreiungsvorschriften maßgebend.

Wenn Genossenschaften, Verbände u. dgl. gemeinnützige Unternehmungen (insbesondere für Wasserversorgung oder Abwasserbeseitigung) kraft besonderer Gesetze Körperschaften des öffentlichen Rechts darstellen, die steuerfrei sind, wird insoweit auch von einer Bewertung abzusehen sein.

Wo aber kein steuerliches Interesse vorliegt, besteht auch kein Anlaß zur Bewertung und hat diese zu unterbleiben. Den Finanzämtern sind die Fälle des § 214 ohnehin bekannt; sollte eine Bewertung gleichwohl eingeleitet werden, so wäre beim Finanzamt unter Vorlage der entsprechenden Nachweise geltend zu machen, daß und warum das Unternehmen keiner Steuerpflicht unterliegt.

I.

Begriff der Wassernutzung.

Die Wassernutzungen werden eingeteilt in[12])

a) Wasserkraftnutzungen

b) sonstige Wassernutzungen.

12. Die Zweiteilung hat ihren Grund darin, daß sich für die Kraftnutzungen in weitem Umfang Kosteneinheitssätze und sonst allgemein gültige Regeln aufstellen lassen, während für alle sonstigen Arten der Wassernutzungen die Aufstellung von Kostenmittelwerten unmöglich und der Bereich sonstiger allgemein anwendbarer Vorschriften wesentlich beschränkter ist. — Auch wirtschaftlich und technisch ergeben sich diese beiden Haupt-Gebrauchsgruppen von selbst.

Zu a) Die Wasserkraftnutzung erfolgt mittels Wasserkraftmaschinen (Wasserräder, Wasserturbinen) für alle Zwecke aus natürlichen Wasserläufen oder mit künstlich gehobenem Wasser (sog. Pumpenspeicher-Anlagen) durch Ausnützung einer bestimmten Wassermenge mit dem an der Wasserkraftanlage vorhandenem Gefälle, das ist dem Höhenunterschied zwischen Oberwasser- und Unterwasserspiegel[13]).

13. a) Wasserkraftmaschinen. Wenn 1 m^3/sec (Kubikmeter = 1000 l in der Sekunde) Wasser im Gewicht von 1000 kg um 1 m Höhe fällt, leistet er 1000 kgm/sec; weil 75 kgm/sec = 1 PS (1 Pferdestärke) sind, ist die Leistung dieser Wassermenge bei dem Gefälle von 1 m also $\frac{1000}{75} = 13{,}33$ PS. Weil jede Arbeitsumsetzung mit unvermeidlichen Verlusten infolge der physikalischen Eigenschaften der Flüssigkeit sowie der unvermeidlichen Unvollkommenheiten aller menschlichen Leistungen verbunden ist, bleibt die von der Wasserkraftmaschine nutzbar abgegebene Arbeit im Verhältnis des Wirkungsgrades kleiner als die theoretische (Rohwasserkraft-)Leistung. Bei Wasserrädern beträgt der Wirkungsgrad je nach deren konstruktiver Vollkommenheit (Bauart) und Ausführung (primitiv aus Holz mit z. B. geraden Schaufeln, oder den theoretischen Anforderungen entsprechend und richtig gekrümmten oder geformten Schaufeln ausgeführt, dann meist aus Eisen) 50% bis 80%, im Mittel etwa 60%. D. h.: 1 m^3/sec Wasser bei 1 m Gefälle leistet in einem Wasserrad im Mittel $13{,}33 \cdot 0{,}60 = 8{,}0$ PS. Man bezeichnet allgemein in der Technik die Wassermenge mit Q, das Gefälle mit H, den Wirkungsgrad mit e, die Leistung mit N und findet nach dem Gesagten:

$$N = 13{,}33 \cdot Q \cdot H \cdot e$$

oder bei dem mittleren e = 60% = 0,6 : $N = 8{,}0 \cdot Q \cdot H$ (vgl. Richtl. IV 2). — In den Wasserrädern wirkt das Wasser entweder nur durch sein Gewicht (oberschlächtige und z. T. rückenschlächtige Räder, Abb. 2a und b), oder durch dieses und zum Teil durch die Umsetzung der Zulaufgeschwindigkeit des Wassers in Druck (mittel- und rückenschlächtige Räder verschiedener Bauart wie Kropfräder, Poncelet-, Zuppinger-Räder usw., Abb. 2c), oder in unvollkommenster Weise bei sehr kleinen Gefällen durch den Druck (Stoß) der Wassergeschwindigkeit auf die Schaufeln unterschlächtiger (Stoß-) Räder. — In den neuzeitlichen Turbinen wirkt das Wasser je nach deren Bauart durch die Umsetzung der Geschwindigkeit im Druck auf die becherförmigen Doppelschaufeln der Freistrahl-, Pelton-Turbinen (Abb. 3a), oder auf die eigenartig geformten Laufradschaufeln der Francisturbinen, welchen es durch die zwecks Übereinstimmung zwischen Wassermenge und Kraftabgabe (Belastung) bei gleichbleibender Drehzahl verstellbaren Leitapparat-Schaufeln in bestimmter Richtung zugeführt wird (Abb. 3b), oder auf die propellerartigen mit wenigen (3 bis 6) meist gemeinsam mit den Leitapparatschaufeln verstellbaren Flügel der Kaplanturbinen. Letztere erreichen Wirkungsgrade bei großen Ausführungen bis

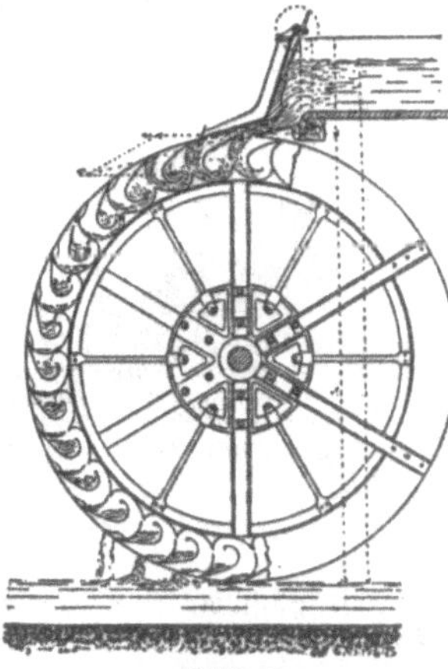

Abb. 2 a.
Oberschlächtiges Rad.

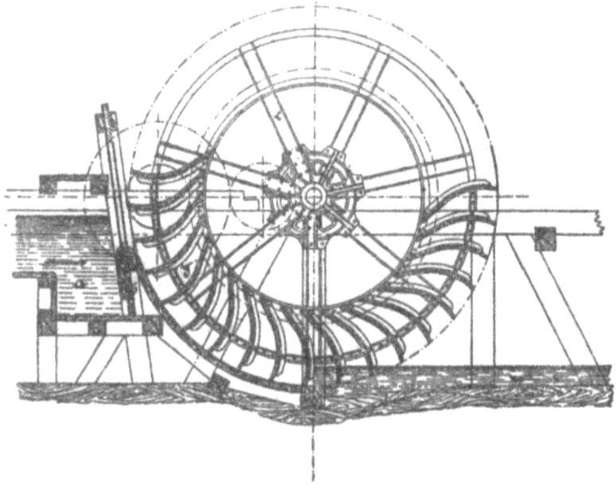

Abb. 2 b.

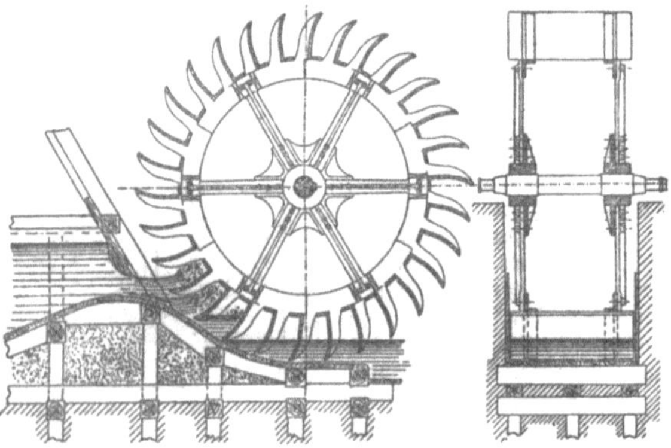

Abb. 2 c.

Abb. 2 b Zuppinger- (Kropf-) Rad; 2 c unterschlächtiges Rad.
(Aus Camerer, Wasserkraftmaschinen, 2. Aufl., Verlag Wilh. Engelmann, Leipzig.)

zu 93%; bei Francisturbinen und Freistrahlturbinen liegen die Wirkungsgrade je nach Größe etwa bei 80 bis über 85%; im Durchschnitt kann mit 80% gerechnet werden, so daß

$$N = 10{,}6 \cdot Q \cdot H$$

wird (vgl. Richtl. IV, 2).

Daneben sind in alten Wasserkraftanlagen (Wassertriebwerken) auch noch veraltete Turbinentypen vereinzelt im Gebrauch, wie Jonval-, Girard- und Schwammkrug-Turbinen, die wegen ihres an sich geringeren

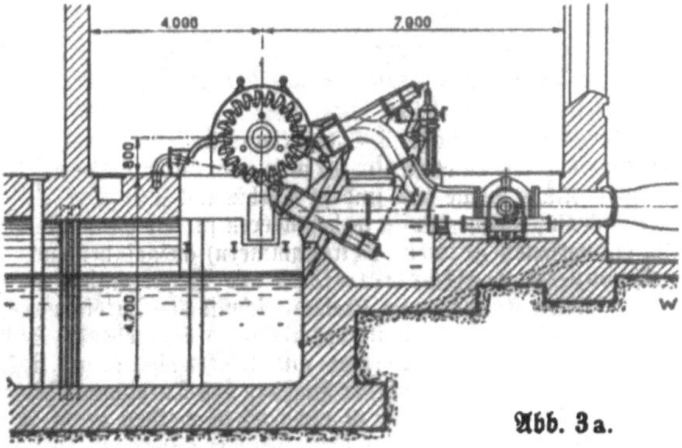

Abb. 3a.

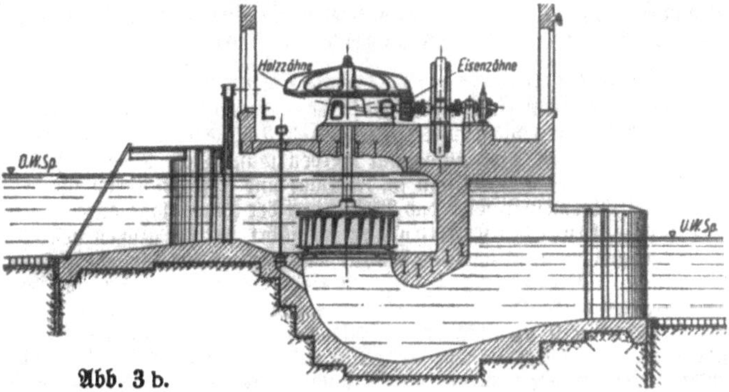

Abb. 3b.

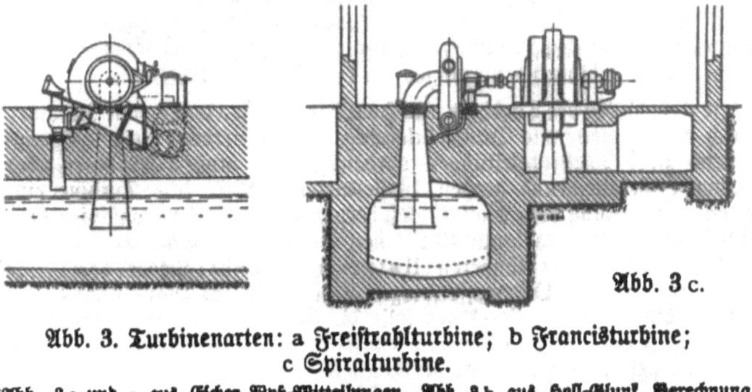

Abb. 3c.

Abb. 3. Turbinenarten: a Freistrahlturbine; b Francisturbine; c Spiralturbine.

(Abb. 3a und c aus Escher Wyß-Mitteilungen, Abb. 3b aus Holl-Glunk, Berechnung und Entwerfen von Turbinen- und Wasserkraftanlagen, Verlag R. Oldenbourg, München und Berlin 1927).

Wirkungsgrades und ihres Alters (30 Jahre und älter) als abbruchreif zu bewerten sind und die heute nicht mehr hergestellt werden (vgl. 121 auf S. 85). — Die Freistrahlturbinen, welchen das Wasser unter hohem Gefälle in Rohrleitungen zugeleitet wird, haben meist horizontal liegende (selten vertikale, stehende) Welle. Die Francisturbinen und Kaplanturbinen für niedrige Gefälle (bis zu etwa 10—15 m je nach Größe) haben teils horizontale, teils vertikale Welle und sind in Turbinenschächte oder Turbinenkammern eingebaut, welche häufig in besonderen für die günstigste Wasserzuführung entworfenen Formen (Spiralkammern) ausgeführt sind. Dieser oft sehr komplizierte Kraftwerkstiefbau aus Beton enthält noch das meist in verwickelten Formen vom Kreisquerschnitt des Turbinenlaufrades in den flach rechteckigen Querschnitt des Ablaufes übergehende Saugrohr zur Ausnutzung des zwischen Turbine und Unterwasserspiegel liegenden Gefällsteiles; über ihm erhebt sich der Hochbau des Turbinen-(Maschinen-) hauses. Bei höheren Gefällen bis zu etwa 30 m werden große Francis- bzw. Kaplanturbinen in geschlossene Betonschächte eingebaut, oder sie sind in geschlossenen Blechkesseln, neuerlich fast stets in Spiralgehäusen aus Gußeisen oder Stahlguß mit meist horizontaler Welle eingebaut (Kesselturbinen bzw. Spiralturbinen) mit Zuleitung des Wassers durch Rohre.

b) Wasserkraftanlagen. Die Wasserkraftmaschinen bedürfen zur Ausnutzung der Wasserkraft eines Gefälles, weshalb der auszunützende Wasserlauf an einer passenden Stelle (vgl. Abb. 5 S. 50) durch eine Stauanlage (Wehr) im Fluß aufgestaut werden muß. Diese besitzt Schützen zur Abführung von Hochwässern im Flußlauf und Absperrschützen für den Kanal. Im allgemeinen wird das Wasser von der Stauanlage durch einen Oberwasserkanal der Kraftanlage zugeführt, der bei großen neuzeitlichen Anlagen zur Verringerung des zur Durchleitung des Wassers nötigen Rinngefälles (Gefällsverlust) häufig mit einer Betonschale belegt ist. Vor den Turbinen befinden sich Absperrschützen und Rechen. Kanäle müssen je nach Örtlichkeit u. U. an Berghängen entlang als Hangkanäle (vielfach Betonbauwerke) oder durch Höhenzüge als Stollen geführt werden, welche letztere ihrem Wesen nach nur eine besondere Bauform der Kanäle selbst sind. — Bei hohen auszunützenden Gefällen endet der Oberwasserkanal (bzw. Stollen) im Wasserschloß, welches den Übergang zur Druckrohrleitung bildet, die (bei großen Anlagen nach Durchgang durch das Apparatenhaus mit den Absperrvorrichtungen) zu den Turbinen führt.

Je nach Größe der Turbinen und Höhe des Gefälles können alle Turbinen durch eine gemeinsame Druckrohrleitung gespeist werden, meist sind mindestens zwei Druckrohrleitungen vorhanden; bei großen Turbinen oder geringen Gefällen und großen Wassermengen besitzt jede Turbine eine eigene Rohrleitung vom Wasserschloß her. Aus den Turbinenabläufen bzw. (bei Francis- und Kaplanturbinen) den Saugrohren wird das Wasser in einem kürzeren oder längeren Unterwasserkanal wieder dem Fluß zurückgegeben. Der Oberwasserspiegel ist die Höhe des Wasserspiegels vor den Turbinen oder Wasserrädern (also die Höhe des Wasserspiegels an der Stauanlage abzüglich des Gefällsverlustes im Oberwasserkanal), der Unterwasserspiegel ist die Höhenlage des Wasserspiegels am Ablauf aus den Turbinen oder Wasserrädern, wobei die Höhen von einem beliebigen Bezugshorizont aus, meist vom Meeresspiegel aus (Höhen ü. N.N., d. h. über Normal-Null) gemessen werden; das Gefälle ist der Höhenunterschied zwischen Ober- und Unterwasserspiegel*).

c) Von der Turbinenwelle aus erfolgt dann der Antrieb der mittelst der Wasserkraft betriebenen Maschinen, vgl. Richtl. II A 3 und 26—28 auf S. 44.

d) Um die von Natur aus im Laufe des Jahres stark schwankende Wassermenge (vgl. 123 S. 87) nach Möglichkeit auszugleichen, so daß über kürzere oder längere Zeiträume eine gleichmäßige Kraftabgabe möglich ist, oder um in den Stunden (nachts, Sonntags) oder Jahreszeiten geringeren Kraftbedarfes den sonst ungenützt über das Wehr laufenden natürlichen Zufluß für Zeiten höheren Bedarfes aufzuspeichern, werden häufig dort, wo es die Bodengestaltung zuläßt, sehr hohe Stauanlagen (Staumauern, Talsperren) errichtet, welche einen künstlichen Stausee hinter sich aufspeichern, oder es werden natürliche Seen (gegebenenfalls unter Vergrößerung ihres Inhaltes durch Höherstau mittelst Staumauern) dazu benützt. Um einen kurzzeitigen hohen Kraftbedarf (Belastungsspitzen) damit decken zu können, wird die Maschinenausrüstung (Turbinenanlage) solcher sog. Speicher- oder Spitzenkraftwerke um ein Mehrfaches stärker gewählt, als dem durchschnittlichen natürlichen Zufluß entspricht. Vgl. Richtl. III A d 6 η und 123 ff. auf S. 87.

e) Diejenige Wassermenge, welche die Anlage entsprechend ihrer Turbinenausrüstung oder der Zuleitungsfähigkeit ihrer Kanäle oder Rohrleitungen verarbeiten kann, ist die Ausbauwassermenge (Q_a); sie gibt mit dem vorhandenen Gefälle H die Ausbauleistung (N_a), vgl. 13a S. 31. — Teilt man die im Verlauf des Jahres der Kraftanlage zufließende Wassermenge (unter Außerachtlassung der die Ausbauwassermenge übersteigenden Zuflußmengen, die nicht mehr verarbeitet werden können) durch die Anzahl der Sekunden eines Jahres (31 536 000 sec), so erhält man die mittlere Wassermenge (Q_m) und ihr entsprechend die mittlere Leistung (N_m), welche bei restloser 8760stündiger Ausnützung im Jahr die Jahresarbeitsmöglichkeit (A_m) in PSh (Pferdekraftstunden, mechanische Arbeit) oder in kWh (Kilowattstunden, elektrische Arbeit, wobei für 1 kWh Stromabgabe rund 1,5 PSh mechanische Arbeit dem Stromerzeuger zuzuführen sind) ergibt. Die abgegebene Leistung bzw. Arbeit läßt sich üblicherweise nur bei Abgabe elektrischen Stromes messen, bei Turbinen läßt sich die abgegebene Leistung nur aus der Stellung (Öffnung) des Leitapparates ungefähr bestimmen. — Teilt man die im Jahr gelieferte elektrische Arbeit (kWh) durch die Zahl der Jahresstunden, so erhält man die mittlere Jahresleistung (in kW oder umgerechnet in PS; 1 kW benötigt zum Antrieb des Stromerzeugers rund 1,5 PS oder leistet, wenn einem Elektromotor zugeführt, an dessen Welle rund 1,16 PS).

---

*) Das Gefälle kann u. U. auch, abgesehen von seinen kleineren Schwankungen infolge der Abhängigkeit der Gefällsverluste von der jeweiligen Zuflußmenge, größeren Schwankungen durch Rückstau des Unterwassers bei Hochwasser unterworfen sein, womit entsprechende Leistungsverluste verbunden sind. Da sich mit dem Gefälle auch die von der Turbine verarbeitbare Wassermenge ändert, die Leistung also nicht im gleichen Verhältnis wie das Gefälle abnimmt, ist die Berechnung des sich bei verringertem Gefälle ergebenden Leistungsverlustes z. B. im Falle der Richtl. III A d 6 η und 125 auf S. 87 stets sachverständiger Stelle zu überlassen.

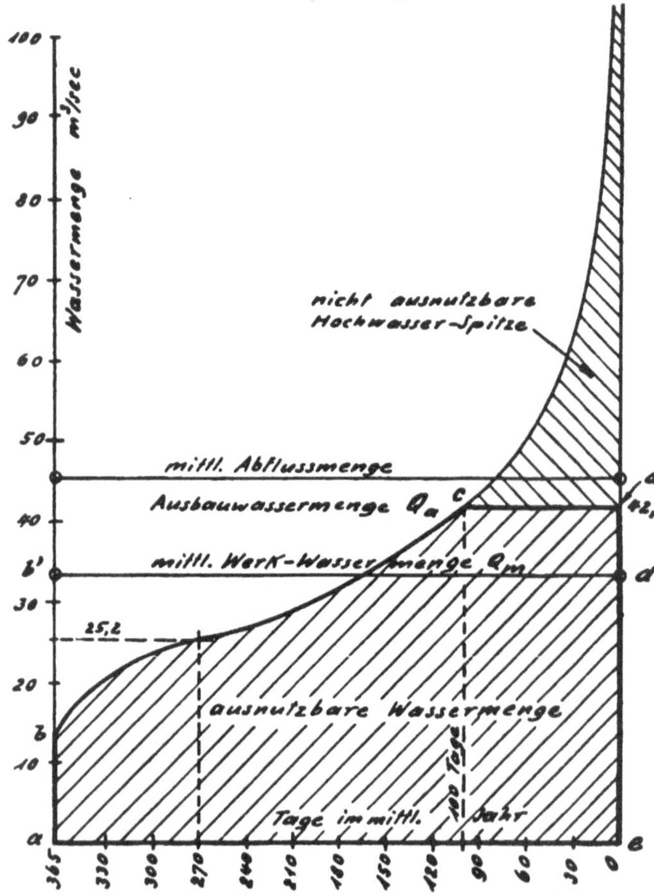

Abb. 4. Darstellung der Abflußmenge (sog. Abflußmengen-Dauerlinie). Die im Lauf des Jahres (mittleren Jahres) von Tag zu Tag verschiedenen Abflußmengen sind ihrer Größe nach geordnet aufgezeichnet, z. B. an 270 Tagen fließen mehr als 25,2 m³/sec ab, die beispielsweise Ausbauwassermenge eines Werkes Q_a von 42 m³/sec ist an 100 Tagen vorhanden. — Die Fläche a—b—c—d—e ist die vom Triebwerk ausnützbare Wassermenge (Werkwassermenge), ihr Flächeninhalt ist gleich dem Rechteck a—b'—d'—e; die mittlere nutzbare (Werk-)Wassermenge =a—b'=33,3 m³/sec. — Die über 42 m³/sec hinausgehenden Wassermengen sind nicht mehr ausnutzbar. — Die mittlere Abflußmenge des Flusses ist um diese nicht ausnutzbare Spitze größer als die mittlere Werkwassermenge. — Die Abflußmengen-Dauerlinie ist entspr. den veränderlichen Niederschlägen jedes Jahr anders geartet.

f) Weil die natürliche Wasserdarbietung infolge des wiederkehrenden Wechsels trockener und nasser Jahre von Jahr zu Jahr verschieden ist, muß überall dort, wo die mittlere (durchschnittliche) Wassermenge oder Leistung zugrunde gelegt wird, das Mittel eines längeren Zeitraumes (vieljähriges Mittel) betrachtet werden, um von vorübergehenden Einflüssen frei zu sein (mindestens Mittel aus 10 Jahren). Die Abflußmengen aller einigermaßen wichtigen Gewässer werden von den Ämtern für Gewässerkunde der Länder (die in Kürze in eine gewässerkundliche Reichsbehörde überführt werden) fortlaufend gemessen. Eine Berechnung der Leistung aus dem Mittel des Jahres 1934 wäre auch deshalb unstatthaft, weil dieses Jahr wegen seiner allgemeinen Wasserarmut eine um etwa 25% unter dem vieljährigen Mittel liegende Jahresarbeit bzw. mittlere Leistung ergäbe. Es wäre aber untunlich und würde von keinem Pflichtigen beantragt werden, in folgenden wasserreicheren Jahren Nachveranlagungen auf Grund der dann höheren Leistungen vorzunehmen. Abgesehen davon werden Wasserkraftanlagen auf längere Sicht und bei dem verhältnismäßig hohen Kapitalaufwand auf Grund sorgfältiger Vorarbeiten bezüglich der Wassermengenverhältnisse längerer bekannter Zeiträume und im Regelfalle in dieser Hinsicht unter Beiziehung des umfassenden Materials der einschlägigen amtlichen Stellen (Ämter für Gewässerkunde, Bauämter) geplant und errichtet und berücksichtigen bei den Wirtschaftlichkeitsuntersuchungen stets die vieljährigen sich ausgleichenden mittleren Verhältnisse, so daß aus etwaigen Minderleistungen einzelner wasserarmer Jahre keine Wertminderungen (auch nicht im Sinne von Richtl. III A d 6 η) geltend gemacht werden können. — Schließlich hängt auch der Vermögenswert einer Wasserkraftanlage nur von den darin enthaltenen Sachwerten ab und ist nur im Maß ihrer natürlichen Abnutzung veränderlich, nicht aber dauernd bald fallend bald steigend im Maß einer zeitweilig geringeren Ausnutzungsmöglichkeit. — Wenn eine Wassernutzungsanlage auf Grund der von einem gewissenhaften Unternehmer anzustellenden Erwägungen errichtet wurde, waren im allg. die Ausnutzungsverhältnisse und -möglichkeiten bekannt; hat der Unternehmer z. B. eine Wasserkraftanlage für eine nur 2000stündige jährliche Ausnutzung entsprechend der Art seines Betriebes auf Grund seiner wirtschaftlichen Erwägungen als zweckmäßig gefunden und errichtet, so kann er nicht nachträglich geltend machen wollen, daß für die Anlage infolge der nicht restlosen Ausnutzung der natürlichen Wasserdarbietung (etwa nach Richtl. III A a 6 β) wertmindernde Umstände vorliegen. — Dasselbe trifft für Wassernutzungsanlagen in sog. Saisonbetrieben (die nur einen Teil des Jahres arbeiten) zu, z. B. Kraftanlagen für Sägewerke oder Ziegeleien, sonstige Wassernutzungen (Brunnen, Abwassereinleitungen) für Zuckerfabriken, Brennereien und dgl.

g) In einzelnen Fällen wird in den Pumpenspeicheranlagen zur zusätzlichen Spitzendeckung (13d) mittelst überschüssiger Nacht- und Sonntagskraft durch Pumpen Wasser aus einem Unterwasserbecken durch die Druckrohrleitung in ein eigens hierzu angelegtes Oberwasserbecken, oder in ein schon vorhandenes Speicherbecken hochgepumpt und dann in den Stunden hohen Bedarfes wieder durch die Turbine unter Abgabe von etwa 60% der zur Hebung aufgewendeten Arbeit in das Unterwasserbecken abgelassen. Hierauf beginnt der Kreislauf von neuem. Pumpe, Generator und Turbine sind meist zu einem Maschinensatz zusammengebaut, wobei der Generator während des Pumpens Kraft aufnimmt und als Motor arbeitet. Hierbei wird Wasser aus natürlichen Wasserläufen nur in der geringen Menge entnommen, die zum Ersatz der Verdunstungs- und Versickerungsverluste in den Becken nötig ist. — Das Unterwasserbecken kann u. U. auch durch ein aus anderen Gründen vorhandenes Staubecken, z. B. einem Fluß, gebildet sein.

Wenn die Pumpenspeicheranlagen auch im Gegensatz zu den mit dem natürlichen Zufluß arbeitenden Kraftwerken (sog. Primärkraftwerke) nach Abschn. b nur eine bereits anderweitig gewonnene Arbeit von Überschußzeiten auf Bedarfszeiten aufspeichern, sind sie doch im vollen Umfang ihres Wertes an Baulichkeiten und Maschinen (einschließlich der Pumpen und ihrer ev. Antriebsmotoren) Vermögensbestandteile (Sachwerte) und daher mit ihrem Gesamtwert zu bewerten. Die Bewertung von Pumpenspeicheranlagen hat stets nach den Gestehungskosten zu erfolgen, weil die Einheitssätze diesen jeweils besonderen Ausführungsverhältnissen nicht Rechnung tragen können. — Die von solchen Pumpenspeicherwerken gelieferte Spitzenkraft wird, wie auch die ev. aus anderen Speicherwerken gelieferte Spitzenkraft (Abschn. d), höher bezahlt als die fortlaufend, entsprechend dem Naturdargebot unregelmäßig gelieferte Kraft der sog. Laufwerke, weshalb Wertminderungen aus dem Wesen der Pumpenspeicherung an sich (besondere Umstände nach Richtl. III A d 6 vorbehalten) nicht hergeleitet werden können.

Zu b) Als sonstige Wassernutzungen kommen in Betracht:

α) Öffentliche Wasserversorgung durch Anlagen, die Wasser aus Quellen, Grundwasserströmen, natürlichen oder künstlichen Wasserläufen, Seen oder Sammelbecken entnehmen, es nötigenfalls in besonderen Betriebsvorrichtungen reinigen, aufbereiten und den Verbrauchern als Trink- oder Nutzwasser zuführen[14]).

14. Die öffentliche Wasserversorgung, die entsprechend ihrer volkswirtschaftlichen Wichtigkeit und ihrer zahlen- und wertmäßigen Bedeutung als besondere Untergruppe herausgestellt ist, umfaßt alle der Wasserlieferung an andere für alle Gebrauchszwecke dienenden wassernutzenden Unternehmungen. Diese Unternehmungen entnehmen das Wasser aus dem Grundwasservorrat durch Pumpen oder aus frei ausfließenden oder künstlich (z. B. durch Stollen) erschlossenen Quellen, oder aus natürlichen (dann meist durch Staumauern — Talsperren — angestauten) Wasserläufen, heben es vielfach durch Pumpenanlagen in hochgelegene Vorratsbehälter, reinigen das Wasser häufig in Klär- und Filteranlagen und machen es gebotenenfalls durch chemische Behandlung zum Genuß geeignet, worauf sie das Wasser durch die Hauptleitungen dem Verbraucherkreis zuführen (2 b auf S. 45). — Diese Unternehmungen sind vorwiegend kommunal, z. T. auch genossenschaftlich, selten privatwirtschaftlich, weshalb der Schlußsatz der Einleitung besonders zu beachten ist (vgl. 11 auf S. 30).

β) Alle übrigen Wasserentnahmen und Wassereinleitungen, bestehend aus:

Entnahme aus einem Gewässer oder Grundwasser mittels Gräben, Rohrleitungen, Pumpen für Gewerbebetriebe[15]) und landwirtschaftliche Betriebe, mit Ausnahme des häuslichen Bedarfs oder eigener landwirtschaftlicher Verwendung z. B. zur Wiesenbewässerung. Das entnommene Wasser kann entweder gebraucht und hernach wieder eingeleitet werden (z. B. Kühl- oder Waschwasser, Spritzwasser) oder es kann verbraucht werden (z. B. Kesselspeisewasser, Wasser zur Herstellung von Erzeugnissen[16]).

15. Zum Unterschied von a) werden hier alle nicht-öffentlichen Zwecken, also alle den eigenen gewerblichen Zwecken des Wassernutzers dienenden Wasserentnahmen umfaßt. Hierzu gehören alle gewerblichen, nicht nur die produzierenden Betriebe, also außer den industriellen Wasserversorgungen auch jene für Hotels und dgl., dann die Wasserversorgung zum Betrieb von Dampfkraftwerken usw. Vgl. 2a auf S. 20 und 2b auf S. 21. Eine Ausnahme bilden also die Wassernutzungen zur Befriedigung des eigenen häuslichen und landwirtschaftlichen Bedarfes einschließlich der landwirtschaftlichen Nebenbetriebe, welche auch in den meisten Landeswassergesetzen als diesen Gesetzen nicht unterliegend herausgestellt sind; diese Wassernutzungen sind beim Grundvermögen oder landwirtschaftlichen Vermögen nach den dort geltenden Bestimmungen mit zu erfassen wie bisher.

16. a) Ein Gebrauch liegt dann vor, wenn das Wasser — auch in verunreinigter Beschaffenheit — aus dem Betrieb (Wirkungsbereich) des Wassernutzers wieder ab- und dem natürlichen Wasservorrat der Erde zurückgegeben wird. Dies ist in vielen gewerblichen Betrieben der Fall, wo das Wasser als Wasch- oder Kühlmittel und dgl. dient, als Kühlmittel auch in Dampf- und sonstigen Wärmekraftanlagen (in ersteren zur Kondensation des Abdampfes).

b) Das Kennzeichen eines Verbrauches ist die dauernde Wegnahme des Wassers aus dem Naturvorrat dadurch, daß es entweder als Rohstoff für Erzeugnisse dient und in diese eingeht, oder so in seiner Zusammensetzung verändert wird, daß das Übrigbleibende kein Wasser mehr ist, oder von Mensch und Tier genossen wird, oder in Dampfanlagen als Kesselspeisewasser als Mittel zur Kraftgewinnung dient. — Die Anlagen hiefür s. 31 auf S. 46.

Einleitung gebrauchten Wassers[17]) in ein Gewässer, auch Einleitung anderer Stoffe aus Gewerbe- und landwirtschaftlichen Betrieben. Ausnahmen: Einleitung der Abwässer von Einzelhaushaltungen oder des Wassers aus eigenen landwirtschaftlichen Entwässerungen (Dränung) oder Zutageförderung und Einleitung von Grubenwässern oder sonstigen betriebsnotwendigen Entwässerungen[18]), solange das hier beseitigte Wasser nicht auch gewerblich gebraucht oder verbraucht wird.

17. Durch die Einleitung bereits gebrauchten Wassers, gleich ob in reinem oder verunreinigtem Zustand, oder durch die Einführung sonstiger Flüssigkeiten oder fester Stoffe in die Vorflut, d. h. in einen weiterfließenden Wasserlauf wird das Wasser (fließendes oder stehendes Gewässer) gewissermaßen zur Fortschaffung dieser eingeleiteten Substanzen benutzt, die sonst auf wesentlich schwierigere und kostspieligere Weise beseitigt werden müßten. Unter die Wassereinleitung fallen auch alle Kanalisationseinleitungen von Ortschaften und sonstige öffentliche Abwasser-Unternehmungen kommunaler, genossenschaftlicher oder privater Art, soweit nicht der Schlußsatz der Einleitung — ebenso wie bei den Wasserversorgungsunternehmungen (14) — anderes bestimmt (vgl. 11 auf S. 30).

18. Eine Ausnahme bilden, und nicht als Wassernutzungen zu veranlagen sind die Einleitungen von Wässern, welche bei Bergwerks-*) oder Tagbaubetrieben oder an Baustellen von Tiefbauten anfallen, ferner der z. B. auf tiefgelegenen Ländereien hinter Hochwasserschutzdämmen oder der hinter Dämmen von Stauanlagen sich sammelnden Niederschlagswässer (Tagwässer) oder austretenden Sicker- und Druckwässer, entweder durch Pumpenanlagen oder durch Ableitung mit natürlichem Gefälle. Die Ableitung dieser Wässer bedeutet keinen Nutzen, sondern eine Belastung für das Unternehmen, ist also kein Vermögensbestandteil, daher ist in solchen Fällen kein Wassernutzungsrecht zu bewerten; die Anlagen sind im Rahmen des Bergwerks- und dgl. Unternehmens mitzubewerten. Soweit solche Wasserableitungen mit einer Wassernutzung ursächlich zusammenhängen (z. B. Sicker- und Druckwässer aus Stauanlagen), sind sie gegebenenfalls zu Richtl. III A d 5 oder 6 δ, ι als wertmindernde Besonderheiten zu berücksichtigen, während die zugehörigen Anlagen als Bestandteile jener Wassernutzungsanlage zu Richtl. II C 6 mitzuveranlagen sind.

Wenn oder insoweit das solchermaßen geförderte und abgeleitete Wasser auch gewerblich genutzt wird (z. B. Grubenwässer als Fabrikations- oder Waschwasser gebraucht und dann erst eingeleitet oder Kraftgewinnung unter Tag, d. h. im Bergwerk), ist seine Entnahme (15) oder Einleitung (17) oder beides als Wassernutzung nach diesen Richtl. zu behandeln.

II.

Umfang der Wassernutzung.

Eine Wassernutzung umfaßt alle technisch zur Ausübung dieser Wassernutzung gehörigen Bestandteile einerseits von der Stelle an, wo zum Zweck der Entnahme von Wasser aus dem natürlichen Gewässer der Wasserlauf verändert wird oder Grundwasser zutage gefördert wird (z. B. Anstauen eines fließenden Gewässers, Brunnen) bis zur Wiedereinleitung des genutzten Wassers in das natürliche Gewässer und andererseits bis zu der Stelle, wo die Tätigkeit der Kraft-

*) Die in Bergwerksbetrieben unter Tag angeschlagenen (erschlossenen) Wässer nennt man erschrotene Wässer, Grubenwässer; ihre Beseitigung durch Hebung über Tag ist die Wasserhaltung.

oder Wassergewinnung endet und die gewonnene Kraft (Wasser) in den gewerblichen Betrieb des Unternehmens zur eigenen Verwendung (Antrieb der Maschinen, Verwertung des Fabrikations- u. dgl. Wassers) oder zum Verkauf an andere (Elektrizitäts- oder Wasserwerke) übergeht[19]).

19. Die Vorbemerkung gibt eine grundsätzliche Umgrenzung dessen, was technisch, also sachlich, die steuerlich neu eingeführte Wirtschaftseinheit (den Teilwert) „Wassernutzung" bildet und grenzt sie gegen die anderen Wirtschaftseinheiten (Teilwerte), welche zusammen mit ihr das Vermögen des Unternehmens bilden, ab.

Ausdrücklich wird die Wassernutzung als Wirtschaftsgut im Sinne der Richtlinien auf die Verwendung der gewonnenen Kraft oder des Wassers (sinngemäß auch bei der Einleitung von Abwasser) im eigenen gewerblichen Betrieb des Wassernutzers beschränkt, sei es daß der Wassernutzer die gewonnene Kraft oder das gewonnene (geförderte) Wasser in einem eigenen Produktionsbetrieb zur Begrenzung von Gütern verwertet oder nach 2 auf S. 20 die gewonnene Kraft gewerbsmäßig an Andere abgibt, oder nach 14 auf S. 38 das geförderte Wasser gewerbsmäßig an Andere abgibt, oder endlich nach 17 auf S. 40 die Abwässer des eigenen Betriebes ableitet oder jene Anderer gewerbsmäßig führt. — Eigener häuslicher Gebrauch oder Gebrauch im land- und forstwirtschaftlichen Betrieb oder in solchen Nebenbetrieben unterliegt den dafür geltenden Bestimmungen (Zuschlag zu dem betr. Vermögen). Die Richtlinien greifen in die dafür geltenden Bestimmungen nicht ein; sie werden aber bei der Bemessung dieser Zuschläge häufig mit Vorteil als Grundlage dafür herangezogen werden können, wie hoch solche Zuschläge für den Wert der betr. Nutzungsrechte und gegebenenfalls der vorhandenen Nutzungsanlagen (bes. bei Wasserkraftnutzungen, z. B. Schneidsägen, Mühlen in forst- oder landwirtschaftlichen Betrieben, nach den Einheitssätzen für den Wert der Wasserkraftanlagen) zu bemessen sind. Es steht dem nicht entgegen, daß die FA. sich durch den Fragebogen (Beschreibung, Anlage 2) vom Pflichtigen die dienlichen Aufschlüsse erholen; der Pflichtige ist solchen Falles nur darauf aufmerksam zu machen, daß es sich nicht um eine besondere Bewertung dieser Wassernutzung handelt, sondern um einen Anhaltspunkt für die Bewertung des land- oder forstwirtschaftlichen Vermögens nach den unveränderten früheren einschlägigen Bewertungsvorschriften und -verfahren. Vgl. Richtl. III A a Schlußsatz.

A.

Das Wirtschaftsgut einer Wasserkraftnutzung enthält das Recht zur Nutzung[20]) sowie alle zum Zwecke der Kraftgewinnung geschaffenen Anlagen und die gemachten Aufwendungen (einschl. derjenigen für Rechte, Verfahren, Planung und Bauleitung) zur Entnahme bzw. Ableitung aus dem natürlichen Gewässer, das sind: die Nutzungsanlagen[21]), bestehend aus der Zuleitung des Wassers zur Ausnutzungsstelle, der Ausnutzungsanlage selbst (Wasserkraftanlage) zur Umsetzung der Wasserenergie in mechanische bzw. elektrische Energie, der Wiedereinleitung des ausgenutzten Wassers in das natürliche Gewässer — die der Nutzung dienenden bebauten und unbebauten Grundstücke, bestehend aus den hierzu erstellten baulichen Anlagen sowie den vom Wasser im Ausnutzungsbereich bedeckten Grundstücken[22]).

20. Das Nutzungsrecht ist ein Rechnungsposten (keine selbständige Wirtschaftseinheit!) neben den einzelnen weiteren Rechnungsposten, welche zusammen den Wert der Nutzungsanlage ausmachen. Weiteres zum Nutzungsrecht s. Richtl. III A a (S. 52 ff.).

21. Die technischen Bestandteile einer Wasserkraftnutzungsanlage, welche bisher oft in zahlreichen Steuerkonten und Bilanzkonten zerstreut waren (3c auf S. 22), werden in Abb. 5 und 5a auf S. 50 im Zusammenhang mit der Aufzählung in Richtl. II C veranschaulicht. Die Aufteilung ist als „technisch ohne Einfluß auf die Bewertungsweise" bezeichnet, weil nach 133 auf S. 91 durch besondere Bestimmungen aus der sachlichen Einheit gewisse Bestandteile zur Bewertung beim Grundvermögen herausgenommen werden.

Die Begriffsbestimmung von Richtl. II hat den Zweck, bei Veranlagung nach Gestehungskosten dem Pflichtigen wie dem FA. vorzuschreiben, was in dem nachzuweisenden Wert enthalten sein muß (5 auf S. 23) und aus den sonstigen Steuerkonten zur Vermeidung einer Doppelbewertung herauszunehmen ist (Richtl. IV 6), wobei aber nach 3c und aus später erörterten Gründen (75 zu Richtl. III A c auf S. 68) die Summe der früheren Einzelposten nicht dem gemäß den Richtlinien sich ergebenden Wert gleich sein muß. Sie besagt ferner, was — unter Berücksichtigung der erwähnten Einschränkungen durch andere Bestimmungen — in den Einheitssätzen für den Wert der Wasserkraftanlagen summarisch enthalten ist.

22. Dies sind alle Grundstücke, welche erst infolge der Errichtung der Anlage und zur Erfüllung deren Betriebszweckes unter Wasser gekommen (überstaut) worden sind, also insbes. durch den infolge der Errichtung der Stauanlage im Fluß bewirkten Aufstau (Stausee, Wehrteich), dann die Speicherweiher, Ausgleichsweiher, Talsperren, ferner auch die Grundstücke, auf welchen die Kanäle errichtet sind. — Nach Späterem (Richtl. III B und 133 auf S. 91) sind diese Grundstücke jedoch zum Grundvermögen zu veranlagen, also in den Einheitssätzen Anlage 1 I nicht enthalten.

1. Eine Wasserkraftanlage besteht, an den Herstellungskosten gemessen, zum weitaus überwiegenden Teil — durchschnittlich etwa 60 bis 80 v. H., meist näher an letzterem Hundertsatz — aus den tiefbaulichen Bestandteilen zur Fassung, Entnahme, Zuleitung und Wiedereinleitung des Wassers aus dem Fluß und zurück in den Fluß[23]).

23. Aufzählung dieser Bestandteile s. Richtl. II C S. 47.

2. Weitere etwa 25 bis 10 v. H. der Gesamtanlage bestehen in Bauwerken[24]), die entsprechend der technischen Eigenart

einer Wasserkraftanlage ebenfalls zum überwiegenden Teil — mindestens 60 v. H., im Durchschnitt 80 bis 90 v. H. ihrer Baukosten — aus den für andere Betriebszwecke untauglichen, also bei Aufhören der Wasserkraftnutzung zwecklosen Tiefbauteilen sich zusammensetzen; insbesondere bei neuzeitlichen Turbinenanlagen bildet der tiefbauliche Teil einen so wesentlichen Bestandteil der Turbine selbst, daß die Turbine ohne den Tiefbau überhaupt nicht aufgestellt werden könnte. Der Hochbauteil (Gebäude im üblichen Sinn)[25]) dient regelmäßig nur als schützender Überbau über die Wasserkraftmaschinen und über die Kraftübertragungsmittel von der Wasserkraftmaschine auf die davon betriebenen Produktionsmaschinen und ist daher, soweit nicht auf Grund der technischen Verhältnisse nach den Allgemeinanordnungen des Reichsfinanzministeriums anderes gilt, keine Betriebsvorrichtung.

24. Nur bei sehr kleinen Spiralturbinen (13a S. 34) kann die Turbine einfach auf einen Fundamentklotz gesetzt werden. Im übrigen müssen die Turbinenfundamente viele meist verwickelt gestaltete Aussparungen und Kanäle für die Wasserzuleitung, das Saugrohr und die Wasserableitung sowie für sonstige Zubehörteile enthalten, ferner bildet die im Tiefbauteil ausgesparte Turbinenkammer vielfach das Gehäuse der Turbine selbst, so daß z. B. auch der Ersatz einer älteren Turbine durch eine neuere tiefgreifende Veränderungen durch Abbrucharbeiten und Neuherstellungen erfordert.

25. Das sich über dem Tiefbauteil erhebende Gebäude (Wasserradhaus, Turbinenhaus, Maschinenhaus, Krafthaus, Pumpenhaus) ist nach den geltenden Bestimmungen zum Grundvermögen zu bewerten, vgl. Erl.RFm. S 3231 A—620 III vom 14. Dezember 1935. Der zur Wasserkraftanlage gehörige Tiefbauteil schließt nach oben hin im allgemeinen ab mit dem Fußboden (Flur) des Turbinen (Maschinen-)hauses. Falls dieser in besonderen Fällen sehr tief liegt (unter höchster Hochwasserhöhe oder unter Terrainoberfläche) und die Umfassungswände daher noch einen Schutz des Maschinenhauses gegen Wasser, oder gewissermaßen einen Schacht in den Boden, bilden, beginnt der Hochbau dort wo übliches Mauerwerk auf solchen besonderen Bauteilen aufsitzt. Soweit nach den Allgemeinanordnungen des RFm. Mauerverstärkungen des Hochbaues (z. B. Kranpfeiler) oder mit als Bauteile der Wasserzuführung dienende Gebäudeteile (wenn z. B. die Stirnwand des Wasserschlosses zugleich als Rückwand des Maschinenhauses benutzt wird) als Betriebsvorrichtungen zu bewerten sind, gehören sie mit zur Wassernutzungsanlage (zu Richtl. II C 4) auf S. 47).

3. Die restlichen etwa 15 bis 10 v. H. der Gesamtanlage entfallen auf die Maschinen: das sind die eigentlichen Wasserkraftmaschinen, welche das Arbeitsvermögen des Wassers in mechanische Arbeit an der Turbinen- oder Wasserradwelle umsetzen — einschließlich deren Zubehörteile zur Regulierung sowie zur In- und Außerbetriebsetzung (wie Regler, Öldruckanlagen, Schützen usw.).[26a]) Ferner gehören dazu die zur Weiterverwendung der gewonnenen Wasserkraftarbeit nötigen Einrichtungen und zwar

a) die mechanischen Zwischengetriebe zur Herbeiführung der gewünschten Drehzahl (Kegelrad- oder Stirnradgetriebe); sie bilden schon durch ihren unmittelbaren Zusammenbau mit den Wasserkraftmaschinen untrennbare Bestandteile der Anlage[26]).

26. a) Neben den Turbinen ist bes. bei größeren Anlagen eine Anzahl von Hilfseinrichtungen erforderlich, die in Richtl. II c 4 aufgezählt sind. Die Regler dienen zur Aufrechterhaltung gleichmäßiger Drehzahl bei Belastungsänderungen, sie benötigen Drucköl aus unmittelbar in sie eingebauten oder besonders aufgestellten und eigens (z. B. elektrisch) angetriebenen Ölpumpen; Großanlagen haben umfangreiche Anlagen zur selbsttätigen Schmierung; in besonderen Fällen sind Anlagen zur Erzeugung von Druckluft nötig; alle diese Nebenanlagen einschl. deren Antriebsmotoren gehören zur Wasserkraftanlage. Hierzu gehören auch die in und außerhalb des Maschinenhauses vorhandenen Krananlagen, Rechenreinigungsmaschinen, Rechenanlagen, ferner u. U. vorhandene Heizungsanlagen (elektrisch oder sonstwie) für Rechen und Turbinen (nicht für die Heizung des Maschinenhauses). Weitere Nebeneinrichtungen s. 32 auf S. 49.

b) Bei Wasserrädern stets, bei Turbinen häufig ist die Drehzahl der Welle zu gering für den Antrieb der Arbeitsmaschinen oder Stromerzeuger (Generatoren); sie wird dann durch Getriebe erhöht, die bei Turbinenanlagen häufig mit der Turbine unmittelbar zu einem geschlossenen Ganzen zusammengebaut sind, bei Wasserrädern dagegen meist (zum Schutz vor Spritzwasser) nicht im Wasserradhaus, sondern im anstoßenden Raum untergebracht sind. Hinter dem Getriebe (sofern nicht ein Generator angetrieben wird) endet dann die Wirtschaftseinheit der Wasserkraftanlage. — Um Zufälligkeiten baulicher Anordnung von der Bewertung auszuschalten, werden solche Zwischengetriebe, gleich ob mit der Wasserkraftmaschine zu einem Ganzen zusammengebaut oder nicht, grundsätzlich zur Wasserkraftmaschine gerechnet

b) bei elektrischer Kraftübertragung die Stromerzeugungsanlage (Generator)[27]). Wo die Wasserkraftmaschinen in der heute allgemein für größere Betriebe üblichen Weise mit vielfältig unterteiltem Kraftverbrauch eine Mehrheit getrennt aufgestellter Arbeitsmaschinen statt durch Transmissionswellen, Riemen oder Seile durch Elektromotoren antreiben, vertritt die Stromerzeugungsanlage nur die Stelle der mechanischen Kraftübertragung. Der elektrische Generator bezweckt hier nichts anderes als ein Zahnradgetriebe zwischen Wasserkraftmaschine und weiterlaufender Transmission; an Stelle der Transmissionswellen treten die elektrischen Verteilungsleitungen. Somit muß überall dort, wo aus der Wasserkraft elektrische Energie zum Verbrauch im eigenen — unter Umständen auch räumlich getrennten — Verarbeitungsbetrieb gewonnen wird, die Stromerzeugungsanlage (Generator) noch mit zur wirtschaftlichen Einheit der Wasserkraftanlage gerechnet werden. Dagegen gehören alle Umspannungs- und Verteilungsanlagen sowie die diesen zugehörigen Schaltanlagen nicht mehr zur Wasserkraftanlage selbst.

27. Die Hinzurechnung der Generatoren nebst ihren Schaltanlagen zur Wasserkraftanlage bei Abgabe der gewonnenen Kraft in Form elektrischer Energie, mit der Abgrenzung der Wasserkraftanlage dort, wo die Weitergabe des Stromes von der Generatorschaltanlage weg beginnt, ist die sinngemäße Übertragung des auch bei Abs. a (26b) geltenden Grundsatzes, daß die Grenze der Wasserkraftanlage dort liegt, wo die Wasserkraft in der für die Weiterverwendung im gewerblichen Betrieb passenden Art an diesen Betrieb weitergegeben wird (vgl. Abb. 5 a, S. 50).

c) Dasselbe ist der Fall, wenn aus der Wasserkraft elektrische Energie zum Verkauf an andere gewonnen wird. Auch hier ist die eigentliche Stromerzeugungsanlage (Generator mit zugehöriger Schaltanlage) noch zur wirtschaftlichen Einheit der Wasserkraftanlage zu rechnen, während alle Umspannungs- und Verteilungsanlagen wie bei b nicht mehr zur Wasserkraftanlage selbst gehören[28]).

28. Weil bei einem Unternehmen zur Abgabe von elektrischem Strom an andere (öffentliche Versorgung) gemäß 2 a S. 20 die Wassernutzung nur das Mittel zur Erfüllung dieses Unternehmungszweckes ist, ebenso wie bei einem auf andere Produktion gerichteten Unternehmen, ist hier auch die gleiche Grenze für die Wassernutzung zu ziehen wie bei 27.

B.

Bei sonstigen Wassernutzungen besteht außer dem Recht auf Nutzung[29]) und den dieser Nutzung dienenden bebauten und unbebauten Grundstücken die Nutzungsanlage selbst aus allen Vorrichtungen[30]), um das zu gebrauchende oder zu verbrauchende Wasser aus dem natürlichen Gewässer oder dem Grundwasservorrat zu entnehmen, der Gebrauchs- oder Verbrauchsstelle zuzuleiten (ausschließlich der Wasserverteilungsleitungen, z. B. Stadtrohrnetz), gegebenenfalls zum Verwendungszweck brauchbar zu machen und schließlich das gebrauchte Wasser wieder in das natürliche Gewässer einzuleiten, unter Umständen es vorher im Vollzug der wassergesetzlichen oder polizeilichen Vorschriften unschädlich zu machen — zu reinigen.

29. Das Nutzungsrecht ist ein Rechnungsposten (keine selbständige Wirtschaftseinheit!) neben den einzelnen weiteren Rechnungsposten, welche zusammen den Wert der Nutzungsanlage ausmachen. Weiteres zum Nutzungsrecht s. Richtl. III A a (S. 52ff.).

30. Die technischen Bestandteile einer Anlage zur sonstigen Wassernutzung, welche bisher oft in zahlreichen Steuerkonten und Bilanzkonten zerstreut waren (3c auf S. 22), werden in Abb. 6 und 6a im Zusammenhang mit der Aufzählung in Richtl. II C veranschaulicht. Im übrigen s. das bei 21 und 22 Gesagte. Hieher gehören sinngemäß wieder die unter 32 auf S. 49 aufgezählten Nebeneinrichtungen. — Die Nutzungsanlagen für sonstige Wassernutzungen sind stets nach Gestehungskosten zu bewerten, da sich mittlere Erfahrungssätze für sie nicht bilden lassen.

Nicht zu den Anlagen bei sonstigen Wassernutzungen gehören u. a. alle unter den Begriff der sog. Installation fallenden Verteilungsleitungen auf Fabrikgrundstücken und in Fabrikgebäuden, ferner die einen Bestandteil von anderen Kraftmaschinen (Dampfmaschinen oder Dampfturbinen, Dieselmotoren u. dgl.) bildenden Kühlwasserpumpen mit den zugehörigen Rohrleitungen, desgl. Kesselspeisepumpen usw.[31]).

31. Ausgeschlossen aus der Wirtschaftseinheit dieser Wassernutzungen sind alle Teile, welche sinngemäß Bestandteile anderer Wirtschaftseinheiten, und mit diesen zu bewerten sind. So gehören alle zur Verteilung des Wassers oder Ableitung und Sammlung des Abwassers auf den Grundstücken und in den Gebäuden des wassernutzenden Betriebes enthaltenen Leitungen ebenso wie z. B. die Gasleitungen oder elektrischen Leitungen, sog. Installationen, zum Grundvermögen des Betriebes und sind in der Bewertung bzw. den Einheitssätzen für Fabrikgebäude, Warenhäuser und Hotels (Weil'sche Richtlinien, Erl.RFm. S 3231 A — 330 III vom 23. Februar 1935) mit erfaßt. — Ebenso gehören z. B. alle Pumpen, Behälter, Rohrleitungen, welche ausschließlich zur Kesselspeisung, Kondensations- oder Kühlwasserbeschaffung dienen und mit den betr. Kessel- oder Maschinenanlagen unmittelbar*) zusammenhängen und eine betriebstechnische Einheit bilden, zu den betr. Wirtschaftseinheiten.

*) Unter unmittelbarem Zusammenbau ist in der Regel die Aufstellung in gleichen oder zusammenhängenden Raum zu verstehen: Kesselspeisepumpen und Speisewasserreiniger im Kesselhaus selbst oder anschließendem Speisepumpenhaus; Kühlwasser-, Kondensatpumpen im Maschinenhaus, in dessen Keller oder in anschließenden Pumpenräumen.

C.

Die Einzelbestandteile von Wassernutzungen werden, je nachdem es sich um Kraftnutzungen oder sonstige Wassernutzungen handelt, wie folgt aufgeteilt (technische Aufteilung — ohne Einfluß auf die Bewertungsweise nach Abschnitt III)[21]):

Wasserkraftnutzungen[13]). (Abb. 5, S. 50)	**Sonstige Wassernutzungen**[14,15]). (Abb. 6, S. 51)

1. Wassernutzungsrecht[20, 36—59]).

2. Entnahme[13b, 14]).

Stauanlagen Wehre, Schützen Einlaufbauwerke, Talsperren Stauweiher-Anlagen	Quellfassungen, Grundwassersammelstollen, Brunnenanlagen Stauanlagen Wehre, Schützen Einlaufbauwerke Talsperren Pumpen-Anlagen

3. Zuleitung[13b,14]).

Gräben, Kanäle } Oberwasser Rohrleitungen Stollen Wasserschloß	Gräben, Kanäle, Rohrleitungen, Stollen } Zulauf Vorratsbehälter

4. Wasserkraftanlage[13]).	**4. Aufbereitung**[33]).
Kraftwerkstiefbauten[24, 25]) (Turbineneinbau, Entlastungsanlagen, Leerschüsse, Turbinenhaus), Rechen und Schützen Druckrohrleitungen Verteilungsrohrleitungen im Kraftwerk Wasserkraftmaschinen[13a]) (Turbinen, Wasserräder)	Kläranlagen (mechanische) Filteranlagen Aufbereitungsanlagen (chemische) zugehörige Rohrleitungen Pumpen usw. (nicht hierher gehören Reinigungs- und Aufbereitungsanlagen für Kesselspeisewasser oder für die Herstellung einer beson-

Wasserkraftnutzungen.

Regler, Drucköl- und Druckluftanlagen, Getriebe, Krane, Rechenreinigungs-Maschinen[26a, b]).

Sonstige Wassernutzungen.

deren zu Fabrikationszwecken nötigen Wasserbeschaffenheit; diese gehören zu den Dampfkessel- bzw. Fabrikationsanlagen des Produktionsbetriebes und bleiben dort zu bewerten[32]).

4 a. Elektrische Anlage[27, 28]).

Generatoren

Schaltanlagen für die Generatoren (ausschließlich der Verteilungsschaltanlagen, Stromverteilungsanlagen, Kabel usw. zur Kraftverteilung im eigenen Betrieb oder zur Stromlieferung an Dritte).

5. Wiedereinleitung.

Gräben, Kanäle } Unterwasser

Rohrleitungen

Ausgleichsweiher

Auslaufbauwerke

Gräben, Kanäle } Ablauf

Rohrleitungen

Auslaufbauwerke

5 a. Abwasserreinigung[33]).

mechanische und chemische Klär- und Reinigungsanlagen.

6. Nebenanlagen[32]).

Alle ständig und ausschließlich dem Werksbetrieb dienenden Hilfseinrichtungen, wie Seilbahnen (sog. Schrägaufzüge oder Rohrtransportbahnen), Revisions- und Montageaufzüge, Hebevorrichtungen (Krane), Rechenreinigungsmaschinen, Bagger, Schiffe usw.

7. Grundstücksflächen[22, 34]).

Alle ausschließlich zum Zweck der Errichtung und des Betriebes der Wassernutzungsanlage erworbenen Grundstücke, welche von den baulichen Anlagen nach Ziffer 2 mit 6 bedeckt werden oder diese Anlagen enthalten (vgl. III B) einschließlich der sogen. Vorrats- und Schutz-Grundstücke bei Wasserversorgungsanlagen.

32. Zu Wasserkraftanlagen und sonstigen Wassernutzungsanlagen gehören auch als Nebeneinrichtungen neben den unter Richtl. II C 6 aufgeführten im allgemeinen nur bei großen Anlagen vorkommenden und jeweils nach den Verhältnissen verschiedenen Teilen noch u. a. alle zum geregelten Werksbetrieb der Anlage dienenden Meßeinrichtungen zur Beobachtung der Wasserstände (Fernpegel, Schreibpegel), Fernsprech- und Fernmeldeanlagen zwischen den einzelnen Teilen oder Dienststellen der Gesamtanlage. — Bagger, Schiffe, Schleppdampfer, Motorboote, Kähne, deren Hinterstellungsanlagen, ferner auch Baugeräte (Rammen, Pumpen, Betoniermaschinen, Mischmaschinen, Preßluftwerkzeuge usw.) sind dann Nebenteile der Wasserkraftanlagen, wenn sie nur der Aufrechterhaltung oder Sicherung des Werksbetriebes dienen (z. B. Beseitigung des vom Fluß angeschwemmten Geschiebes oder Schlammes einschl. Abtransportes, Revision der Kanäle, Dämme, Stollen usw., deren gelegentliche Instandhaltung).

33. Die Anlagen zur Reinigung, Brauchbarmachung oder Unschädlichmachung des Wassers sind nicht wertmindernde Belastungen im Sinne der besonderen Umstände nach Richtl. III A d 6. Der nach § 10 Abs. 2 RBewG. zu unterstellende Käufer müßte solche Anlagenbestandteile, wenn sie nicht schon vorhanden wären, zum Zweck der Ausübung oder Fortführung des Betriebes erst erstellen, um den technischen Anforderungen oder behördlichen Vorschriften gerecht zu werden, daher wird er bei seiner Wertermittlung für den Angebotspreis (10 auf S. 29) diese Teile als Vermögenswerte mit veranschlagen. Auch bei Errichtung der betr. Unternehmungen ist es von vornherein bekannt oder muß damit gerechnet werden, daß solche zusätzliche Anlagen nötig sind oder nötig werden können. Wenn der gewerbliche Betrieb dessenungeachtet errichtet oder fortbetrieben wird, so beweist dies, daß es sich um keine die Wirtschaftlichkeit gefährdenden Maßnahmen handelt, soweit nicht etwa nach sachverständiger Prüfung Richtl. III A d 6 ι anerkannt werden kann. — Sind solche vorhandene Anlagen dauernd überflüssig geworden, so kann für sie gegebenenfalls Richtl. III A d 6 β, γ angewendet werden. Erfordern solche zusätzliche Anlagen unvorherzusehende die Wirtschaftlichkeit des Unternehmens erheblich beeinträchtigende laufende Aufwendungen (Betriebskosten), so kann je nach den sachverständig zu prüfenden Umständen Richtl. III A d 5 oder 6 ζ, ϑ zur Berücksichtigung gelangen.

34. Vorratsgrundstücke: Grundstücke, welche zur späteren Ausnutzung beabsichtigte Grundwasservorräte, Quellen, stehende oder fließende Gewässer enthalten. Schutzgrundstücke: welche in der Umgebung von Quellen, Brunnen, Trinkwassertalsperren zur Ausschließung menschlicher Ansiedlungen, Viehhaltung oder gewerblicher Nutzung erworben werden, um Verunreinigungen des gesammelten oder entnommenen Wassers zu verhindern.

Vorrats- und Schutzgrundstücke werden mit ihrem Wert als landwirtschaftlich genutzte Grundstücke gemäß den für land- und forstwirtschaftliches Vermögen geltenden Bestimmungen zu bewerten sein, ohne Berücksichtigung

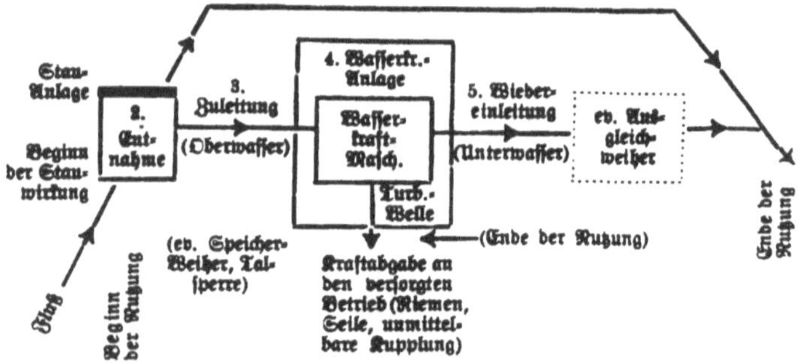

Abb. 5. Schema einer Wasserkraftnutzungsanlage mit mechanischer Kraft-abgabe.

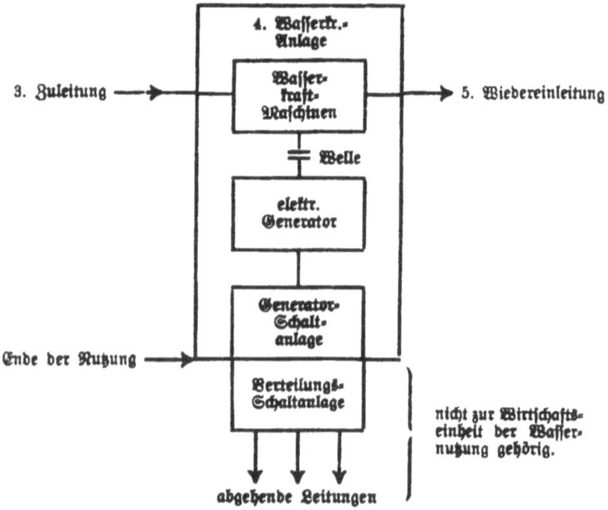

Abb. 5a. Schema einer Wasserkraftnutzungsanlage mit elektrischer Kraft-abgabe.
(Im übrigen wie oben).

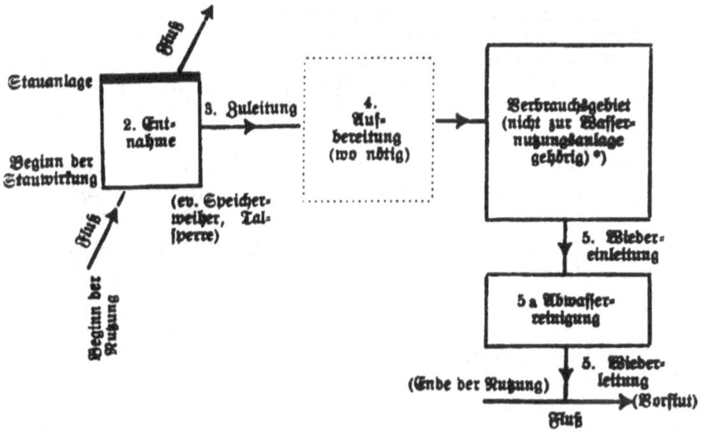

Abb. 6. Schema einer sonstigen Wassernutzungsanlage aus einem fließenden Gewässer.

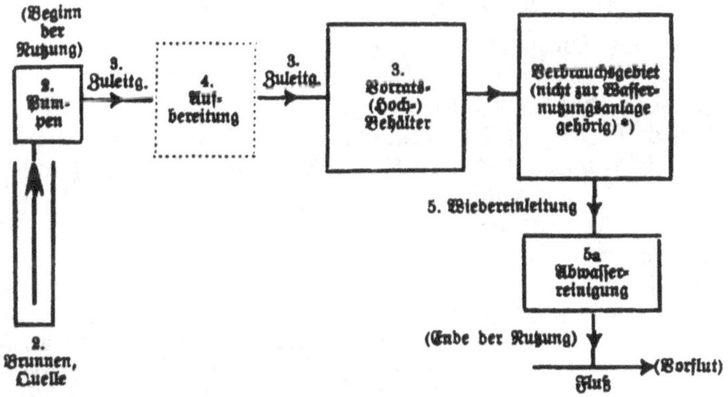

Abb. 6a. Schema einer sonstigen Wassernutzungsanlage aus dem Grundwasservorrat.

*) Das Verbrauchsgebiet ist entweder das einer öffentlichen Wasserversorgung (Richtl. I b α und 14 auf S. 38) oder der eigene gewerbliche Betrieb (Richtl. I b β und 15 auf S. 39).

ihres — sich beim Kauf als Überpreis auswirkenden — Mehrwertes, welchen das Wasserversorgungsunternehmen ihnen beilegt, wenn sie nicht Bauland usw. sind. — **Gleiches** gilt für Grundstücke, welche der Beseitigung bzw. Verwertung von Abwässern dienen (Rieselfelder zur Aufnahme von Abwässern oder Schlamm aus Abwasserkläranlagen, Abwasserteiche zur Fischzucht u. ä.).

Im übrigen erfordert die Errichtung von Wassernutzungsanlagen Aufwendungen für den Erwerb entgegenstehender Nutzungsrechte, für die Erstellung oder den Erwerb von Planungen und Vorarbeiten, ferner die Planungs- und Bauleitungskosten, sowie die Kosten und Gebühren des amtlichen wassergesetzlichen und baupolizeilichen Verfahrens[35]).

35. Die genannten Aufwendungen hängen ursächlich, als Voraussetzung, mit der Errichtung einer Wassernutzungsanlage zusammen, sie sind in den Wert der fertigen Nutzungsanlage aufgegangen ebenso wie die Baustoffe, Maschinen und Löhne. Sie müssen daher ebenso wie alle anderen Kosten von dem gedachten Käufer in seinen Angebotspreis eingerechnet werden, weil ohne sie das Kaufobjekt nicht vorhanden wäre. Sie sind daher nicht etwa als verlorene Aufwendungen zu betrachten.

III.

Bewertungsweise.

A. Wassernutzungsanlagen (ausschl. Grundstücke).

a) Ein W a s s e r n u t z u n g s r e c h t ist regelmäßig gegeben, wenn die Befugnis zur Wassernutzung[36]) durch eine vorhandene oder im Entstehen begriffene Anlage[37]) der in Abschnitt I (Begriff der Wassernutzung) aufgeführten Arten tatsächlich ausgenützt wird oder werden soll, gleichgültig auf welcher Rechtsgrundlage die Nutzung erfolgt (z. B. als Ausfluß des Grundeigentums, auf Grund privatrechtlicher Gestattung oder Übertragung oder auf Grund eines gesetzlichen Hoheitsaktes).

36. a) Die Nutzung der fließenden Welle ist schon mehrfach mit der Nutzung des Windes, der bewegten Luft, (d. i. als Kraftquelle) oder der Luft an sich (als Stoff) verglichen worden. Der Vergleich geht aber, obwohl Luft und Wasser materiell ebenfalls Allgemeingut sind, grundsätzlich fehl deshalb, weil die Luft an jeder Stelle der Erdoberfläche in praktisch unbeschränkter Menge vorhanden ist und daher an jeder Stelle, ohne Bindung an Örtlichkeiten und damit an Besitzverhältnisse, und ohne Einwirkung auf andere ausgenützt werden kann, weshalb weder der Staat Anlaß hat, ordnend einzugreifen, noch ein Nutzer andere Besitzrechte zu beachten oder — mit Ausnahme der Grundfläche zur Errichtung seines Unternehmens — zu erwerben braucht.

Die fließende Welle des Wassers auf der Erdoberfläche oder die ihr entsprechenden Grundwasserströme sind, zwar auch sich stets erneuernd, aber im grundsätzlichen Unterschied zur Luft nicht in unbeschränktem Maß, sondern mengenmäßig nur entsprechend einem bestimmten natürlichen Nachschub (Zufluß) sich erneuernd, örtlich an bestimmte natürliche Bahnen (Flußläufe, Grundwasserströme) gebunden, welche eine wirtschaftliche Nutzungsmöglichkeit wieder nur an gewissen Stellen dieser Örtlichkeiten (günstige Gefällsverhältnisse, günstige Entnahmeverhältnisse, Quellen, Erschließungsmöglichkeit des Grundwasserstromes) gestatten. Dadurch müssen Wassernutzungen von der Ableitungsstelle bis zur Wiedereinleitungsstelle von Besitzrechten abhängig sein und in Nutzungsmöglichkeiten anderer eingreifen, u. U. weiteren Kreisen Nachteile bringen. Bei Kraftnutzung ist der ganze Bereich der Anlieger zwischen Entnahme- und Wiedereinleitungsstelle (Abb. 5, 5a S. 50) unmittelbar durch die Ableitung des Wasserlaufes, und auch meist ein Teil der weiter abliegenden Grundstücke (Hinterlieger) mittelbar durch (Grundwasser-) Auswirkungen in Mitleidenschaft gezogen, außer den für die Errichtung der Nutzungsanlage selbst nötigen Grundstücken. Bei Entnahme aus einem fließenden Gewässer zu einer sonstigen Wassernutzung liegen im allgemeinen zwischen Entnahme- und Wiedereinleitungsstelle die gleichen Einwirkungen auf andere vor (Abb. 6 S. 51); bei Entnahme aus einem fließenden Gewässer zum Zweck der öffentlichen Wasserversorgung oder bei Grundwasserentnahme (ebendort Abb. 6a) reicht die Einwirkung auf andere durch den Wasserentzug wegen der oft sehr weit entfernten Wiedereinleitungsstelle des gebrauchten Wassers und der dauernden Hinwegnahme des verbrauchten Wassers (16 auf S. 39) im allgemeinen noch viel weiter. Daher ist zur Wassernutzung ein über die Grundfläche der Nutzungsanlage hinausreichendes Eigentumsrecht bzw. der Erwerb desselben oder die Gestattung der Vornahmen auf fremdem Grund, die Entschädigung für gestörte Rechte anderer und eine weitreichende gesetzliche Regelung der Benutzung des Allgemeingutes des Wassers zum Schutz der öffentlichen Interessen und der Rechte anderer nötig.

b) Je nach den derzeitig geltenden Landeswassergesetzen (vgl. Anhang S. 146) leitet sich bei sog. Angrenzergewässern, Privatflüssen im Eigentum der Anlieger oder Eigentumsgewässern und beim Grundwasser das Recht zur Nutzung oder Ableitung aus dem Grundeigentum her, das bereits vorhanden ist oder auf privatrechtlichem Weg erworben werden kann; das Grundeigentum gibt vorbehaltlich polizeilicher Akte zum Schutze Dritter die Nutzungsbefugnis. Auch wenn eine Wassernutzung nur kraft dieser privaten Besitzhoheit ausgeübt wird, ist es unbestrittene Verkehrs- und steuerrechtliche Auffassung, daß ein Verkäufer dieses Besitzes das nutzbar erschlossene Wasser werterhöhend in Ansatz bringt, es also als ein Vermögensobjekt im Verkaufsfall bewertet und der nutzungswillige Käufer dies auch anerkennt. — Um so mehr ist ein Vermögensobjekt vorhanden, wenn dazu durch staatliche Hoheitsakte ein solches aus dem Grundeigentum entspringendes und an sich gegen Einwirkungen, die außerhalb des eigenen Grundstückes vorgenommen werden, noch nicht geschütztes Nutzungsrecht gegen fremde Einwirkungen geschützt und gegen spätere Einwirkungen von außen her entschädigungsberechtigt gemacht wird.

Bei Gewässern im Eigentum des Staates ist endlich zur Nutzung eine besondere Erlaubnis des Staates nötig dazu, daß ein anderer die Nutzung vornehmen darf; dem polizeilichen Akt des Staates muß daher als Ausfluß der Besitzhoheit des Staates ein Erlaubnis- oder Verleihungsakt vorausgehen, der vielfach als Gegenleistung für die Überlassung des Nutzungsrechtes eine Nutzungsgebühr*) und noch sonstige aus dem Eigentumsrecht des Staates sich herleitende (im Gegensatz zu den polizeilichen Bestimmungen nicht dem Schutz der Interessen Dritter dienende) Bedingungen enthält, z. B. die Erlaubnis der Nutzung staatseigener Gewässer nur auf eine bestimmte Zeit (Regelfall, meist für 60 bis 80 Jahre), den Heimfall der solchermaßen erlaubten Anlagen an den Staat unter Zugrundelegung einer bestimmten Entschädigung an den Unternehmer u. dgl. Wenn auch das kommende Reichswasserrecht praktisch alle Gewässer von einiger Wichtigkeit als Besitz des Reiches erklärt, so werden bei den vorhandenen Nutzungen, solange deren Erlaubnisse noch fortbestehen, die bisherigen Rechtsverhältnisse weiter gelten und das Nebeneinander von Nutzungsrechten als Ausfluß des Grundbesitzes und von solchen kraft staatlichen Hoheitsaktes erhaltenen bestehen bleiben.

37. a) Die naturgegebene Möglichkeit zu einer Wassernutzung und die rechtliche Zulässigkeit zu ihrer Ausführung stellen keinen realisierbaren Vermögenswert dar, solange nicht — allgemein gesagt — tatsächlich eine durch das Recht begründete Ausnutzung der Möglichkeit mittelst der zur Ausnutzung nötigen Anlagen erfolgt oder in Vorbereitung ist, mit anderen Worten: solange nicht Aufwendungen für die Wassernutzungsanlagen gemacht und Sachwerte daraus entstanden sind. Unerheblich ist dabei, ob die Aufwendungen schon zu einer fertigen im Betrieb befindlichen Nutzungsanlage geführt haben (ausgeübte Nutzung), oder ob die Nutzungsanlagen noch in der Errichtung begriffen sind (Fall der Richtl. III A d 1, vgl. Text auf S. 74) und die Nutzung daher erst noch ausgeübt werden soll. — In allen diesen Fällen ist das Wassernutzungsrecht keinesfalls ein selbständiges Wirtschaftsgut, als das es früher manchmal unter dem Begriff der „Nutzung an sich" oder des „Rechtes an sich" unrichtig ausgelegt wurde, weil es ohne Zusammenhang mit der Ausübungsmöglichkeit durch die Anlage nur ein theoretischer Begriff ist (einzige Ausnahme s. 40 auf S. 55). Vgl. Vorwort, S. III.

b) Diese Begriffsbestimmungen (Ausschaltung des Ursprunges des Nutzungsrechts und Voraussetzung der Ausübung des Rechtes) nähert sich grundsätzlich der bisherigen Auffassung von dem in der Nutzungsanlage oder im Grundstück implizite enthaltenen Nutzungsrechtswert und macht diesen nur durch die folgenden Bewertungsbestimmungen sichtbar. Zur Vermeidung einer Doppelbesteuerung kommt in jenen Fällen, in welchen nachgewiesen werden kann, daß und in welcher Höhe bisher ein Zuschlag

---

*) Die Wasserbenützungsgebühr (Wasserzins) ist sinngemäß nichts anderes als ein Kaufpreis für die in der fließenden Welle enthaltene Energie, ebenso wie z. B. der Preis für Kohle oder Öl den Kaufpreis für die darin enthaltene Energie oder stofflichen Bestandteile darstellt. Die Kohle als Stein oder das Öl als Flüssigkeit ist für den Nutzer wertlos; erst dadurch werden sie wertvoll und wirksam, daß vermittelst der unter Geldaufwand erstellten Dampf- oder Ölmaschinenanlage der Energieinhalt in mechanische Arbeit umgesetzt wird (Energiequelle), oder in Fabrikationseinrichtungen andere Erzeugnisse daraus hergestellt werden (Rohstoff).

für das Nutzungsrecht in einem sonstigen Steuerkonto enthalten war (z. B. bei dem Grundvermögen oder Betriebsvermögen), dieser Zuschlag nunmehr in Wegfall.

c) Ende eines Wassernutzungsrechtes als Vermögensbestandteil s. 90 auf S. 75.

Das Wassernutzungsrecht gehört nicht zu den Gewerbeberechtigungen im Sinne des § 58 RBewG.[38]); subjektiv dingliche Wassernutzungsrechte gelten nicht als Bestandteile eines Grundstücks oder Betriebsgrundstücks[39]). Als besonderes Wirtschaftsgut ist das Wassernutzungsrecht ausnahmsweise dann zu bewerten, wenn es für sich allein besteht und nicht Teil einer Wassernutzungsanlage ist (RFH. in RStBl. 1933 S. 698)[40]). Im Regelfalle ist das gewerbliche Nutzungsrecht zusammen mit den übrigen Bestandteilen der Wassernutzungsanlage in dem Wert des einheitlichen Wirtschaftsgutes mitzuerfassen[41]).

38. Die Ausübung der Wassernutzung an sich kann allein kein Gewerbe begründen, da sie stets nur Mittel zur Ausübung eines anderen Gewerbes ist. Der Gewerbebetrieb einer Wasserversorgung z. B. liegt nicht in der Entnahme des Wassers aus Brunnen oder Gewässern, sondern in der Verteilung des entnommenen Wassers, welche letztere Tätigkeit wieder keine Wassernutzung ist. Der Gewerbebetrieb einer Abwasserbeseitigung liegt in der Sammlung und Wegführung der Abwässer, nicht aber in der Inanspruchnahme eines natürlichen Gewässers durch die Hineinleitung der weggeführten Wässer in dasselbe, die Wassernutzung besteht aber in dieser letzteren Tätigkeit. Für Wasserkraftnutzungen geht das Nichtvorhandensein der Kennzeichen eines alleinigen Gewerbes bereits aus 2a auf S. 20 hervor.

39. Weil das Wassernutzungsrecht an sich, also ohne Ausübung, wertlos ist und erst durch seine vollzogene oder in Vorbereitung befindliche Ausübung vermittelst der dazu nötigen Anlagen einen Vermögenswert annimmt (37a), der dann mit der Anlage zusammen eine Wirtschaftseinheit bildet (3b), kann es in keinem Falle ein Bestandteil eines Grundstückes sein. Solange keine Ausübung einer Nutzung beabsichtigt ist, wird für ein Grundstück kein Mehrpreis für das Nutzungsrecht angelegt werden; wird ein solcher angelegt, so liegt eine werdende Wirtschaftseinheit der Wassernutzung vor.

40. Ein besonderes Wirtschaftsgut ist das Wassernutzungsrecht nur dann — ohne daß die Nutzungsanlage vorhanden oder im Entstehen begriffen ist (vgl. 37 a auf S. 54), wenn es ausdrücklich von dem Zusammenhang mit einer Nutzungsanlage losgelöst und als selbständiges Verkaufsobjekt gehandelt, oder sonst als Vermögensbestandteil ausgenützt (verpachtet, übereignet, belehnt od. dgl.) wird. Solches kann vorliegen, wenn z. B.*) im Zuge der Errichtung einer Wassernutzungsanlage der Besitzer einer im Ausnutzungsbereich liegenden anderen Nutzung (z. B. Mühle mit

*) Nach 36 a auf S. 53, Schlußsatz.

Wassertriebwerk) sein Unternehmen stillegt oder mit anderer Kraftbeschaffung weiterbetreibt, Grund und Boden behält, nur sein Wassernutzungsrecht dem anderen gegen einmalige oder laufende Entschädigung überläßt, also einen selbständigen Vermögensbestandteil daraus macht.

41. In allen anderen, nicht durch das vorerwähnte RFH.-Urteil und die Kennzeichnung der Gewinnung eines selbständigen Vermögensvorteils erfaßten Fällen ist das gewerbliche (zum Unterschied von häuslicher oder landwirtschaftlicher Nutzung, vgl. 19 auf S. 41 und 15, 17 auf S. 39, 40) Nutzungsrecht zusammen mit den Anlagen als eine Wirtschaftseinheit zu betrachten und zu bewerten.

Für das Wassernutzungsrecht ist als Rechnungsposten[42]) anzusetzen[43]):

42. a) Die Aufstellung der Bestandteile von Wassernutzungen in Richtl. II C enthielt das Wassernutzungsrecht als einen Summanden neben- und gleichgeordnet mit allen sonstigen Bestandteilen der Wassernutzungen, ferner geht aus 37 auf S. 54 hervor, daß das Wassernutzungsrecht nur in den Ausnahmefällen nach 40 selbständig auftreten kann. Zu einer vernünftigen Wertfindung ist zuerst Klarheit über die einzelnen Summanden zu gewinnen (vgl. 10 auf S. 29), um dann eine zutreffende Summe zu finden.

b) Die Grundforderung nach Durchsichtigkeit des Bewertungsganges im Interesse der Steuergerechtigkeit (vgl. 4 auf S. 22) schließt es aus, daß der Wert des Wassernutzungsrechtes als undefinierbarer Zuschlag im Wert der Anlagen oder des Grundvermögens miterfaßt sei, also auch in den gegebenenfalls zur Anwendung kommenden Einheitssätzen für den Anlagenwert enthalten sei. Dies würde notwendigerweise zu einer sehr unterschiedlichen Bewertung der Nutzungsrechte und in vielen Fällen zu einem Verschwinden des Nutzungsrechtswertes führen. Derselbe muß daher rechnerisch sichtbar und nach einheitlichen Gesichtspunkten bemessen, mit einheitlichen Berücksichtigungsmöglichkeiten für Wertminderungen ausgestattet, ausgewiesen werden.

c) Wassernutzungsrechte sind ferner unter der Herrschaft der derzeitigen verschiedenen Landeswassergesetze in den einzelnen Reichsteilen verschieden mit Abgaben für deren Überlassung seitens des Staates (Nutzungsgebühren) belastet, und zwar trifft es sich, daß gerade in den aus anderen Gründen (ungünstige frachtliche und arbeitsmarktpolitische Lage) hinsichtlich der industriellen Gestehungskosten und Absatzbedingungen (sowohl für Waren wie für elektrische Energie) standortmäßig benachteiligten Reichsgebieten die Wassernutzungen derart vorbelastet sind, während die Landeswassergesetze der günstiger gelegenen Reichsteile zumeist keine Wasserbenützungsgebühren kennen (Ausnahmen s. 46, 47 auf S. 59). Von dem wirtschaftlichen Grundsatz ausgehend, daß die Belastung der Wassernutzungen möglichst überall gleich sein soll, ist in den Richtl. vorgesehen, daß bereits vorliegende staatliche bzw. öffentlich-rechtliche Belastungen mit ihrem kapitalisierten Betrag in Abzug gebracht werden, denn es ist nicht einzusehen, weshalb die Wasserkraftnutzungen einzelner Landesteile vor anderen bevorzugt bleiben sollen. Wenn eine Belastung abgezogen werden soll, muß aber ein Wertansatz als Ausgangswert vorhanden sein, von welchem die Belastung abgezogen werden kann. Daher ist die rechnungsmäßige Herausstellung des Wertes des Nutzungsrechtes im Rechnungsgang (Anlage 3) auch rein rechnerisch nötig.

43. Aus den bei 8 auf S. 25 angeführten Gründen wäre eine in jedem Einzelfalle — soweit überhaupt Vergleichmaßstäbe gegeben sind — sachverständig aufzustellende Ertragswertberechnung ebenso praktisch unmöglich wie im Ergebnis vielfach unrichtig, so daß einheitliche Sätze mit der Maßgabe besonderer Berücksichtigungen anzuwenden sind.

1. Bei **Kraftnutzungen** als Wert je PS Ausbauleistung (Begriffsbestimmung b 1 Abs. 2) 50.— *RM*[44]). Wird eine Wassernutzungsgebühr[45]) vom Reich, Land, Gemeinde[46]) oder sonstiger Körperschaft des öffentlichen Rechts[47]) erhoben, so wird der dafür angesetzte[48]) und mit 18 kapitalisierte Jahresbetrag in Abzug gebracht, jedoch nicht mehr als 40.—*RM* je PS Ausbauleistung, so daß mindestens 10.—*RM* je PS Ausbauleitung als Wert des Wassernutzungsrechts übrig bleiben[49]). — Bei **Pumpenspeicheranlagen** wird das Wassernutzungsrecht als Entnahme von Gebrauchswasser nach Ziff. 2 bewertet[50]).

44. a) Bisher wurden in ganz verschiedener Bewertungspraxis der LFA. und FA. teils überhaupt keine Werte angesetzt, teils 200 bis 300 *RM* je PS_m*), in Einzelfällen bis zu 800 *RM*/PS_m und mehr, was eine wirtschaftsschädliche Belastung der Wasserkraft bedeutete. Ertragsberechnungen ergeben Werte praktisch zwischen Null und mehreren Hundert, ja — gerade bei kleinen Nutzungen vgl. 8 c S. 27 — tausend *RM*/PS_a. Ein Anhalt vom wirtschaftlichen Standpunkt aus ist die Belastung, welche eine PSh aufgewendeter Arbeit, bzw. das gewerbliche oder industrielle Erzeugnis, ertragen kann, ohne daß die Gestehungskosten der Erzeugnisse wirtschaftlich fühlbar erhöht werden. Die üblichen Wasserbenutzungsgebühren (z. B. Bayerns)

in Höhe von	2,00	3,33	5,00	*RM*/PS_m
belasten die PSh mit	0,062	0,11	0,14	Pfg.
	bis	bis	bis	
	0,027	0,044	0,056	Pfg.

bei einer jährlichen Benutzungsdauer von 2000 bis 5000 Std. der Ausbau-Leistung. Diese kapitalisierten Wasserbenutzungsgebühren ergäben einen Nutzungsrechtswert zwischen 36,00 bis 90,00 *RM*.

b) Ein Wertansatz von 50,00 *RM* je PS_a, d. h. im Vergleich zu den vorgenannten Gebühren also 75,00 *RM* je PS_m) entsprechend einer Benutzungsgebühr von 4,18 *RM* je PS_m jährlich, liegt also im Mittel zwischen den bisher erhobenen Benutzungsgebühren gerade der in der Wasserkraftnutzung führenden Reichsteile. Berechnet man vorgreifend (vgl. 49) die Belastung je gewonnene PSh wie im vorigen Abschnitt, so ergibt

*) PS_m bedeutet PS mittlerer Leistung (vieljähriges Mittel, vgl. 13 e auf S. 35); PS_a ist die Ausbauleistung. — Vorausgeschickt wird aus 123 auf S. 87, daß 1 PS_a = 1,5 PS_m im Durchschnitt gerechnet wird.

sich nunmehr eine über das ganze Reich einheitliche*) wirtschaftliche Belastung der Wasserkraftarbeit — noch ohne Berücksichtigung besonderer wirtschaftlicher Verhältnisse —, wenn man die Gesamtbelastung (Vermögensteuer zuzügl. dem 3fachen an Verhältnissteuern) in Rechnung stellt, aus Wasserbenützungsgebühr (wo eine solche erhoben wird) und Nutzungsrechtswert wie folgt:

Bisherige Gebührenverhältnisse der Länder	Gesamtbelastung der PSh in Pfg.	
	bisher (ohne Nutzungsrechtswert)	weiterhin (einschließl. Nutzungsrechtswert)
1. ohne Benutzungsgebühr, beim Nutzungsrechts-Höchstsatz von 50,00 *RM* je PS_m	—	0,05 bis 0,02
2. mit Benutzungsgebühr von 2,00 *RM*/PS_m	0,062 bis 0,027	0,087 bis 0,035
3,33 „	0,11 „ 0,044	0,12 „ 0,048
5,00 „	0,14 „ 0,056	0,15 „ 0,06

c) Im allgemeinen macht der Anteil der Kraftkosten — soweit nicht Industrien mit außergewöhnlich hohem Kraftbedarf in Frage kommen, auf welche die folgende Ausnahmebestimmung (58) anzuwenden ist — zwischen 3% und 10%, im Durchschnitt etwa 5% von den Gestehungskosten der Erzeugnisse aus. Die Kosten einer PSh aus Wasserkraft liegen bei mittleren und kleineren Anlagen etwa zwischen 3 und 1 Pfg., wieder bei der Benutzungsdauer von 2000 bis 5000 Std. jährlich**); durch den normalen Ansatz für den Wert des Nutzungsrechts von 50,00 *RM* je PS_a werden die Kosten der PSh in den Reichsteilen ohne Wasserbenutzungsgebühr scheinbar von rd. 3,00 bzw. 1,00 Pfg. auf 3,05 bzw. 1,02 Pfg., d. i. um 1,67 bis 2%, erhöht; dementsprechend werden die Gestehungskosten der Erzeugnisse scheinbar in den Grenzen zwischen 3 und 10% dieser Werte oder um 0,05 bis 0,2% erhöht. — Diese Erhöhung ist aber nur scheinbar, weil ja der Ansatz für den Nutzungsrechtswert keine Neubelastung ist, sondern bisher schon in anderen Steuerposten (Grund- oder Gewerbevermögen) enthalten sein sollte***), oder z. T. nach 44 a in viel größerer Höhe erhoben worden war. — Bei den bisher schon mit Wasserbenutzungsgebühren belasteten Nutzungen bleibt die Mehrbelastung nach der Aufstellung oben unter etwa 1% der Kraftkosten, so daß die Auswirkung auf die Erzeugniskosten noch weniger fühlbar wird. — Ein Nutzungsrechtswert von 50,00 *RM* je PS Ausbauleistung ist also im allgemeinen für die Wasserkraftnutzung tragbar.

*) Vgl. 42 c auf S. 56.

**) Z. B.: Anlagekosten 550 *RM* je PS_a; Jahreskosten hoch gerechnet 9% = 49,50 *RM*/PS-Jahr; also bei 2000 bis 5000 Benutzungsstunden Arbeitskosten 2,475 bis 0,99 Pfg./PSh.

***) Vgl. 37 b auf S. 54; insbes. auch wegen der Ausscheidung eines angeblichen Nutzungsrechtsansatzes aus anderen Steuerkonten.

d) Vergleichsweise ist zu berücksichtigen, daß die Gesamtbelastung der Wasserkräfte gerade in den sog. „Wasserkraftländern", welche eine alte und intensive industrielle Wasserkraftnutzung betreiben, weit höher ist, als sich aus den bisherigen Nutzungsgebühren in den betr. Reichsteilen und aus der Belastung durch die Vermögensteuer für den Wert des Nutzungsrechtes ergibt. — Berechnungsbeispiele S. 129 ff.

45. Wesen der Wassernutzungsgebühr s. 36 b auf S. 54, insbes. Anm. In den Erlaubnisbedingungen oder sonstwie auferlegten Beiträge für den Kraftzuwachs infolge der Errichtung von Stau- oder Ausgleichsanlagen im Oberlauf des Flusses, gleich ob vorsorglich im Hinblick auf spätere Möglichkeiten auferlegt oder ob bereits in Kraft getreten und gleich ob einmalige Errichtungskostenzuschüsse oder laufende (jährliche) Beiträge, ebenso auch gleichartige Beiträge an Körperschaften des öffentlichen Rechts (Richtl. III A a 1, S. 57) werden im allgemeinen den Wasserbenützungsgebühren gleichzuachten und ebenso wie diese als abzugsfähig bis zum Mindestwert des Nutzungsrechtswerts anzuerkennen sein. Zu den letzteren gehören z. B. die laut Satzungen solcher Körperschaften von den Mitgliedern zu leistenden Genossenschaftsbeiträge und Beiträge nach Maßgabe des durch solche Unternehmungen geschaffenen Nutzens (sog. Mehrleistungs- oder Triebwerksbeiträge). Es wird davon ausgegangen werden können, daß der Pflichtige für sich selbst solche Maßnahmen mangels eigenen Interesses nicht vorgenommen haben würde.

46. Gemeinden sind gelegentlich die Besitzer von Triebwerkskanälen (sog. Stadtbäche) und erheben von den daranliegenden oft zahlreichen Wassernutzern Abgaben (Wasserzins) in z. T. die staatlichen Wasserbenützungsgebühren weit übertreffender Höhe gewissermaßen als Entgelt dafür, daß die Wassernutzer keine eigenen Stau- und Kanalanlagen zu errichten brauchten. Solche Abgaben sind der Wasserbenützungsgebühr an Reich oder Land gleichzustellen (keinesfalls haben sie als Auflagen im Sinne von Richtl. III A d 5 zu gelten!).

47. In einzelnen Fällen (bes. unter dem preuß. WG.) bestehen Genossenschaften oder Verbände zum Zweck der Reinhaltung von Gewässern, deren Regulierung und sachgemäßer Instandhaltung, zur Wasseraufspeicherung zwecks Abflußausgleiches oder ähnlichen wasserwirtschaftlichen Aufgaben öffentlichen Interesses. Wenn diesen, meist durch besondere Landesgesetze gebildeten oder anerkannten Unternehmungen ausdrücklich die Eigenschaft einer „Körperschaft des öffentlichen Rechtes" verliehen ist*), was aus den bezüglichen Satzungen oder Gesetzen nachzuweisen ist, so gelten die seitens dieser Unternehmungen von den das Gewässer benutzenden Wassernutzern erhobenen Wasserbenutzungsgebühren wie die Wasserbenutzungsgebühren von Reich oder Ländern (keinesfalls aber als Auflagen im Sinne von Richtl. III A d 5!). Bezüglich der von solchen Körperschaften des öffentlichen Rechtes etwa auferlegten Beiträge für Kraftzuwachs aus Stau- oder Ausgleichsanlagen im Oberlauf gilt das gleiche wie bei 45. — Privat-

*) Z. B. Lippeverband, Ruhrverband, Ruhrtalsperrenverein, Wupperverband u. a.

rechtliche Abgaben haben im Rahmen der Wirtschaftseinheit der Wassernutzung, die sich nur auf gesetzliche oder öffentlich-rechtliche Grundlagen stützen kann, nicht Raum. Solche privatrechtliche Belastungen, die nicht laufende Betriebsausgaben sind, werden bei der Feststellung des Einheitswertes des Betriebsvermögens zu berücksichtigen sein.

48. Der Betrag der Wassernutzungsgebühr an Reich oder Land geht aus der Erlaubnis- bzw. Genehmigungsurkunde (Beschluß) bzw. Verleihungsurkunde hervor (gegebenenfalls durch Rückfrage bei der zuständigen Verwaltungsbehörde festzustellen oder nachzuprüfen). Für die Benützungsgebühren der anderen Arten nach 46, 47 auf S. 59 müssen Verträge od. dgl., Urkunden zwischen Gemeinde bzw. sonstiger Körperschaft des öffentlichen Rechtes und Wassernutzer vorliegen.

49. Der Eigenschaft eines Wasserbenutzungsrechtes als Vermögensobjekt entspricht es, daß es stets einen gewissen Wert besitzt; würde die Wassernutzung keinen Vorteil bieten, sondern eine Belastung bedeuten, so würde sie nicht betrieben werden. Der Wert des Wassernutzungsrechtes kann daher nicht zu Null werden. Mindestsätze müssen als Anhalt für die FA. gegeben werden, um Einheitlichkeit zu gewährleisten und zu weitgehendes Ermessen auszuschalten. Die Mindestsätze haben — insbes. bei den sonstigen Wassernutzungen — ohnehin nur die Höhe von Anerkennungsgebühren zur Festhaltung der bestehenden Rechtslage. Dem Mindestansatz von 10,00 RM je PS_a entspricht der kapitalisierte Abzug einer Wasserbenützungsgebühr in Höhe von 2,22 RM je PS_a bzw. von durchschnittlich*) 3,33 RM je PS_m, also einer mittleren Benützungsgebührenhöhe. — Dazu s. Richtl. III A a 3 und 58 auf S. 63.

50. Pumpenspeicheranlagen arbeiten nach 13 g auf S. 37 nicht durch Ableitung der Betriebswassermenge aus einem natürlichen Gewässer, sie entnehmen einem solchen nur die geringe Wassermenge zur Deckung der Wasserverluste. Das Wassernutzungsrecht besteht daher nur aus dem Recht auf bedarfsweise Entnahme dieser Verlustdeckungsmenge als Gebrauchswasser. Die Anrechnung als Gebrauchswasser (nicht Verbrauch) erfolgt deshalb, weil — obwohl diese Wassermenge tatsächlich für dauernd weggenommen wird — ihre Entnahme für den Nutzer zu Gebrauchszwecken (Turbinenbetrieb) erfolgt, der Nutzer aber ihren Verbrauch durch die Verdunstung und Versickerung, die ihre Entnahme veranlaßt, als einen Naturvorgang nicht zu vertreten hat. Die durchschnittliche jahresmittlere Entnahmemenge ist vom Nutzer nachzuweisen, wenn darüber keine Festlegung in den Genehmigungs- u. dgl. Urkunden getroffen ist.

2. Bei den sonstigen Wassernutzungen, soweit sie nicht vorübergehenden Zwecken oder dem eigenen häuslichen oder landwirtschaftlichen Bedarf dienen[51]):
für Entnahme von Trink-
und Nutzwasser, auch für

*) Vgl. Anm. * zu 44 a auf S. 57.

öffentliche Wasserversorgung [53])	je 100 l/sec 1000 *RM*	Als Wassermenge gilt die v. den Pumpen oder sonstigen Entnahme- oder Einleitungseinrichtungen im Dauerbetrieb förderbare Wassermenge [52]).
für Entnahme von Verbrauchswasser zum eigenen gewerblichen Betrieb [54])	je 100 l/sec 500 *RM*	
für Entnahme von Gebrauchswasser zum eigenen gewerblichen Betrieb [55])	je 1 m³/sec 500 *RM*	
für gewerbliche oder öffentliche Abwassereinleitung [56])	je 1 m³/sec 1000 *RM*	

Bei einer etwa dafür zu leistenden Benützungs- bzw. Entnahme- oder Einleitungsgebühr ist sinngemäß wie bei Ziff. 1 zu verfahren mit der Maßgabe, daß mindestens 20 v. H. des sich ergebenden Nutzungsrechts-Wertes verbleiben. Der Mindest-Ansatz darf 100.— *RM* nicht unterschreiten [57]).

51. Vgl. 14 bis 18 zu Richtl. I b auf S. 38ff. — Die Gebühren sind ihrer Höhe nach, insbes. auch an der Bedeutung der Nutzungsrechte gemessen, die für öffentliche Versorgung und gewerblichen Gebrauch in gleicher Weise meist lebenswichtig sind, praktisch nur Anerkennungsgebühren. Für Unternehmungen selbst größten Wasserverbrauches (z. B. Brauereien) bleibt der Ansatz für den Wert der Wasserentnahme zum Gebrauch bei einigen 1000 *RM*. Ein der Wichtigkeit der Wassernutzungen angemessener Ansatz für den Nutzungsrechtswert würde in den meisten Fällen zu wirtschaftlich untragbaren Belastungen der Industrie führen; öffentliche Wasserversorgungen und solche Abwassereinleitungen sind meist kommunal und damit nach § 214 AO. (11 auf S. 30) ohnehin von der Bewertung zur Vermögensteuer nicht betroffen. Die Verschiedenheit der Wertansätze soll den Unterschied der wirtschaftlichen Werte der einzelnen Verwendungszwecke zum Ausdruck bringen: der öffentlichen Wasserversorgung kommt ein größeres allgemeines Interesse zu als der gewerblichen Wasserentnahme; die Abwassereinleitung bringt vom Standpunkt der Unterlieger aus häufig Nachteile mit sich und greift auch z. T. erheblich in öffentliche Interessen ein, so daß das Recht hierauf höher zu bewerten ist. Die dauernde Hinwegnahme von Wasser zum Verbrauch ist höher zu bewerten als die Entnahme zum Gebrauch unter nachheriger Wiederableitung.

52. Wenn behördliche Erlaubnis-, Genehmigungs-, Verleihungs- oder Sicherstellungsbeschlüsse vorliegen, welche eine Mengenangabe für die zur Entnahme oder Einleitung zulässige Wassermenge in l oder m³ je Sekunde oder je Minute enthalten, ist diese der Berechnung zugrunde zu legen. Andernfalls ist aus den Projekten, Berechnungen oder Plänen die im Dauerbetrieb aus den Brunnen entnehmbare Wassermenge, bei Quellen die

jahresmittlere*) Schüttung, bei Talsperrenanlagen die jahresmittlere*) Wasserspende des Zuflusses, bei Abwassereinleitungen die größte abführbare Menge zugrunde zu legen. — Die Summe der Fördermengen der vorhandenen Pumpen oder die Ableitungsfähigkeit von Rohrleitungen oder Kanälen würde wegen der darin enthaltenen Betriebsreserve bzw. der Möglichkeit einer Bewältigung kurzzeitiger Spitzenleistungen**) zu hohe Mengen ergeben. Daher muß die höchste im Dauerbetrieb förderbare Menge gelten. — Zu achten ist zur Vermeidung falscher Bewertungen darauf, daß bei Wasserentnahmen und -einleitungen die Wassermengen häufig nicht je Sekunde (wie bei Wasserkraftanlagen üblich), sondern je Minute (min) oder je Tag angegeben werden und auf Sekunden umgerechnet werden müssen***).

53. Vgl. 14 auf S. 38 und 56.

54. Vgl. 16 a auf S. 39.

55. Vgl. 16 b auf S. 39 und 56.

56. Vgl. 17 auf S. 40. — Abwassereinleitung liegt in der Regel auch zusammen mit den Entnahmen von Trink- und Nutzwasser (53) und von Gebrauchswasser (55) vor, weil das gebrauchte Wasser (in reiner oder verunreinigter Beschaffenheit) wieder weggeleitet werden muß. Je nach der Art des Betriebes kann die ganze abgeleitete Wassermenge wieder eingeleitet werden (z. B. bei Kühlwasser, Waschwasser), oder es kann ein Teil des abgeleiteten Wassers verbraucht werden, oder es kann u. U. auch die Abwassermenge infolge von Beimischungen aus dem Fabrikationsprozeß größer sein als die nach 55 entnommene Menge. — Häufig wird in gewerblichen Betrieben entnommenes Wasser zum Teil gebraucht und wieder abgeleitet, zum Teil verbraucht; der Nutzungsrechtswert ist dann als Summe der ungefähren Anteilswerte zu berechnen.

Beispiel: Im Anhalt an die „Beschreibung" (Anlage 2) S. 114 unter III: a) Wasserentnahme als Fabrikationswasser 300 l/sec, als Kühlwasser 200 l/sec, als Kesselspeisewasser 20 l/sec; b) Wasser-Einleitung 450 l/sec. Wertberechnung: Entnahme = 300 + 200 + 20 = 520 l/sec; Verbrauch = Entnahme—Einleitung = 520—450 = 70 l/sec; also zu bewerten:

Verbrauchswasser (54)	$\frac{70}{100} \cdot 500$	=	350,00 RM
Gebrauchswasser (55)	$\frac{450}{1000} \cdot 500$	=	225,00 RM
Einleitung (56)	$\frac{450}{1000} \cdot 1000$	=	450,00 RM
Wert des Nutzungsrechtes			1025,00 RM.

*) Unter Jahresmittel ist das vieljährige Mittel zu verstehen, vgl. 13 f, auf S. 37.

**) Z. B. bei Wasserversorgungen in Brandfällen, bei städtischen Abwassereinleitungen bei Starkregen.

***) Z. B. Ergiebigkeit eines Brunnens oder einer Quelle 3 m³/min: $\frac{3000}{60} = 50$ l/sec; Abwassermenge 125000 m³/Tag $= \frac{125000}{86400} = 1{,}45$ m³/sec.

1 Jahr = 31536000 sec;
1 Tag = 86400 „ ;
1 Stunde = 3600 „ .

57. Hierzu s. 49 auf S. 60.

3. **Ist die Wasserbenützungsgebühr aus besonderen, dem Unternehmen eigenen wirtschaftlichen Gründen bereits niedriger als üblich angesetzt worden, so ist auf begründeten Antrag und nach sachverständiger Prüfung der Wert des Nutzungsrechts äußerstenfalls bis zu den in Ziff. 1 und 2 genannten Mindestsätzen zu ermäßigen[58]).**

58. Diese für Kraftnutzungen wie für sonstige Wassernutzungen geltende Bestimmung ist wesentlich zur Vermeidung etwaiger Härten beim Abzug von Nutzungsgebührenbelastungen. In besonderen Fällen, in welchen (insbes. bei Wasserkraftnutzung) der Verwendungszweck der Kraft billigste Kraftgewinnung fordert, also insbes. dort, wo die Kraftkosten einen großen Anteil der Gestehungskosten der Erzeugnisse (bis zu 30% und selbst 50%) ausmachen (vgl. 44 c auf S. 58) und die Kraft gewissermaßen Rohstoffe ersetzen hilft (die sog. „Kraftverfahren" der chemischen Industrien), oder wo besondere Interessen an der Herstellung solcher Erzeugnisse an sich oder an dem gewählten Standort vorliegen und die Rentabilität des Unternehmens unter üblichen Verhältnissen gefährdet wäre*), wurden bisher und werden weiterhin besonders ermäßigte Wasserbenützungsgebühren auferlegt. Wenn diese ermäßigte Wasserbenützungsgebühr kapitalisiert von dem Regelwert nach 1 bzw. 2 abgezogen würde, so bliebe trotz der besonderen Verhältnisse eine höhere Steuerbelastung für das Nutzungsrecht, als es den berücksichtigenswerten Umständen entspricht, d. h. die Herabsetzung der Nutzungsgebühr würde eine Erhöhung der Steuerbelastung bringen. Wenn daher vom Pflichtigen aus den amtlichen Verhandlungen über die Genehmigung bzw. die Festsetzung der Wasserbenützungsgebühr nachgewiesen werden kann, daß die ihm auferlegte Wasserbenützungsgebühr im Interesse der wirtschaftlichen Tragfähigkeit des Unternehmens so gering bemessen wurde, so ist nach sachverständiger Prüfung ein höherer Betrag, als ihn die kapitalisierte Wasserbenützungsgebühr ergäbe, bis zum Höchstbetrag von 40,00 *RM* je PS_a bei Kraftnutzung entsprechend dem Mindestansatz von 10,00 *RM* je PS_a, bzw. bis zu einem Mindestansatz von 100,00 *RM* für die Einheit jeder Art der sonstigen Wassernutzungen, in Abzug zu bringen.

Beispiele: Wasserkraftnutzung: Aluminiumfabrik, Stickstoffabrik o. dgl.; sehr hoher Bedarf an billigster Kraft. Wasserbenützungsgebühr daher im Interesse der Lebensfähigkeit und öffentlichen Bedeutung des Unternehmens nur mit 60000,00 *RM* jährlich (entspr. 1,50 *RM*/PSm) angesetzt, die Leistung der Anlage sei 70000 PSa (entspr. 40000 PSm und 32 Mio PSh/Jahr). Im Regelfalle wäre das Wassernutzungsrecht mit 70000 · 50,00 — 60000,00 · 18 = 2420000 *RM* zu bewerten (entspr. Steuerbelastung**) 0,01515 Pfg./PSh); unter Berücksichtigung der besonderen Verhältnisse kann das Nutzungsrecht bis herab zu einem Mindestbetrag von 70000 · 10,00 = 700000 *RM* bewertet werden (entsprechend 0,0044 Pfg./PSh). — Zuzüglich der sich aus den 60000,00 *RM* Wasserbenützungsgebühr ergebenden 0,0187 Pfg./PSh Belastung ist die PSh also im Regelfalle mit 0,0338 Pfg. und im Mindestfalle mit 0,0231 Pfg. belastet. — Zum Schutze solcher besonderer Industrien sind aber noch weitere Möglichkeiten durch Richtl. III A d 6 ζ und ϑ gegeben unter dem Vorbehalt strenger sachverständiger Prüfung der Berechtigung im allgemein-wirtschaftlichen Interesse, vgl. 122 auf S. 85 und 128 auf S. 88.

---

*) Vgl. Richtl. III A d 6 ζ und 122 auf S. 85.

**) Gesamtbelastung gleich dem 4fachen der Vermögenssteuer angesetzt, vgl. 44 b auf S. 57.

Gehört zum landwirtschaftlichen u. dgl. Vermögen ein derartiges Recht auf Wassernutzung oder besteht eine Wassernutzungsanlage (z. B. im landwirtschaftlichen Nebenbetrieb), so wird der Wert gegebenenfalls zusammen mit dem Anlagewert durch einen Zuschlag zum Vergleichswert des landwirtschaftlichen Betriebes miterfaßt[59]).

59. Über die Anwendungsmöglichkeit der Richtlinien als Anhalt für die Ermittlung des Zuschlages zum Vergleichswert eines landwirtschaftlichen Betriebes s. 19 auf S. 41.

b) Die Bewertung der Wassernutzungsanlagen erfolgt auf der Grundlage des Teilwertes (§ 12 RBewG.)[60]). Dabei kann ausgegangen werden:

60. Daß das Wassernutzungsrecht und die Wassernutzungsanlage keine gesonderten nebeneinander bestehenden Bewertungsgegenstände sind, sondern gleichrangige Rechnungsposten des einen Wirtschaftsgutes (Teilwertes), geht aus Richtl. III A a Abs. 3 und 42 auf S. 56 hervor.

1. von erfahrungsmäßigen Einheitssätzen (nur bei Wasserkraftanlagen!)[61]), welche die derzeitigen Anlagekosten auf der Preisbasis 1934 für übliche Ausführung je PS Ausbauleistung wiedergeben; sie berücksichtigen sämtliche Einzelbestandteile der Anlage (II C) ausschließlich der Grundstücke und Kanäle[62]) und ausschließlich des Rechnungspostens für das Wassernutzungsrecht. Falls eine elektrische Kraftübertragung vorhanden ist, tritt zu den Einheitssätzen ein Zuschlag.*)

61. Näheres über die Einheitssätze s. zu Anlage 1 auf S. 101. Sie gelten für die Preisbasis 1934; für spätere Veranlagungen ist bei etwaiger fühlbarer Änderung der Preisbasis die Umrechnungszahl vom Hauptort anzuordnen. — Für sonstige Wassernutzungsanlagen lassen sich Einheitswertsätze nicht aufstellen.

62. Vgl. Richtl. III B und 133 ff. auf S. 91 ff.

Ausbauleistung[63]) ist die Gesamtleistung aller vorhandenen Wasserkraftmaschinen[64]), insoferne nicht etwa die vorhandenen Einrichtungen zur Wasserentnahme oder Wasserzuleitung eine geringere Höchstleistung gestatten[65]) und die darüber hinausgehende Maschinenleistung dann nur Betriebsreserve ist[66]). Für die Bewertung nach Richtsätzen ist lediglich maßgebend die aus der größten zu verarbeitenden Wassermenge (Ausbauwassermenge)

*) s. S. 102 und Bewertungsbeispiel II auf S. 141.

und dem ausgenützten Gefälle (nach IV 3) zu berechnende Leistung. Die vom Pflichtigen angegebene Ausbauleistung ist auf die Richtigkeit nachzuprüfen[67]), falls sie eine Betriebsreserve enthält, ist diese zusätzlich nach den Einheitssätzen Anl. 1 I unter H oder nach den allgemein geltenden Bestimmungen zu bewerten[68]).

Die Einheitssätze sind in der Anlage 1 I enthalten.

63. a) Ausgegangen werden kann bei Bewertung von Wasserkraftanlagen nach den Einheitssätzen (Kosten je PS Leistung) als Produkt aus Kostenbetrag je PS Leistung mal Leistung nur von einer Leistungsangabe, welche sowohl dem Pflichtigen (insbes. bei der großen Zahl kleiner Anlagen mit oft wenig sachkundigen Besitzern) bekannt oder aus den Plänen, Angeboten, Beschreibungen oder Rechnungsbelegen der Lieferfirmen ohne weiteres zu erheben ist, welche auch in den amtlichen Akten (Beschlüsse, Wasserbucheinträge der Verwaltungsbehörden, Planmappen usw. der Baubehörden) vorliegt und gegebenenfalls dort vom Pflichtigen oder zur Nachprüfung vom FA. erhoben und ohne weitere technische Berechnungen zugrunde gelegt werden kann. Dies ist die mechanische Leistung der Wasserkraftmaschine in PS an der Welle, vgl. 13a auf S. 31. — Die elektrische Leistungseinheit (kW) kann deshalb nicht in Frage kommen, weil alle Lieferfirmen für Wasserkraftmaschinen nur die Leistungsangaben nach PS machen, und weil auch alle technischen Behörden die Leistungen nur nach PS angeben und gegebenenfalls Gebühren hiernach berechnen; die Einheit der elektrischen Leistung wird nur für die Größenangabe der etwa von den Wasserkraftmaschinen angetriebenen elektrischen Stromerzeuger oder deren Leistungsabgabe gebraucht, elektrischer Betrieb bildet aber gerade bei kleineren Anlagen nicht die Regel*).

Eine nach 13e auf S. 35 errechnete mittlere Leistung, oder eine sonst angegebene mittlere Leistung oder mittlere Wassermenge kann aus den in 13f auf S. 37 ausgeführten Gründen für die Bewertung nicht dienen. — Insbes. können Leistungsberechnungen, in welchen die Leistung der Wasserkraft aus der Jahresproduktion (z. B. Holzschlifferzeugung bei Papier- bzw. Pappenfabriken, Mehlerzeugung bei Mühlen, Holzeinschnitt bei Sägewerken) hergeleitet wird, nicht der Bewertung dienen.

64. a) Auszugehen ist vielmehr — unter dem Vorbehalt der Nachprüfung nach Richtl. IV 2 S. 97. — von der in der Beschreibung (Anlage 2) unter II 3 gefragten Summe der Leistungen aller vorhandenen Wasserkraftmaschinen in PS, oder hilfsweise — wenn z. B. bei Wasserrädern in kleinen Betrieben die Leistung nicht bekannt ist — von der nach Richtl. IV 2 und nach 13 a auf S. 31 aus der Ausbauwassermenge Q_a und dem Gefälle H berechneten Leistung. — Es wird empfohlen, daß die FA. sich die Angaben der Pflichtigen (unter dem Hinweis darauf, daß es sich um die Ausbauleistung bzw. Wassermenge handelt) von den zuständigen Verwaltungsbehörden bestätigen lassen.

---

*) Zur Umrechnung: 1 kW benötigt zur Erzeugung rund 1,5 PS Leistungsabgabe der Turbine an den Generator. Anhang S. 152.

b) Wenn sich — wie u. U. bei sehr kleinen Triebwerken unter einfachsten Verhältnissen möglich — die Ausbauleistung, oder zu deren Berechnung die Ausbauwassermenge nicht feststellen läßt, kann hilfsweise so vorgegangen werden, daß im Anhalt an Richtl. III A d 6 η das 1,5fache der amtlich anzugebenden (vieljährigen) mittleren Wassermenge bzw. Leistung zugrunde gelegt wird.

65. In Kraftanlagen, in welchen die Fabrikationsmaschinen unmittelbar von den Turbinen angetrieben werden (z. B. Holzschleifer), oder in welchen bei elektrischem Betrieb verschiedene Stromarten geliefert werden (z. B. Gleichstrom für chemische Zwecke und Drehstrom für Kraftversorgung, oder Strom für Allgemeinversorgung und Bahnbetrieb), u. U. auch in anderen größeren Wasserkraftanlagen, sind aus Gründen der Anpassung der Kraftlieferung an die Bedarfsänderungen oder aus Gründen der Störungsreserve (Betriebsreserve) nicht selten mehr Turbinen eingebaut, als mit der im Fluß verfügbaren oder durch die baulichen Teile der Anlage (Kanäle, Stollen, Rohrleitungen) zuführbaren Wassermenge betrieben werden können*). Solchen Falles ist also die Gesamtleistung der Wasserkraftmaschinen größer als die sich aus der Ausbauwassermenge und dem Gefälle nach der Formel $Q_a \cdot H \cdot 10{,}6$ errechnende Ausbauleistung N_a (13a).

66. Geringe Unterschiede zwischen eingebauter Turbinenleistung und ausnutzbarer Wasserkraftleistung können unberücksichtigt bleiben; von einer Betriebsreserve kann im allgemeinen nur dann gesprochen werden, wenn mindestens eine Maschine in Reserve steht. — Beispiel s. 68.

67. Nachprüfung s. 64 auf S. 65 und 13a auf S. 31 sowie Richtl. IV auf S. 97 und S. 129.

68. Die Bewertung der Betriebsreserve wird bei den nach Einheitssätzen zu bewertenden Anlagen im allgemeinen nach den dafür angegebenen erfahrungsmäßigen Einheitssätzen (S. 101) erfolgen, weil dann, wenn schon für die Gesamtanlage der Nachweis der Gestehungskosten nicht geführt werden kann (9b, 69), dies auch für einzelne Maschinen nicht tunlich sein wird. Wenn aber in besonderen Fällen (z. B. im ganzen ältere Anlage mit neuen Maschinen) der Nachweis der Anschaffungskosten der betr. Maschinen möglich ist, so ist die Bewertung der Reservemaschinen hiernach unter Umrechnung mit dem Kostenindex wie bei Ziff. 2 (72 S. 68 und 74 S. 68) vorzunehmen, u. z. sind hier die Maschinenkosten-Indexzahlen (S. 107 oben rechts) zu verwenden.

Beispiele: a) Turbinenleistung 300 PS, Wasserkraftleistung 250 PS, nur 1 Turbine vorhanden: von einer Betriebsreserve kann beim Vorhandensein nur einer Maschine naturgemäß nicht gesprochen werden**). — b) 3 Turbinen von je 3000 PS = 9000 PS, Wasser-

*) Da die Kosten der Maschinenausrüstung im Regelfalle nur einen geringen Teil der Gesamtkosten einer Wasserkraftanlage ausmachen (vgl. Richtl. II A 3), ist der Einbau einer solchen Mehrleistung an Maschinen leicht möglich und bedeutet dann keinen wertmindernden besonderen Umstand.

**) In kleineren Anlagen sind die Turbinen manchmal aus Unkenntnis der Verhältnisse unzweckmäßig groß bemessen worden. In solchen Fällen einer unwirtschaftlichen Ausführung kann gegebenenfalls ein wertmindernder Umstand nach Richtl. III A d 6 η erblickt werden, vgl. 125c auf S. 87.

kraftleistung durch die im Kanal zuführbare Wassermenge begrenzt auf 6000 PS: dann ist 1 Turbine als Betriebsreserve zu betrachten. Die Anlage ist hier für 6000 PS Leistung nach den Wertansätzen Anlage 1 zu bewerten und die 3000 PS Betriebsreserve nach Anlage 1 H auf S. 102 hinzuzuschlagen:

6000 PS zu je 295,00 RM nach Anl. 1 Stufe D (Kurvenblatt)	1770000,00 RM
3000 PS Betriebsreserve nach Anl. 1, H, für Stufe D mit je 25,00 RM	75000,00 RM
Gesamtwert der Anlage	1845000,00 RM

(statt 9000 · 280,00 = 2520000,00 RM wie ohne Berücksichtigung der Betriebsreserve sich ergeben würde).

oder[69])

2. von den tatsächlichen Gestehungskosten[70]) der Wassernutzungsanlage[71]). Diese sind im Verhältnis der Preisbasis des Baujahres zur Preisbasis 1934 auf die Preisbasis 1934 umzurechnen[72]). Für die Zeit 1915/23 lassen sich Indexzahlen nicht bilden, statt dessen ist entweder der Wert aus den Einheitssätzen (III A b 1) zu bilden oder es ist nachzuweisen, was die Anlage beim Bau im Jahre 1934 kosten würde[73]).

Die Kostenindexzahlen sind in Anlage 1 II enthalten[74]).

69 a) Wenn der Pflichtige in der Beschreibung (S. 114) Frage II 10 die nachweisbaren Anlagekosten, welche er dem FA. gegenüber ausweisen kann (soweit sie diesem nicht schon bekannt sind), angibt, so hat die Bewertung nach diesen zu erfolgen. Die angegebenen Anlagekosten müssen aber die ganze Nutzungsanlage in allen ihren unter Richtl. II C aufgeführten Teilen enthalten und dürfen nicht etwa unter Weglassung älterer Bestandteile nur neuere nachbeschaffte Teile umfassen (z. B. nicht nur die Kosten eines neu erbauten Kraftwerkes unter Fortlassung der Kosten der von früher her vorhandenen Wehranlage).

b) Die Bewertung einer Anlage teils nach Einheitssätzen, teils nach Gestehungskosten (etwa die Anlage nach Einheitssätzen unter Abzug von 10% für die Maschinen und diese letzteren nach Gestehungskosten oder ähnliche Kombinationen) ist nicht statthaft, weil ein solcher zusammengesetzter Bewertungsvorgang zu undurchsichtig ist. Die ganze Anlage — ausgenommen gegebenenfalls die Betriebsreserve nach 68 — ist einheitlich auf dem einen oder anderen Weg zu bewerten.

c) Ein Wechsel der Bewertungsweise, wenn nicht erhebliche Veränderungen an der Anlage vorgenommen wurden, bei Nach- oder Neufeststellungen ist nicht zulässig. Die einmal eingeschlagene Bewertungsweise bleibt im allgemeinen weiterhin beibehalten.

70. Die Gestehungskosten sind, soweit sie nicht dem FA. aus früheren Vorgängen bekannt sind, aus den Bauabrechnungen und dgl. zu belegen. Was sie umfassen müssen, geht aus Richtl. II C hervor. Auf eine klare Ausscheidung der gemäß Richtl. III B S. 91 nicht zum Betriebsvermögen zu bewertenden Bestandteile (Grundstücke und deren Zugehörigkeiten, Gebäude) zwecks sichtbaren Abzuges in der Wertberechnung (Anlage 3) unter A b 2 bzw. B b 2 ist zu achten. — Die Aufstellungen über die Gestehungskosten sind der Wertberechnung beizunehmen.

71. Der Gestehungskostennachweis ist, außer den nach 69b, c so zu bewertenden Wasserkraftanlagen, grundsätzlich von allen sonstigen Wassernutzungsanlagen zu erbringen (9b auf S. 27).

72. Über die Inderzahlen s. S. 110 u. Anlage 1 II auf S. 107. — Die Notwendigkeit der Umrechnung ergibt sich aus § 79 Abs. 1 RBewG., welcher die Bewertung „nach dem Stande vom Beginn des 1. Januar 1935" verlangt.

73. Für die Zeit 1915/23 geben weder Umrechnungen auf die Goldmark noch Goldbilanzen einen richtigen Sachwert. Daher ist, soweit nicht bei Wasserkraftanlagen die Bewertung nach Einheitssätzen gemäß 69a vorzunehmen ist bzw. nicht 69c dem entgegensteht, von ihm auf Grund von Kostenüberschlägen oder in einer sonst nachprüfbaren Weise ein zuverlässiger Anhalt darüber zu erbringen, was die Anlage bei Errichtung im Jahre 1934 kosten würde (oder in einem Jahr nach 1924 gekostet hätte, diesesfalls unter Weiterbehandlung mit dem Baukostenindex).

74. Die Inderzahlen nach Anlage 1 II sind als Mittelwerte für das Reichsgebiet zu betrachten. Wenn in besonderen Fällen (z. B. in Grenzgebieten des Reiches oder in Reichsteilen mit zeitweilig anderen Währungsverhältnissen*) oder beim Vorliegen besonderer Bezugsverpflichtungen**) abweichende Inderzahlen nachgewiesen werden oder amtsbekannt sind, hat die Umrechnung hiernach zu erfolgen. Dies ist tatsächlich das gleiche wie der Nachweis nach 73 dessen, was die Anlage beim Bau im Jahre 1934 kosten würde.

c) Von diesen nach III A b 1) oder 2) auf der Preisbasis 1934 ermittelten Anlagekosten wird die Absetzung für Abnützung abgezogen [75]), welche der gewöhnlichen Wertminderung durch die natürliche Alterung [76]) und durch den technischen Fortschritt [77]) entspricht (Ausnahmen III A d 3).

75. Allgemeines zur Abschreibung:

a) Es können Fälle vorkommen, daß infolge bisher gehandhabter handelsbilanzmäßiger Abschreibungen in Verbindung mit der bisherigen Bewertungsweise der Wassernutzungen und Nutzungsanlagen (3c auf S. 22) die sich nach den folgenden Abschreibungsbestimmungen ergebenden Werte höher werden, als früher veranlagt. Dies besagt nur, daß die frühere Veranlagung den wirklichen Vermögenswerten nicht entsprach, insoferne nicht besondere Gründe für die Richtigkeit und die Notwendigkeit der Beibehaltung des bisher festgestellten Wertes vom Pflichtigen nachgewiesen und vom FA. nach Prüfung anerkannt werden. Solche besonderen Fälle ausgenommen, haben stets die richtlinienmäßig vorgesehenen Abschreibungsgrundlagen und der mit ihnen ermittelte Wert zu gelten. Die Bewertung zum 1. Januar 1935 darf keinesfalls die früheren Bewertungen zum Ausgangspunkt nehmen, sondern hat richtlinienmäßig neu aufzubauen und dann gegebenenfalls auftretenden Verschiedenheiten nachzugehen.

---

*) Z. B. zeitweilig von anderen Mächten besetzte Reichsteile.

**) Z. B. Gemeinschaftskraftwerke, die von deutschen Unternehmern zusammen mit ausländischen Unternehmern errichtet sind unter Bezugsverpflichtungen vom Ausland her.

b) Das Wassernutzungsrecht wird genossen bis zum Ende der Erlaubnis, das entweder durch Beseitigung der Anlage bzw. zufolge § 49 Abs. 3 RGO. (89 auf S. 75) oder durch Ablauf der Erlaubnisdauer (92 auf S. 76) eintritt, und stellt daher bis zu diesem Zeitpunkt einen ertragliefernden oder realisierbaren Vermögenswert in seiner vollen sich nach Richtl. III A a ergebenden Höhe dar. Daher ist eine Abschreibung auf den Wert des Wassernutzungsrechtes im allg. nicht anzubringen, falls nicht besondere Gründe dafür sprechen.

76. Durch den Abzug der gewöhnlichen Wertminderung wird der Herstellungswert auf den Zeitwert der idealen, durch keine besonderen wertmindernden Umstände belasteten Anlage gebracht, vgl. 10 auf S. 29. — Zur natürlichen Alterung vgl. die Erläuterungen im folgenden Absatz.

77. Die Wasserkraftmaschinen, die Pumpen und die baulichen und maschinentechnischen Bestandteile bei Kraftanlagen und sonstigen Wassernutzungsanlagen haben heute eine Vollkommenheit erreicht, welche hinsichtlich des Wirkungsgrades, der Haltbarkeit und der Anschaffungskosten keine erheblichen Fortschritte und insbes. keine so grundlegenden Neuerungen mehr erwarten läßt, daß deswegen eine vorzeitige (d. h. vor Ablauf der Lebensdauer aus wirtschaftlichen Gründen nötige) Auswechslung zu erwarten ist, wie dies bei älteren Anlagen mit Turbinenkonstruktionen geringerer Vollkommenheit (z. B. Jonval- oder Girardturbinen) oder mit alten Pumpen oder veralteten Wehrkonstruktionen der Fall war. Turbinenwirkungsgrade von 85% bis 93% je nach Größe, hoher Wirkungsgrad auch bei einem geringen Bruchteil der Normalwassermenge, größte Lebensdauer und Betriebssicherheit sind in den letzten 15 Jahren so entwickelt worden, daß für erhebliche Verbesserungen kein Raum mehr bleibt. Ebenso haben die Dampfkraftanlagen und Ölmaschinen einen solchen Stand der Vollkommenheit bzgl. Ausnutzung der Brennstoffe und Lebensdauer erreicht, daß eine grundlegende Verschärfung des Wettbewerbes zwischen Wasserkraft und Wärmekraft zugunsten der letzteren und damit eine Wertminderung der Wasserkraftnutzung ebenfalls nicht mehr vorauszusehen ist. Die Wertminderung durch den technischen Fortschritt kann daher in allen Fällen, wo nicht eine zeitlich begrenzte Nutzungserlaubnis die natürliche Lebensdauer unterschreitet (Richtl. III A d 3), als genügend berücksichtigt durch die natürliche Alterung betrachtet werden, von Ausnahmefällen nach Richtl. III A d 6 γ und ε abgesehen.

Die Wassernutzungs- und Wasserkraftanlagen setzen sich zusammen aus Bestandteilen sehr verschiedener Art und Lebensdauer. Für Tiefbauteile (Mauerwerk, Beton) rechnet man als Lebensdauer 70—100 Jahre, für Eisenbauten (Wehre, Rohrleitungen) 30—60 Jahre, für Turbinen und Generatoren 20—30 Jahre[78]). Damit die Anlage dauernd leistungsfähig bleibt und der Betriebssicherheit genügt, werden also einzelne Bestandteile bereits durch neue ersetzt werden müssen, wenn andere Bestandteile noch voll unter verhältnismäßig geringen laufenden Instandsetzungen brauchbar sind. Somit wird bei einer fortlaufenden (nicht befristeten oder widerruflich erlaubten) Nutzung entsprechend der steten Brauchbarkeit der Anlage immer ein ziemlich erheblicher Mindestwert vorhanden sein[79]). Geht man davon aus, daß der Wert der gebrauchsfähig erhaltenen und innerhalb der Lebensdauer der längstlebigen Teile im einzelnen bereits ausgewechselten und modernisierten Anlage am Ende dieser Lebensdauer noch etwa 40 v. H. des Neuwertes beträgt[80]), so ergibt sich als Abschreibungssatz (Abschreibung für Abnutzung = Wertminderung für gewöhnliche Alterung)

je Jahr Bestandsdauer 1,5 v. H.[81], [82]).

Die Abschreibung für gewöhnliche Abnutzung kann im Regelfall nicht über 60 v. H. hinausgehen; einer weitergehenden Überalterung durch besondere Umstände ist jedoch Rechnung zu tragen (III A d 6 ε)[80]).

78. Nach den Erfahrungen sind heute noch Turbinen mit 30 bis 40 Jahren, und Generatoren mit 30 Jahren Betriebszeit im Gebrauch. Für neuere Maschinen, für welche nach 77 auch die technische Überalterung nicht eine vorzeitige Auswechslung erforderlich macht, kann also mindestens mit den angegebenen Lebensdauern gerechnet werden*).

79. Für die Wertfindung zur Feststellung eines gerechten und sachlich richtigen Vermögenswertes können die üblichen handelsbilanztechnischen Erwägungen und Gebräuche nicht immer maßgebend sein. Würde eine Anlage ihrem Zustand nach nur mehr z. B. 25% oder 10% ihrer Gestehungskosten wert sein, so könnte man nicht mehr von einer betriebsfähigen und betriebssicheren Anlage sprechen, die ihren Zweck noch erfüllt. Durch die laufenden kleineren Instandhaltungs- und Ersatzmaßnahmen und durch zeitweilige in größeren Zwischenräumen erfolgende Auswechslungen von Hauptteilen der Maschinenbestandteile entsprechend deren Lebensdauer oder größere Instandsetzungen der baulichen Teile muß der Sachwert stets auf einer gewissen in Hinsicht auf die Betriebsfähigkeit und auf die u. U. durch gesetzliche Vorschriften sichergestellte Vermeidung von Schädigungen Anderer nicht unterschreitbaren Höhe gehalten werden**).

80. Der Wert einer ordentlich instand gehaltenen und ihren Betriebszweck noch erfüllenden Anlage kann in den Grenzen von etwa 40 bis 60% des Herstellungswertes angenommen werden. Für die Bewertung wurde zur

---

*) Die Frage der Lebensdauer als Grundlage der Abschreibung ist u. a. von einer Kommission der Schweizerischen Elektrizitätswerke im Jahre 1932 eingehend untersucht und veröffentlicht worden; die dort angegebenen Lebensdauern sind nicht kürzer, z. T. länger als die in den Richtl. zugrunde gelegten Zeiten.

**) Der Begriff des „Restwertes" hat auch bei den Fabrikgebäuden „solange ein Gebäude noch benutzt wird" Anwendung gefunden (RFmErl. S 3231 A — 330 III vom 23. Februar 1935 unter B II, Restwert).

Vermeidung von Härten die untere Grenze von 40% festgesetzt. — Vgl. die folgenden Ausführungen.

81. a) Wenn man für zwei hinsichtlich der Zusammensetzung aus den einzelnen Bestandteilen sehr gegensätzliche Beispiele die theoretische mittlere Abschreibung je 100 *RM* Gestehungskosten bei einem Endwert der Anlagen von 40% berechnet, ergibt sich:

Zusammensetzung: vorwiegend	Bestandteil	Bauwerke	Eisenbau	Maschinen	zusammen
	Lebensdauer Jhr. Abschreibung %.	70 1,43	40 2,50	25 4,00	
langlebige Teile	Anteil an den Gesamtkosten % Abschreibungsquote %	60 0,515	25 0,375	15 0,360	 1,250
kurzlebige Teile	Anteil an den Gesamtkosten % Abschreibungsquote %	15 0,129	25 0,375	60 1,435	 1,939

b) Wenn man ferner beispielsweise für 2 wie vorhin aus den Bestandteilen verschiedener Lebensdauer zusammengesetzte Anlagen etwa von 5 zu 5 Jahren den Wert nach den Einzelabschreibungen von 1,43% für Bauteile bzw. 2,50% für Eisenbau bzw. 4,00% für Maschinen berechnet und die zeitweiligen Instandsetzungs- und Erneuerungsaufwendungen aktiviert*) und das Ergebnis zur Übersichtlichkeit zeichnerisch darstellt (Abb. 7), so ergibt sich, daß eine mittlere einheitliche Abschreibung von 1,5% sich in der Mitte hält und keine großen Abweichungen von den jeweiligen wirklichen Zeitwerten vorliegen.

c) Berechnet man das im Laufe der Lebensdauer der Anlage von 70 Jahren anfallende gesamte Aufkommen an Vermögensteuer, so ergibt sich:

Voraussetzung	Gesamtes Steueraufkommen in % bei	
	theoretischer Abschreibung nach wirklicher Lebensdauer	einheitlicher Abschreibung auf 40 % Endwert mit 1,5 %
langlebige Teile überwiegend	126,0	100,0
kurzlebige Teile überwiegend	131,6	100,0

*) Die zur Instandhaltung oder Erneuerung der angeschafften Sachwerte, seien es neue wesentliche Bestandteile (z. B. eine neue Turbine) oder die Wiederinstandsetzung entsprechend der Abnutzung (z. B. ein neues Laufrad in einer älteren Turbine, eine neue Schütze in einem älteren Wehr), erhöhen den Gesamtwert durch Verbesserung der Gebrauchsfähigkeit oder Lebensdauer der Anlage. Sie müssen daher im Wert der Anlage wieder zum Ausdruck kommen.

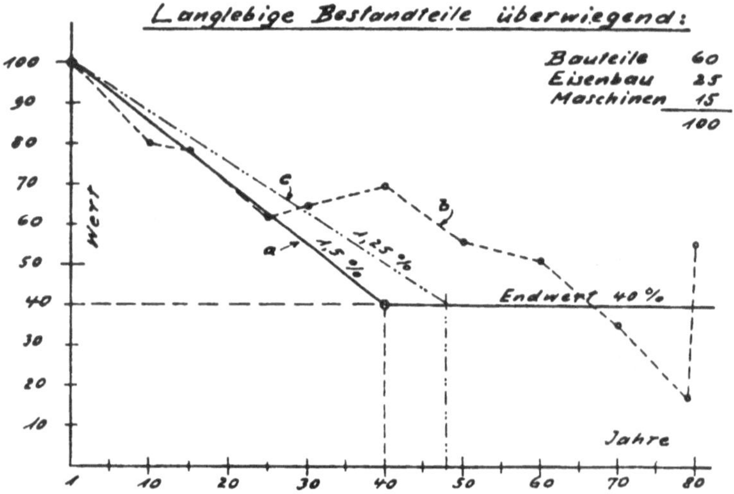

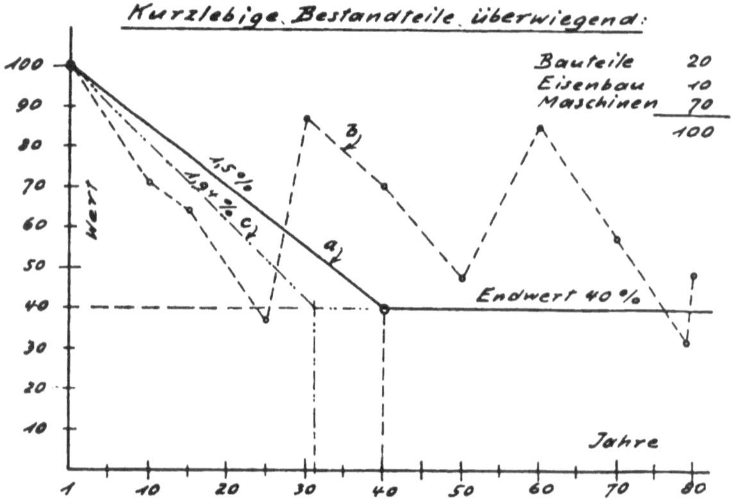

Abb. 7. Zeitlicher Verlauf des Wertes von Wassernutzungsanlagen:
a) bei einheitlicher Abschreibung mit 1,5 % p. a.,
b) bei verschiedenen Abschreibungssätzen für die einzelnen Teile und Aktivierung der Instandsetzungs-Aufwendungen,
c) theoretische Abschreibung.

Der Abschreibungssatz von 1,5% stellt also gegenüber der Abschreibung nach der wirklichen Lebensdauer unter Aktivierung der Aufwendungen keine nachteilige Belastung der Nutzungen dar.*)

d) Der Endwert von 40% wird bei der einheitlichen Abschreibung nach 40 Jahren erreicht. Dann findet eine weitere Abschreibung — Fälle nach Richtl. III A d 6 ε ausgenommen — nicht mehr statt, insoweit nicht bei einer befristeten Nutzungserlaubnis Richtl. III A d 3 anderes bestimmen.

82. Die Höhe des einheitlichen Abschreibungssatzes sowie Begriff und Höhe des Restwertes stützen sich auch auf folgende Überlegungen:

a) Nach den Handelsbilanzgebräuchen werden Anlagen oft in 20—30 Jahren auf 1 *RM* oder auf sehr geringe Werte abgeschrieben. Wenn der als Anhalt für die Ermittlung des gemeinen Wertes angenommene Käufer diesen Bilanzwert für die Anlage bieten würde, so würde der Verkäufer unter Entgegenhaltung des vorhandenen Sachwertes ein solches Angebot abschlagen.

b) Selbst eine bereits außer Betrieb befindliche völlig abgebrauchte oder überalterte Anlage würde nicht um 1 *RM* oder ähnliche handelsbilanzmäßige Werte zu erstehen sein, sondern mindestens um den Altmaterial-(Abbruch-)wert zuzüglich Grundstückswertes und gegebenenfalls zuzüglich eines angemessenen Wertes für das Wassernutzungsrecht (vgl. 40 auf S. 55).

c) In dem Falle der einheitlichen Abschreibung mit 1,5% jährlich werden die laufenden Instandhaltungs- und Erneuerungsaufwendungen in der Steuerbilanz nicht mehr besonders aktiviert, da sie nach 81 b bereits mit diesem Abschreibungssatz erfaßt sind.

Für Wassernutzungsanlagen, welche nach III A b 2 zu den nachgewiesenen Gestehungskosten bewertet werden[83], kann in besonderen Fällen (u. a. auf Antrag des Pflichtigen unter Beigabe der erforderlichen Unterlagen) anstelle der Pauschabschreibung nach III A c auch das allgemein übliche Abschreibungsverfahren beibehalten werden[84]), jedoch soll auch hier der Endwert von 40 v. H. nicht unterschritten werden, soweit nicht die Voraussetzungen nach III A d 6 ε zutreffen.

Berechnungsbeispiel: Erlaubnisdauer unbegrenzt, Alter der Anlage 20 Jahre:

Wert der Anlage	1000000 *RM*	
20 × 1,5 v. H. = 30 v. H.; abzusetzen also 30 v. H. von 1000000	= 300000 *RM*	
verbleibt anzusetzender Wert		700000 *RM*

83. Vgl. 69, 70 auf S. 67 ff. — Für Anlagen, welche nach den Einheitssätzen bewertet werden, ist nur die einheitliche Abschreibung zulässig, weil

*) Der Reichsverband der Deutschen Wasserwirtschaft rechnet mit: Erneuerungsrücklage 0,65%, Tilgung 0,5%, Unterhaltung und Betrieb 0,75%, so daß sich nach Abzug des Betriebspostens eher ein geringerer Satz ergibt. (Mitt. d. RDW. Nr. 37, S. 11).

für eine individuelle Abschreibung der einzelnen Bestandteile mit verschiedenen Sätzen der Anhalt (Wertanteil der einzelnen Bestandteile) fehlt.

84. a) Die Beibehaltung des bisherigen Abschreibungsverfahrens auf Antrag des Pflichtigen bei Anlagen, deren Bewertung zu den Gestehungskosten erfolgt, hat die Beachtung des in 79, 80, 81 b Anm. * S. 71, 81 d und 82 a Gesagten zur Voraussetzung. Es können also die einzelnen Bestandteile der Anlagen entsprechend einer kürzeren Lebensdauer, als in Richtl. III A c Abs. 2 und Tabelle zu 81 a auf S. 71 angegeben ist, mit höheren Sätzen abgeschrieben werden, insoweit diese Sätze das Maß des sachlich Angemessenen nicht überschreiten (gegebenenfalls sachverständige Prüfung). Diese höheren Abschreibungen haben zur Folge, daß der Endwert von 40% der Gestehungskosten, von welchem auch im Falle dieses Abschreibungsverfahrens nicht abzugehen ist (Ausnahmen: Richtl. III A d 6 ε), früher erreicht und die weitere Abschreibung früher eingestellt wird.

b) Bezüglich eines Wechsels der Abschreibungsweise gilt das gleiche wie bei der Bewertungsweise, s. 69 c auf S. 67.

d) Besonderheiten[85]).

1. Bei noch nicht ausgeübten Nutzungen[86]) kann es sich um eine noch unfertige Anlage oder um ein erst im Entstehen begriffenes Recht handeln. Im ersteren Fall ist die Wassernutzungsanlage mit den bis zum Stichtag gemachten Bauaufwendungen d. h. mit den dann bereits vorhandenen Vermögenswerten an Bauwerken, angelieferten Baustoffen und Maschinen zu bewerten[87]), Umrechnung nach Indexzahlen erübrigt sich. Im letzteren Fall ist lediglich der tatsächlich gezahlte Preis für den Boden und das gegebenenfalls hiezu erworbene Gebäude anzusetzen[88]).

85. Die Besonderheiten bilden, wie schon in 6 auf S. 24 ausgeführt, ein Hauptstück im Aufbau der richtlinienmäßigen Bewertung der Wassernutzungen. Über das Vorgehen der FA. und der Sachverständigen s. 130 auf S. 90 und 139 auf S. 96.

86. Vgl. 37 auf S. 54. —

87. Die Bewertung einer am Stichtag unfertigen Anlage erfolgt wie diejenige einer fertigen Anlage im Anhalt an § 33 Abs. 3 RBewDB. 1935 zu den nachgewiesenen bis zum Stichtag entstandenen Kosten nach 70, 71 auf S. 67, vgl. 1 auf S. 19. — Als entstanden gelten die Kosten, die der Unternehmer zahlen müßte, wenn die bis zum 1. Januar 1935 geleisteten Lieferungen und Arbeiten an diesem Tag zu bezahlen wären. Ebenso wie bei der Bewertung von Fabrikgrundstücken solchen Falles nicht nach dem Weilschen Verfahren vorgegangen werden kann, ist hier nicht etwa ein entsprechend dem Bauzustand geschätzter Teilbetrag nach den Einheitssätzen für die Anlagekosten (Anlage 1 I) zugrunde zu legen. Die vorgeschriebene Art der Bewertung (gemeiner Wert des Grund und Bodens plus entstandene Baukosten) kann jedoch zu Härten führen. Dann mag es

sich in Einzelfällen vielleicht empfehlen, bei einer am Stichtag bereits fast fertigen Anlage, wenn deren Gestehungskosten mittlerweile nachweisbar sind, im Einvernehmen mit dem FA. die fertige Anlage zu bewerten unter Berücksichtigung aller besonderen Umstände, und entsprechend dem am Stichtag noch unfertigen Restteil einen angemessenen Abschlag anzubringen; diese u. U. gerechtfertigte Vereinfachung kann auch eine wesentliche Arbeitsvereinfachung bedeuten.

88. Boden und Gebäude s. III B. — Das Wassernutzungsrecht ist gegebenenfalls nach III A a 1 zu bewerten und dann ein für Boden oder Gebäude bezahlter nachweisbarer Mehrwert dort in Abzug zu bringen (vgl. sinngemäß 37 b auf S. 54).

2. Ist eine Wassernutzungsanlage stillgelegt und befindet sie sich wegen der unterbliebenen Instandhaltung nicht mehr in gebrauchsfähigem Zustand[89]), so ist sie außer mit dem Wert des Wassernutzungsrechts[90]) mindestens noch mit dem Abbruchwert anzusetzen; dieser beträgt in der Regel 10 v. H. der Anlagekosten[91]), bezogen auf 1934.

89. Hierunter ist die dauernde Stillegung wegen Aufgabe der Nutzung zu verstehen, entweder aus der Aufgabe des mit der Kraft (dem Wasser) versorgten Unternehmens, oder aus einem nicht mehr betriebsfähigen Zustand wesentlicher Bestandteile hervorgehend. — Zeitweiliger Nichtgebrauch einer Wassernutzung bedeutet nach 13 f Schlußsatz auf S. 37 keine Stillegung, auch nicht bei etwaigem zeitweiligem Wassermangel. — Ein Stilliegen während erheblicher Zeit (etwa 1½ Jahr) infolge Nichtverwertbarkeit der Kraft oder infolge von Absperrung des Wasserzuflusses (z. B. bei Baumaßnahmen Anderer oder des Staates, falls keine Entschädigung erfolgt) kann durch Steuererlaß berücksichtigt werden.

90. Das Wassernutzungsrecht besteht trotzdem noch als Vermögensbestandteil solange, als die Anlage nicht in ihren Hauptteilen in einer jeden weiteren Gebrauch ausschließenden Weise beseitigt ist, oder solange nicht auf Grund der wassergesetzlichen Bestimmungen (in Verbindung mit § 49 Abs. 3 RGO.) das Wasserbenützungsrecht erloschen oder eine befristete Wasserbenutzungserlaubnis abgelaufen ist (vgl. 75 b auf S. 69).

91. Es ist davon auszugehen, daß der Käufer einer stillgelegten Anlage in der Regel nicht die ganze Anlage völlig entfernen wird, sondern sie zu anderen Zwecken wieder mit neuerlicher Erlaubnis instand setzen und im früheren oder einem anderen Maß benutzen wird. Er wird dieses Falles erheblich weniger Kosten aufzuwenden haben als bei einem völligen Neubau, abgesehen vom Ausschlachtungswert (Altwert) der seinen Zwecken nicht mehr dienlichen Teile, was im Kaufpreis zum Ausdruck kommt. Wenn nachweisbar ist, daß sich für eine stillgelegte Anlage ein Käufer nur mehr zur Ausschlachtung finden ließe, weil eine neuerliche Verwendung der Anlage oder die Erteilung der Erlaubnis aus besonderen Gründen fortan ausgeschlossen ist, so kann der Abbruchwert auch geringer im Anhalt an folgenden Fall γ (95) angesetzt werden.

3. Bei befristeter Erlaubnisdauer[92]) ist zu unterscheiden, ob:

a) nach Ablauf der Erlaubnisdauer die Anlage gegen Heimfall-Entschädigung[93]) an den Staat (das Reich) fällt. Der Endwert ist gleich der Heimfall-Entschädigung laut Erlaubnisbedingungen — Berechnungsbeispiel: Erlaubnisdauer 60 Jahre — Anlage besteht bereits 20 Jahre.

Wert der Anlage	1000000 *RM*
Entschädigung bei Heimfall	300000 *RM*
Unterschied	700000 *RM*
mal dem Verhältnis $\frac{\text{verstrichene Bestandszeit} = 20}{\text{gesamte Erlaubnisdauer} = 60}$	
ergibt Wertminderung	= 233333 *RM*

92. Die Erlaubnis zur Benützung staatseigener Gewässer ist im Regelfalle nur auf eine gewisse Zeit erteilt (36 b auf S. 54), nach deren Ablauf die Anlage entweder gegen eine bestimmte Entschädigung an den Staat fällt oder zu entfernen ist oder neuerdings die Erlaubnis erteilt werden kann. An Stelle der Lebensdauer der Anlage tritt bei Berechnung der Abschreibung daher die Erlaubnisdauer und an Stelle des Endwertes der Anlage von 40% jener Betrag, welchen der Unternehmer am Ende der Erlaubnisdauer noch aus der Anlage erlöst, d. h.: die Anlage ist innerhalb der Erlaubnisdauer in gleichen Jahresquoten auf jenen Wert abzuschreiben, woraus sich der Zeitwert in jedem Jahr berechnet. Bei befristeter Erlaubnis kann vorgesehen sein, daß die Erlaubnis nach Ablauf erneut erteilt wird; auf solche Möglichkeiten ist jedoch nicht Rücksicht zu nehmen und die Erlaubnis als mit dem zunächst vorgesehenen Termin erlöschend zugrunde zu legen. — Wenn der Ablauf der Erlaubnis auf einen bestimmten Termin vorgesehen, jedoch eine frühere Möglichkeit des Erwerbs der Anlage durch den Staat vorbehalten ist, so hat im allg. der erstere Heimfallstermin mit den dafür vorgesehenen Bedingungen zu gelten, weil für den Fall des früheren Erwerbs die Entschädigung dementsprechend höher angesetzt ist. Ausnahmen, in welchen der Pflichtige die Wahrscheinlichkeit früheren Heimfalls unter ungünstigeren Bedingungen geltend machen will, wären zur Hauptortsentscheidung nach Richtl. III A d 6 Schlußsatz zu stellen.

93. Die Heimfallentschädigung ist hier der Erlös aus der erlöschenden Nutzung. Sie wird üblicherweise als Pauschbetrag, oder als der sich aus den Anlagekosten abzüglich einer bestimmten Abschreibung und meist zuzüglich der Aufwendungen für die Erneuerung der kürzerlebigen Teile (vgl. Richtl. III A c Abs. 2) ergebende Wert angegeben. Für den letzteren Fall lassen sich allgemein gültige Zahlen nicht angeben; für die Errechnung dieses Heimfallwertes gelten die in der Erlaubnis- oder dgl. Urkunde festgelegten

Sätze unter Ausschaltung des in Richtl. III A c Abs. 2 angegebenen einheitlichen Satzes von 1,5% je Jahr.*) — Vgl. 75 b auf S. 69.

β) die Erlaubnis ohne Entschädigung erlischt; der Endwert ist gleich dem Abbruchwert = 10 v. H.[94]) der Anlagekosten 1934 — Berechnungsbeispiel:

Wert der Anlage	1000000 RM
90% hiervon mal dem Verhältnis	
verstrichene Bestandszeit = 20 / gesamte Erlaubnisdauer = 60	
ergibt Wertminderung	= 300000 RM

94. Vgl. 91 und 75 b auf S. 75 u. 69.

γ) die Anlage zu entfernen und der natürliche Zustand wiederherzustellen ist. Der Endwert ist gleich Null, da der Abbrucherlös durch die Wiederherstellung des natürlichen Zustandes mindestens aufgezehrt wird[95]).

Berechnungsbeispiel:

Wert der Anlage	1000000 RM
mal dem Verhältnis	
verstrichene Bestandszeit = 20 / gesamte Erlaubnisdauer = 60	
ergibt Wertminderung	= 333333 RM

95. Da es sich bei Wassernutzungsanlagen vorwiegend oder großenteils um bauliche Anlagen dauerhafter Ausführung (Beton), sowie erhebliche Veränderungen der natürlichen Erdoberfläche (Richtl. II A 2, vgl. 24 auf S. 43) handelt, ist davon auszugehen, daß der Erlös aus dem Verkauf der alten Maschinen und sonstiger verwendbarer oder verschrottbarer Teile keinesfalls die Kosten der Beseitigung dieser Bauteile und der Einebnung des Geländes übersteigt.

Für Abschreibungen nach III A c ist in den Fällen α bis γ nur insoweit Raum, als diese allgemeinen Abschreibungen über die Wertminderung für den Heimfall hinausgehen[96]).

---

*) Für die einzelnen Teile der Anlage sind u. U. verschiedene Heimfallsentschädigungen festgesetzt, z. B. für die wasserbaulichen Anlagen ein gewisser Zeitwert aus Anlagekosten abzüglich Abschreibung zuzüglich Erneuerung, für die Turbinen Heimfall ohne Entschädigung. — Bei den Heimfallsbedingungen für die elektrischen Anlagen ist 28 auf S. 45 zu beachten. — Vgl. S. 149.

96. In allen von α bis γ erfaßten Fällen ist der Zeitwert der Anlage vergleichsweise nach der einheitlichen Abschreibung (gegebenenfalls nach dem allgemein üblichen Abschreibungsverfahren, wo dies nach [83 und 84] zulässig ist) gemäß Richtl. III A c und nach dem für die befristete Erlaubnis anzuwendenden Verfahren zu ermitteln. Wenn die erstere Abschreibungsweise eine größere Wertminderung bzw. einen geringeren Zeitwert auf den Stichtag ergibt, als er sich aus der Erlaubnisdauer berechnet, wie es bei langer Erlaubnisdauer oder hoher Heimfallsentschädigung insbes. für die Anfangszeit der Nutzung möglich ist, so ist jeweils der geringere der beiden Zeitwerte bzw. der höhere Abzug für Abnützung in der Wertberechnung Anlage 3 unter A c bzw. B c anzusetzen, damit eine Überbewertung über den wirklichen Sachwert hinaus unter allen Umständen vermieden bleibt.

4. Bei stets widerruflicher Nutzungserlaubnis kann regelmäßig davon ausgegangen werden, daß die an sich bestehende Unsicherheit der wirtschaftlichen Zukunft erfahrungsgemäß durch die Handhabung in der Praxis wesentlich gemildert ist[97]). Es genügt daher in der Regel ein Abzug von 15 v. H. des nach der ordnungsmäßigen Abschreibung (III A c) verbleibenden Gesamtwertes der Anlage. — Ist zugleich die Wiederherstellung des früheren Zustandes auferlegt, so sind dementsprechend in der Regel 25 v. H. abzusetzen[98], [99]).

97. Es sind bisher keine Fälle aufgetreten, in welchen von dem in Erlaubnisbedingungen vorsorglich zum Schutz höherer Interessen vorbehaltenen Widerruf ohne angemessene Entschädigung Gebrauch gemacht wurde. Die Bedingung bedeutet eine gewisse, jedoch erfahrungsgemäß wirtschaftlich nicht stark fühlbare und den gemeinen Wert daher nicht erheblich drückende Unsicherheit. Daher genügt eine Wertminderung um 15%. Sie folgt daraus, daß für die Tatsache der Widerruflichkeit an sich eine Wertminderung von 25% angesetzt wird, welcher 10% Abbrucherlös gegenüberstehen. — Ist der Widerruf unter voller Entschädigung vorbehalten, so daß dem Nutzer bei seinem Eintritt kein Schaden entstehen würde, so ist ein Abzug nicht berechtigt.

Wenn ein Wassernutzer aus der Tatsache des Widerrufsvorbehaltes weitergehende Wertminderungen dafür herleiten will, daß durch das Aufhören der Wassernutzung auch sein mit Kraft oder Wasser versorgter Betrieb in Mitleidenschaft gezogen würde, so mag dies nicht beim Teilwert der Wassernutzung, sondern bei dem betr. sonstigen Teilwert des Betriebsvermögens in Betracht zu ziehen sein.

98. Wenn unterstellt wird (vgl. 95), daß die Wiederherstellung des früheren Zustandes den Abbrucherlös aufzehrt, ergeben sich nach dem vorigen Absatz 25% Wertminderung.

99. Ein Vergleich aller Abschreibungsfälle ergibt beispielsweise bei Anlagekosten von 1000000 RM und bei einer auf 60 Jahre befristeten Erlaubnis folgendes Bild:

Abschreibungsfall III A	Wert nach Jahren in RM		
	20	40	55
c) unwiderruflich	700000	400000	400000**)
d 3 α) Heimfallentschädigung 300000,— RM .	700000*)	400000***)	358334
β) Heimfall ohne Entschädigung	700000	400000	175000
γ) Wiederherstellung d. früheren Zustandes	666667	333334	83334
d 4 stets widerruflich	595000	340000	340000

*) Nach Richtl. III A d 3 α würden sich 766667 RM ergeben; nach dem Schlußsatz zu III A d 3 und nach 96 ist jedoch die höhere Abschreibung nach III A c zu rechnen.

**) Endwert nach 80 und 81.

***) Nach Richtl. III A d 3 a würden sich 533334 RM ergeben, daher wie bei Anm. *) vorzugehen.

5. Bestehen *Auflagen* auf wiederkehrende Leistungen[100]) zum Uferschutz[101]) oder Hochwasserschutz[102]), zur Instandhaltung von Uferstrecken[103]), von Schiffahrts- oder Floßschleusen oder Triftanlagen[104]) *außerhalb der eigentlichen Betriebseinrichtungen*[105]), so ist der im Durchschnitt der letzten 10 Jahre dafür nachweisbar aufgewendete oder schätzungsweise anfallende Jahresbetrag[106]) mit 18 kapitalisiert in Abzug zu bringen. Wenn statt der Sachleistungen entsprechende jährliche Geldleistungen auferlegt sind (nicht Wassernutzungsgebühr!) so sind diese ebenso zu behandeln[107]). Die laufende Instandhaltung der unter II C aufgeführten Bestandteile der Wassernutzungsanlagen[108]) ebenso wie zeitweise größere Instandsetzungen[109]) und die Behebung von Schäden durch Naturereignisse (Überschwemmungen u. dgl.) können keine Berücksichtigung[110]) bei der Bewertung selbst finden.

100. Unter wiederkehrenden Leistungen sind alle Sachleistungen zu verstehen, also Bau- oder Instandhaltungsmaßnahmen, die meist in unregelmäßigen Zeitabständen je nach Erfordernis oder auf behördliche Anordnung auszuführen sind und von denjenigen Stellen vorbehalten oder angeordnet sind, welchen nach III A a 1 und 36 b (S. 53), 46 (S. 59) die öffentlich-rechtliche Eigenschaft zukommt. Unter Umständen können regelmäßige Sachleistungen (z. B. unentgeltliche Stromlieferung) oder an deren Stelle regelmäßige Geldleistungen auf dem Weg gütlicher Einigung zwischen Wassernutzer und Passivbeteiligten privatvertraglich vereinbart werden, um durch solche Vereinbarungen die anderenfalls im Erlaubnisverfahren amtlicherseits aufzuerlegenden Bedingungen zum Schutze der Passivbeteiligten vorweg auszuräumen und das Erlaubnisverfahren von solchen Verhandlungen zu entlasten. Wenn in solchen Fällen mit Erfolg nachgewiesen werden kann, daß derartige privatvertragliche Belastungen im Einvernehmen mit der Verwaltungsbehörde oder u. U. auf deren Anregung hin zustande kamen und an die Stelle andernfallsiger behördlicher gleichartiger Auflagen traten, solchen also gleichzuachten sind, können sie auch kapitalisiert als Wertminderung vom Betriebsvermögen abgesetzt werden. Vgl. S. 149 unten.

101. Uferschutz: Befestigung der natürlichen Flußufer und Instandhaltung solcher Befestigungswerke (z. B. Pflasterung, Steinbelag, Beschlächte, Bepflanzung). — Sinngemäß gehört hierzu auch die Befestigung oder Instandhaltung der Flußsohle (Grundschwellen, Kolkverbauung*), Traversen, Leitwerke und dgl. Schutzbauten), wo nötig und angeordnet.

102. Hochwasserschutz: Instandhaltung von Dämmen oder Ufermauern, welche zur Abhaltung von Überschwemmungen nötig sind, die sich andernfalls infolge der Errichtung der Anlage (z. B. durch das Anstauen des Flusses) ergeben würden.

103. Hierzu gehört z. B. die Auflage, Uferabrisse zu verbauen, im Falle der Beschädigung der natürlichen Ufer Schutzbauten zu errichten.

104. Hierunter fallen alle dem Wassernutzer obliegenden Instandhaltungsarbeiten an solchen im Interesse des Wasserverkehrs jeder Art errichteten Schiffahrts- usw. Anlagen**), einschließlich der etwa nötigen Freihaltung der Fahrwassertiefe durch Baggerung im Fluß oder Kanal, Entfernung von Kies- und Schlammbänken.

105. Als wertmindernde Belastungen gelten nur die **nicht zur Durchführung des Betriebes der Wassernutzung selbst** nötigen Maßnahmen, die also außerhalb der eigentlichen Wassernutzungsanlage vorzunehmen sind. Alle im Bereich der eigentlichen Wassernutzungsanlage anfallenden Instandhaltungsmaßnahmen nach 108 sind Betriebskosten und nicht abzugsfähig.

Nur in Fällen nach 46 auf S. 59, wo eine Wassernutzungsanlage in einem fremden z. B. einer Gemeinde oder Genossenschaft gehörigen Kanal liegt und der Nutzer die Räumungs- und Instandhaltungspflicht des anteiligen Kanalstückes oder anteilig eines gemeinsamen Wehres hat, sind diese (im Regelfalle einer völlig eigenen Anlage innerhalb der eigentlichen Wassernutzungsanlage anfallenden) Maßnahmen Betriebsmaßnahmen und nicht abzugsfähig, trotzdem der Kanal bzw. das Wehr fremdes Eigentum ist.

106. Wenn die Anlage noch nicht 10 Jahre besteht, so kann die Höhe der durchschnittlichen jährlichen Aufwendungen auch aus einem kürzeren Zeitraum errechnet werden. In Zweifelsfällen über die Höhe und die hieher gehörige Art der geltend gemachten Aufwendungen und im Falle der Notwendigkeit einer Vorausentschädigung von Aufwendungen bei neueren Anlagen werden zweckmäßig die zuständigen Wasserbaubehörden beigezogen.

107. Es kommt vor, daß an Stelle der Sachleistungsverpflichtungen die Instandhaltungsmaßnahmen von Reich, Land usw. gegen jährliche Pauschgebühren oder fallweise Berechnung ausgeführt werden. — Zu achten ist darauf, daß die Wassernutzungsgebühren und die diesen gleichzustellenden Beiträge nach 45 bis 48 auf S. 59 ff. hier nicht mit eingerechnet werden.

---

*) Kolk ist ein durch die Strömung in die Flußsohle gerissenes Loch.

**) Wegen etwaiger Nachteile solcher Einrichtungen für den Betrieb s. Richtl. III A d 6 δ, S. 83.

108. Dazu gehört neben der baulichen Instandhaltung der Wehre (Stauanlagen) und der Dämme oberhalb der Stauanlage bis zum Beginn der Stauwirkung, vgl. Abb. 5 S. 50 und 6 S. 51, Kanäle, Stollen, Rohrleitungen, Kraftwerks- bzw. Pumpenanlagen usw. (vgl. Aufstellung Richtl. IIC) auch z. B. die Ausbaggerung des Stauraumes vor dem Wehr oder des Stausees (falls dies auch aus öffentlichen Schiffahrtsgründen auferlegt ist, anteilig), die Ausbaggerung und Räumung der Kanäle (gegebenenfalls anteilig wie vor), kurz alles, was zur ungestörten Wasserzuführung und Wiederableitung und zum Schutz der Nutzungsanlagen nötig ist. — Nicht zur Instandhaltung der Wassernutzungsanlage gehört, und daher abzugsfähig sind alle Instandhaltungsmaßnahmen z. B. an den Flußufern und im Fluß oberhalb des Beginnes der Stauwirkung des Wehres und unterhalb des Wehres, innerhalb der abgeleiteten Flußstrecke und unterhalb der Einmündung des Unterwasserkanals in den Fluß.

Die Höhe der laufenden Instandhaltungskosten einer Wassernutzungsanlage im allgemeinen, und die etwa darauf Einfluß nehmenden Besonderheiten des einzelnen Gewässers sind bei der Planung eines Vorhabens bekannt; werden sie durch Ausführung des Vorhabens in Kauf genommen, so sind sie als wirtschaftlich tragbar für den gegebenen Verwendungszweck anerkannt*) und daher nicht wertmindernd, vgl. sinngemäß 13 f S. 37.

109. Zeitweise größere Instandsetzungen und Auswechslungen der Anlagen sind betriebsmäßige Instandhaltungsmaßnahmen auf lange Sicht und auch bereits bei der Abschreibung berücksichtigt, vgl. 81, 82 auf S. 71.

110. Der Stand des gewässerkundlichen Dienstes seit den letzten etwa 15—20 Jahren gestattet es, bei sorgfältiger Planung die üblichen Risiken durch Naturereignisse (Hochwässer, Eis) zu berücksichtigen. Die amtliche Behandlung der Vorhaben im wassergesetzlichen Verfahren verlangt sogar die Berücksichtigung z. B. der bekannten größten Hochwässer im Interesse des Schutzes der Allgemeinheit, weil Zerstörungen an Stauanlagen, Kanälen, Rohrleitungen und dgl. weitgehende Schäden für andere nach sich ziehen. Abgesehen von seltenen Naturkatastrophen ist also das Gefahrenrisiko im üblichen Rahmen, muß und kann bei der einem ordentlichen Kaufmann obliegenden Sorgfalt bei der Wirtschaftlichkeitsprüfung des Vorhabens mit berücksichtigt werden. Dies gilt auch z. B. für die Beseitigung von Kies- oder Schlammablagerungen, welche durch die regelmäßigen Hochwässer im Stauraum oder Kanal abgelagert werden. — Außergewöhnliche Katastrophen und deren Folgen (z. B. infolge eines den bisher bekannten Höchststand überschreitenden Hochwassers) oder besonders ungünstige Verhältnisse, z. B. bei älteren Anlagen, die sich seinerzeit nach dem damaligen Stand der Technik nicht voraussehen ließen, können ggf. nach Einvernahme der Wasserbaubehörde über Art und Ausmaß der Aufwendungen und voraussichtliche Häufigkeit, nach Richtl. III A d 6 γ oder besonderen Falles nach sachverständiger Prüfung berücksichtigt werden.

6. Besondere wertmindernde Umstände[111]) können in folgenden Fällen geltend gemacht werden:

111. Die Erfassung besonderer Umstände und deren sinn- und sachgemäße Berücksichtigung, aber auch Beschränkung, bei der Bewertung ist bereits

*) Für besondere Fälle Richtl. III A d 6 Schlußsatz und 132 auf S. 90.

bei 6 auf S. 23 als ein Hauptstück der Richtlinien bezeichnet worden. Gegebenenfalls ist über die sachliche Berechtigung von Anträgen die zuständige Wasserbaubehörde (soweit es sich um technische Angelegenheiten handelt) oder der Hauptort beizuziehen. Bei Antragsgründen wirtschaftlicher Art können die zuständigen Bezirkswirtschaftsgruppen oder die Industrie- und Handelskammern gehört werden.

α) Außergewöhnlich einfache Ausführung wichtiger Bestandteile[112]) wie einfachste hölzerne Gerinne, hölzerne Wasserräder, hölzerne Wasserradhäuser, das Fehlen besonderer Werksgräben, Wehre oder anderer wichtiger Bestandteile einer üblichen Anlage, soweit dies nicht schon durch die Einheitssätze Anl. 1 I unter F berücksichtigt ist[113]).

112. Die Einheitssätze nach Anlage 1 verstehen sich für technisch vollwertige Ausführung der Anlagenbestandteile; bei Wasserradanlagen: ganz eiserne Wasserräder oder solche mit eiserner Welle und eisernem Stern (Radkörper) und nur ev. hölzernen Schaufeln, eiserne Kammräder, massiv gemauerte bzw. aus Beton erstellte Radstube; bei Turbinenanlagen: Turbinenkammer, anschließender Zulauf und Ablauf aus Beton; in beiden Fällen Schützen mit eisernen Gestellen und Windwerken, Stauanlagen aus Beton oder Mauerwerk oder sonst massive Steinwehre, Schützen wie vorbeschrieben. — Außergewöhnlich einfache Ausführung sind u. a. auch Stauanlagen oder Turbinenkästen bzw. Radstuben aus Holz, einfachste Schützen in Holzgestellen mit hölzernen Windenbäumen (Wellen).

113. Siehe Anlage 1 S. 102.

β) Verlagerungen im Versorgungsgebiet, wenn infolge einer Umstellung der versorgten Betriebe auf andere Erzeugnisse oder Verfahren ein geringerer Kraftbedarf[114]) oder infolge behördlicher Betriebs- oder Absatzbeschränkungen des versorgten Unternehmens[115]) oder infolge von Bevölkerungsverschiebungen[116]) eine geringere Ausnutzung vorliegt und der Überschuß an Kraft oder Wasser unanbringlich ist[117]).

114. Wenn z. B. eine Wasserkraftanlage früher zu einem bestimmten Fabrikationszweck mit der dafür nötigen Leistung errichtet wurde und späterhin infolge Aufnahme eines anderen Fabrikationszweiges oder infolge der technischen Verbesserung der Fabrikationseinrichtungen der Kraftbedarf erheblich gesunken ist. Hieher gehört auch, wenn z. B. eine Anlage früher in 3 Schichten und infolge Fabrikationsumstellung oder dgl. nur mehr in 1 Schicht arbeitet, wofür die Beschreibung Anlage 2 in Fragen 7 Grundlagen zur Beurteilung gibt.

115. Z. B. Kontingentierung in der Mühlenindustrie, Holzmangel für Sägewerke infolge Aufarbeitung der schlagbaren oder etwa durch Windbruch angefallenen Vorräte, nach welchen das Werk seinerzeit bemessen worden war.

116. Z. B. bei Elektrizitäts- oder Wasserversorgungsunternehmungen ein erheblicher Bevölkerungsrückgang, das Fortfallen von Großabnehmern infolge deren Betriebseinstellung oder Übergang zur Eigenversorgung oder zu anderweitigem Bezug, bei industriellen Betrieben die erhebliche Absatzverminderung für die Erzeugnisse und damit verringerter Kraftbedarf durch Umschichtung der Abnehmerschaft gegenüber dem Zeitpunkt der Errichtung. — Vorausgesetzt ist ein Zustand von längerer Dauer, nicht regelmäßige oder vorübergehende Konjunkturschwankungen.

117. Voraussetzung ist die wirtschaftliche Unanbringlichkeit, nicht aber eine lässige Nichtausnützung gegebener anderer Möglichkeiten.

γ) **Unzweckmäßiger Ausbau, wenn die Anlage nach Entwurf, Ausführung oder Baukosten dem Stand der Technik zur Zeit ihrer Errichtung vollwertig entsprach, aber gegenwärtig zur Erzielung der gleichen Leistung erheblich einfacher und billiger hergestellt werden würde**[118]).

118. Nach 77 auf S. 69 hat die Wassernutzung hinsichtlich ihrer Anlagen und Maschinen insbes. in den letzten 15 Jahren einen so hohen Stand der technischen und wirtschaftlichen Vollkommenheit erreicht, daß manche älteren Nutzungsanlagen heute hinsichtlich ihrer Gesamtanordnung, ihrer Baulichkeiten und Maschinen viel einfacher, billiger und wirtschaftlicher erstellt werden könnten. Man kann z. B. heute die gleiche Leistung, zu der vor 20 Jahren noch 3 bis 4 Turbinen mit je 2 bis 4 Laufrädern aufgestellt werden mußten, in einer oder zwei Turbinen mit nur je einem Laufrad erzielen (Bau- und Maschinenkostenersparnis), vermag einfachere und dauerhaftere Wehranlagen und Kanäle mit geringerem Gefällsverlust zu bauen, hat die Unzuträglichkeiten der Kies- und Schlammablagerungen (vgl. 108 auf S. 81) besser zu vermeiden gelernt. In solchen Fällen wäre es eine wirtschaftliche Härte, eine dergestalt veralterte Anlage von ihren seinerzeitigen Anlagekosten ausgehend zu bewerten, wenn die gleiche Leistung heute mit geringeren Aufwendungen und u. U. auch noch wirtschaftlicher erstellt werden könnte. In solchen Fällen kann nach sachverständiger Prüfung der Wert einer gleich leistungsfähigen Anlage nach ihren derzeitigen Anlagekosten zugrunde gelegt werden, entweder nach den Einheitssätzen oder — falls z. B. Projekte für einen Neubau vorliegen — nach den Gestehungskosten eines Neubaues. Dabei ist angemessen, diesen ideellen Neubau als etwa vor 15 Jahren errichtet zugrunde zu legen.

Beispiel: Anlage 25 Jahre alt, seinerzeitige Anlagekosten 3000000 *RM*; sich hieraus ergebender Wert nach Richtl. III A c Abs. 3: 1 875 000 *RM*.

Heutige Anlagekosten wären 2000000 *RM*; bei angenommener Errichtung vor 15 Jahren zu diesen Kosten ergibt sich ein Wert von 1 550 000 *RM*. — Mit diesem Wert wäre die Anlage zu bewerten.

δ) **Verbindung mit anderen wasserwirtschaftlichen Aufgaben dergestalt, daß die Größenbemessung und Betriebsart der eigentlichen Wassernutzungsanlage beeinträchtigt wird durch fremde oder sogar gegensätzliche Anforderungen (Wasserabgabe zu Bewässerungs- oder**

6*

Schiffahrts-Zwecken nach bestimmten Vorschriften — Hochwasserschutz — Kraftwerke an Schiffahrtsschleusen oder im Nebenbetrieb an Fluß-Klärbecken)[119].

119. Wassernutzungsanlagen, insbes. Kraftanlagen, müssen in besonderen Fällen im Zuge der einheitlichen Wasserbewirtschaftung gewissermaßen im Anhang an andere wasserwirtschaftlichen Unternehmungen anders als sonst üblich betrieben werden.

Z. B.: Talsperrenanlagen zur Wasseraufspeicherung und bedarfsweisen Abgabe zwecks Bewässerung, Vergleichmäßigung der Wasserführung eines Flusses zur Schiffahrts- oder Vorflut*)-Verbesserung, Hochwasserschutz, Trinkwasserabgabe; Flußstauanlagen mit Schiffsschleusen zur Verbesserung der Schiffahrt oder aus Gründen der Flußreinigung oder Wasserversorgung.

Um das dabei entstehende Gefälle nutzbringend zu verwerten, werden mit solchen Anlagen Wasserkraftwerke verbunden. Diese können aber ihre Leistungsabgabe vielfach nicht dem Bedarf anpassen und als „freie" Kraftwerke arbeiten, sondern müssen sich mit ihrem Wassergebrauch und daher mit ihrer Leistungsabgabe nach dem anderen und oft übergeordneten Zweck der Stauanlage und dem Wasserbedarf des anderen Zweckes richten und müssen daher „unfrei" betrieben werden.

Z. B.: Bewässerungswasserabgabe nur während der Zeiten landwirtschaftlichen Bedarfes, Wasserabgabe zu Schiffahrtszwecken in trockenen Sommerzeiten, Hochwasserschutz bedingt oft rasche große Wasserabgaben bei Hochwassergefahr, bei Flußstauanlagen völlige Niederlegung des Staues (also Einstellung des Kraftwerksbetriebes) bei Eisgefahr (Eisstoß) oder Einschränkung des Kraftwerksbetriebes bei Schiffsdurchschleusungen in Anpassung an den Wasserverbrauch bei der Schleusung.

Die unregelmäßig ohne Rücksicht auf den Bedarf gelieferte Kraft ist nach dem Grundsatz von Angebot und Nachfrage weniger wert als die bedarfsweise lieferbare Kraft; der wirtschaftliche Wert solcher „unfreier" Wassernutzungen ist daher geringer als der anderer „freier" Wassernutzungen. Zur Annäherung des Anlagewertes an den Wirtschaftswert sind daher in solchen Fällen Wertminderungen zuzubilligen; einen Anhalt dafür können die Kosten bilden, welche man für eine Anlage in einer solchen Größe und Ausführung anlegen würde, wie sie dem alleinigen Zweck einer Kraftnutzung frei von den Erfordernissen des anderen Zweckes entspricht. Alle Teile, welche zugunsten des anderen Zweckes errichtet sind, z. B. Schiffsschleusen, u. U. Stauanlagen und Talsperren, sind dabei nicht oder nur anteilig zur Wassernutzungsanlage zu rechnen, je nachdem, ob sie ausschließlich oder teilweise den anderen Zwecken dienen. Allgemeine Regeln lassen sich für solche Sonderfälle nicht aufstellen. Im übrigen sind diese nicht zur Wassernutzungsanlage gehörigen Teile oder deren Anteile nach den allgemein geltenden Bestimmungen zu bewerten.

Beispiel: Talsperre für Hochwasserschutz mit Kraftwerk von 6000 PS Leistung. Ein gedachter privater Unternehmer würde ohne Berücksichtigung dieses Zweckes nur eine Wehranlage und ein Kraftwerk von 3000 PS errichten. Somit ist die Wassernutzungsanlage mit dem Wert einer Anlage dieser letzteren Ausführung zu bewerten, bzw. der Differenzbetrag in der Wertberechnung Anlage 3 unter A d abzusetzen.

ε) Überalterung, wenn die Anlage oder wesentliche Teile derselben (z. B. Turbinen oder Wasserräder, Stau-

*) Vorflut s. 17 auf S. 40.

anlage) sich in einem so überalterten Zustand befindet, daß die Unbrauchbarkeit oder Unwirtschaftlichkeit in naher Zeit zu erwarten ist[120]). Bei veralteten Turbinen, wenn in der „Beschreibung" (II 3 Art der Wasserkraftmaschinen) angegeben wird „Jonvalturbinen" oder „Girardturbinen", oder die Turbinen älter als 30 Jahre nachgewiesen werden, kann ein Abzug von 20 v. H. des für Anlagen ohne Kanäle geltenden Wertes (Anlage 1 I Spalte 1 bzw. Kurven 1) in der Wertberechnung (Berechnungsbogen bei A, d) angebracht werden[121]).

120. Wenn eine Anlage durch hohes Alter, baulichen Zustand, außergewöhnliche Abnutzung vor der technischen Unbrauchbarkeit steht oder deren Weiterbetrieb wirtschaftlich nicht mehr für längere Zeit gerechtfertigt ist, wenn also der gemeine Wert den sich aus Richtl. III A c auf Grund der (einheitlichen oder allgemein üblichen) Abschreibung für gewöhnliche Abnutzung sich ergebenden Wert (bzw. den Endwert von 40%) erheblich unterschreitet, kann eine den Verhältnissen nach sachverständigem Urteil entsprechende Wertminderung angebracht werden, welche äußersten Falles an die Verhältnisse nach Richtl. III A d 2 (vgl. 89 mit 91 auf S. 75) heranreichen kann (Betriebsstillegung; 10% Mindestwert).

121. Vgl. 13 a auf S. 32. — Da nach 24 auf S. 43 beim Ersatz insbes. veralteter Turbinen gegen neuzeitliche auch weitgehende bauliche Änderungen im Kraftwerkstiefbau (Turbinenkammern) vorzunehmen sind, ist — wenn auch die Kosten der Turbinen selbst im Rahmen der Gesamtanlage niedriger sind — im Hinblick darauf ein höherer Abzug, als für die Turbinen allein angebracht, wirtschaftlich gerechtfertigt. — Wenn aber bei sehr veralteten Anlagen u. U. ein völliger Neubau der Kraftwerksanlage anläßlich demnächstiger Unbrauchbarkeit der Turbinen als nötig nachweisbar ist, kann im Anhalt an den vorhergehenden Richtliniensatz gegebenenfalls auch eine größere Wertminderung gerechtfertigt erscheinen, vorausgesetzt daß über eine bloße Behauptung hinaus tatsächlich in Kürze (etwa im Laufe des Veranlagungszeitraumes) mit dem Umbau begonnen werden wird.

ζ) **Errichtung von Anlagen aus besonderen Gründen volkswirtschaftlicher, kraftwirtschaftlicher oder wehrpolitischer Art** (z. B. wegen Arbeitsbeschaffung, zur Herstellung besonderer Erzeugnisse), wenn mit Rücksicht auf die Aufgaben der Wassernutzung oder auf die Absatzbedingungen der Erzeugnisse die Wirtschaftlichkeit der Anlage ausgeschlossen oder mindestens stark gefährdet ist[122]).

122. a) Während bei δ (119) eine „unfreie" Betriebsgestaltung, d. h. Ausübung der Wassernutzung, vorausgesetzt war, werden hier die Fälle erfaßt, in welchen Wassernutzungsanlagen (in der Regel Kraftanlagen) nach freien wirtschaftlichen Gesichtspunkten gar nicht zur Errichtung gekommen wären.

Z. B.: Errichtung industrieller Anlagen aus besonderen Gründen fracht- oder arbeitsmarktungünstig gelegen oder zur Brennstofferspanis an Wasserkräften (bes. für die chemische Industrie, vgl. 58 auf S. 63); Errichtung von Elektrizitäts- oder Wasserwerken zur notwendigen Versorgung der Bevölkerung oder von Industrien ohne Rücksicht auf privatwirtschaftlich betrachtete Rentabilität, Dezentralisation der Kraft- oder Wasserversorgung aus Sicherheitsgründen; Errichtung von Anlagen nur unter dem Gesichtspunkt der Arbeitsbeschaffung ohne Rücksicht auf derzeitigen Bedarf oder auf wirtschaftlich oder technisch günstige Lage oder Ausführung.

In solchen Fällen müssen die Kosten der gewonnenen Arbeit (des Wassers) niedrigst sein im Interesse der Allgemeinheit, in deren Interesse solche Unternehmungen errichtet wurden und betrieben werden. Neben einer falls nötig stattfindenden Berücksichtigung solcher Verhältnisse bei der Bewertung des Wassernutzungsrechts nach Richtl. III A a 3 und 58 auf S. 63 ist auch bei der Bewertung der Anlagen darauf Rücksicht zu nehmen.

b) Ein Anhalt für die Wertfindung kann die Erwägung sein, wie hoch der Energiepreis (Wasserpreis) für den vorliegenden Verwendungszweck üblicherweise sein dürfte, wenn das Unternehmen gerade noch privatwirtschaftlich gesehen rentabel wäre. Daraus kann auf die noch tragbaren Anlagekosten rückwärts geschlossen werden, und dies ergibt gegenüber den tatsächlichen Anlagekosten den als Wertminderung abzusetzenden Betrag.

Beispiel: Die Anlagekosten eines für einen aus besonderen Gründen notwendigen Fabrikbetrieb errichteten Wasserkraftwerkes von 60000 PS Ausbauleistung betragen bei Bewertung nach Richtl. III A b 2 45 Mio *RM*. Die gewonnene kWh für diesen Betriebszweck darf (z. B. nach eingeholter Äußerung der Wirtschaftsgruppe chemische Industrie) üblicher Weise nicht mehr als 0,5 Pfg. kosten, die PSh also nach 13 e auf S. 35 nicht mehr als 0,75 Pfg. Bei 7000 Benutzungsstunden der Ausbauleistung (wie in solchen Betrieben üblich) und bei einem Jahreskostensatz*) von 9% vom Anlagekapital berechnen sich die üblicherweise zulässigen Anlagekosten, zu welchen das Werk privatwirtschaftlich eben noch ausbauwürdig wäre, wie folgt:

Jahresarbeit: 60 000 PS · 7000 Std. = 420 000 000 PSh;

äußerste Jahreskosten:

420 000 000 PSh . 0,75 Pfg. = 3150000 *RM*;

zulässige Anlagekosten:

$$\frac{3150000}{9} \cdot 100 = \text{rd. } 35000000 \text{ RM}.$$

Die tatsächlichen Anlagekosten waren 45 Mio *RM*; so daß also als Wertminderung $100 \cdot \frac{35}{45} = 22\%$ des Zeitwertes der Anlage (Anlagekosten abzüglich Abzuges für Abnützung) in der Wertberechnung abzusetzen wären. — Dieser rückwärtsschreitende Weg der Wertfindung kann u. U. auch in manchen anderen Fällen gegangen werden.

η) **Außergewöhnlich hohe Ausbauleistung im Verhältnis zur vieljährigen mittleren Leistung (Ausbauleistung größer als etwa das 1½fache der mittleren Leistung)**[123]**, z. B. zur Spitzendeckung**[124]**) oder bei besonders unstetigen Wasserläufen**[125]**). Über die mittlere Leistung ist in Zweifelsfällen Angabe bei der zuständigen Wasserbaubehörde einzuholen**[126]**). Der Abzug ist im Höchstfall so zu bemessen, daß als Wert der Wasserkraftnutzung das 1½fache jenes Wertes bleibt, welcher sich bei Ansatz der mittleren Leistung ergeben würde**[127]**).**

*) Vgl. Anm. **) zu 44c auf S. 58.

123. Auszugehen ist nach 13 f auf S. 37 stets von der vieljährigen mittleren Leistung (nie von der mittleren Leistung einzelner Jahre). Die natürliche Wasserdarbietung schwankt nach dem dort Gesagten in den einzelnen Jahren, und nach 13 f auf S. 37 im Lauf des einzelnen Jahres um den vieljährigen Mittelwert. Eine große Zahl verschiedenster Anlagen für alle Zwecke an den verschiedensten Flüssen ergibt, daß im Durchschnitt die wirklich erzielbare Jahresarbeit (Jahresarbeitsmöglichkeit in PSh oder kWh) etwa 67% derjenigen Jahresarbeit ist, welche sich erreichen ließe, wenn die Ausbauwassermenge (für welche die Anlage — gegebenenfalls ohne Betriebsreserve nach 65, 66 auf S. 66 — bemessen ist) im ganzen Jahr verfügbar wäre. D. h. die mittlere Leistung ist im Durchschnitt rund 67% der Ausbauleistung, oder umgekehrt die Ausbauleistung ist das 1,5fache der mittleren Leistung. Dieses Verhältnis kann also als Anhalt dafür dienen, ob die obigen Voraussetzungen einer Wertminderung zutreffen.

124. Vgl. 13 d auf S. 35. — Spitzendeckungskraftwerke sind, um innerhalb weniger Tagesstunden große Leistungen abgeben zu können, oft auf das 6fache bis 8fache der mittleren Leistung des natürlichen Zuflusses ausgebaut (z. B. Walchenseewerk das 5,6fache).

125. a) Als „besonders unstetig" können Wasserläufe gelten, in welchen im vieljährigen Durchschnitt (123) die nachweisbare mittlere Leistung weniger als 67% der Ausbauleistung beträgt. Es wird gelegentlich behauptet, daß Wasserläufe früher gleichmäßiger oder ergiebiger gewesen seien und daß die Anlagen daher heute nicht mehr so wie früher ausnutzbar seien. Solche Behauptungen sind häufig darauf zurückzuführen, daß die Wasserdarbietung unternormal trockener Jahre betrachtet und verallgemeinert wird. Im allgemeinen treffen solche Veränderungen der Wasserdarbietung (des Abflusses) nur dort zu, wo künstliche Eingriffe erfolgt sind (z. B. Wasserableitungen oder Quellenableitungen zu anderen Zwecken, u. U. Einfluß bergbaulicher Betriebe), und sind dahingehende Einwendungen sachverständig zu klären.

b) Eine besondere, die Ausnutzbarkeit der Ausbauleistung einschränkende Unstetigkeit kann auch gelegentlich auf das Gefälle zutreffen, indem häufige oder längerdauernde erhebliche Gefällsverminderungen nach 13 b Anm. auf S. 35 die Nutzung benachteiligen.

c) In manchen Fällen, insbes. bei kleinen Anlagen, die ohne genügend sachkundige oder sorgfältige Planung oder unter schlechter Beratung entstanden, finden sich Turbinen eingebaut, die im Verhältnis zur verfügbaren Wassermenge zu groß bemessen sind. Auch diese Vorbringung kann nach 123 geprüft und gegebenenfalls dementsprechend berücksichtigt werden, vgl. Anm. **) zu 68 auf S. 66.

d) Eine Minderausnutzung der Wasserkraft oder sonstiger Wassernutzung wegen geringeren Kraftbedarfes gehört nicht hieher und fällt stets unter Abs. β und 114 ff. auf S. 82. Hier ist nicht das Maß der augenblicklich gewonnenen bzw. ausgenützten Kraft, sondern nur dasjenige der gewinnbaren Kraft im Verhältnis zur Größe der Anlage maßgebend.

126. Die in der Beschreibung Anlage 2 unter II zu Frage 3 zur Begründung einer Wertminderung wegen stark schwankender Wassermenge gemachten Angaben (s. Anleitung zur Beschreibung S. 117) sind im Zweifelsfalle durch Rückfrage bei der zuständigen Wasserbaubehörde zu prüfen, wobei zur Vermeidung von Verwechslungen der Leistungsangaben der Wortlaut des Abs. η zweckmäßig in der Anfrage angegeben wird.

127. a) Eine Bewertung nach der Ausbauleistung zu den Einheitssätzen würde daher häufig tatsächlich zu hohe Anlagekosten ergeben oder wirtschaftliche Härten bedeuten. Daher sind solche Anlagen, wenn sie nach den Einheitssätzen bewertet werden, für das mindestens 1,5fache ihrer nachweisbaren mittleren Leistung zu bewerten. — Hilfsweise Heranziehung des 1,5fachen der vieljährigen mittleren Leistung als Bewertungsgrundlage s. 64 b auf S. 66.

b) In der Regel werden solche größeren Anlagen, insbes. die Speicher- und Spitzen-Kraftwerke, schon wegen ihrer besonderen in Einheitssätzen nicht erfaßbaren baulichen Ausführung nach den Gestehungskosten gemäß Richtl. III A b 2 zu bewerten sein (s. auch Einheitssätze Anlage 1 I Vorbemerkung). Diese ihre tatsächlichen Kosten waren der Ausführung des Vorhabens zugrunde gelegen, sind also als wirtschaftlich angemessen erachtet worden und lassen daher eine Anwendung dieses Abs. η im Sinne einer besonderen Wertminderung im allg. nicht mehr zu. — Keinesfalls dürfen solche Anlagen schematisch mit dem 1,5fachen ihrer mittleren Leistung bewertet werden, wenn ihr Wert (ihre tatsächlichen Gestehungskosten) höher ist, vgl. 9b auf S. 27 und 13f auf S. 37. Eine Bewertung bei nachgewiesenen Anlagekosten so, daß die Anlagekosten im Verhältnis der 1,5fachen mittleren Leistung zur Ausbauleistung herabgesetzt werden, ist nicht zulässig, weil falsche Werte ergebend. — Pumpenspeicheranlagen s. 13g auf S. 37. U. U. können besondere Gründe für die Errichtung nach ζ vorgelegen sein und berücksichtigt werden.

ϑ) Ausgesprochen schlechte Standortsbedingungen für die Wassernutzung infolge der Notwendigkeit der Fortleitung von Energie oder Wasser auf weite Strecken wegen örtlich ungünstiger Absatz- oder Verkehrslage[128]).

128. Schwerpunkte des Kraftverbrauches (Industriegegenden) oder des (Trink-) Wasserverbrauches (dichtbesiedelte wasserarme Gegenden, Großstädte) liegen häufig weit ab von Großwasserkräften oder Gebieten mit Vorrat an gutem (Trink-) Wasser. Im ersteren Falle zur volkswirtschaftlich nötigen Ausnutzung des Wasserkraftschatzes, im letzteren Falle aus öffentlicher Notwendigkeit und Gesundheitspflege, müssen Kraft- oder Wassergewinnungsanlagen, welche den regionalen Bedürfnissen nach nicht, oder in weit kleinerem Ausmaß, errichtet würden, die Kraft oder das Wasser vermittelst langer und teuerer Übertragungsleitungen nach den Absatzgebieten liefern. Bei dem aus allgemein wirtschaftlichen Gründen begrenzten Preis der Kraft oder des Wassers an der Verwendungsstelle belastet der Kapitaldienst der Übertragung die Gewinnung in grundsätzlich ähnlicher Weise wie im Falle des Abs. ζ, so daß die Gewinnungskosten eine gewisse Höhe nicht überschreiten dürfen, d. h. die Belastung der Unternehmung möglichst gering gehalten werden muß.

Beispiel: Großwasserkräfte am Rhein unterhalb des Bodensees — Übertragung in das rheinisch-westfälische Industriegebiet; Wasserreichtum im Harz — Trinkwasserfortleitung nach Bremen.

Solche Umstände vermögen den gemeinen Wert einer Wassernutzungsanlage u. U. zu vermindern. Als Anhalt für die Ermittlung eines angemessenen gemeinen Wertes, bzw. des ihn schließlich ergebenden Abzuges für Wertminderung, kann unter sachverständiger Bearbeitung der bei Fall ζ unter 122 auf S. 86 beispielsweise gezeigte Weg der rückwärtsschreitenden Ermittlung dienen.

ι) **Wesentliche Überteuerung in der Herstellung der Anlage durch unvorhergesehene Umstände gegenüber der üblichen Ausführung, wodurch die Wirtschaftlichkeit des Unternehmens erheblich gefährdet ist**[129]).

129. Bei Wassernutzungsanlagen können sich der Ausführung, die nach der Art ihrer vorwiegenden Bestandteile auf dem tiefbaulichen Gebiet liegt und daher in hohem Grade von der Bodenbeschaffenheit abhängt, unerwartete und auch bei sorgfältiger Planung nicht voraussehbare Schwierigkeiten oder Ereignisse entgegenstellen, die zu unvorhersehbaren Mehrkosten führen.

Beispiele: Gründungsschwierigkeiten bei Wehren oder Talsperren durch schlechte, nicht tragfähige oder wasserdurchlässige Stellen unter der Sohle; wasserdurchlässige oder sich an der Luft zersetzende oder einbrechende Gesteinsschichten oder Wassereinbrüche bei Stollen; nachrutschende Abhänge; nicht tragfähiger Untergrund bei Dämmen oder Kraftwerksbauten; wasserdurchlässiger Grund bei Kanälen; Hochwässer mit Zerstörung der Baustellen.

Davon ausgehend, daß das zu den projektierten Kosten (einschl. Sicherheitszuschlages) ausgeführte Unternehmen wirtschaftlich tragbar wäre, beim vorherigen Bekanntsein der Mehrkosten jedoch nicht in Angriff genommen worden wäre, daß aber andererseits das einmal begonnene Unternehmen zu Ende geführt werden muß, kann solchen Falles bei der Bewertung von den Projektkosten zuzüglich eines Risikozuschlages, mit dem stets gerechnet werden muß, in Höhe von etwa 15% ausgegangen werden, oder es können von den nachgewiesenen Anlagekosten die nachgewiesenen unvorhergesehenen Kostenüberschreitungen (unter Berücksichtigung des Risikozuschlages) abgesetzt werden, um den angemessenen gemeinen Wert zu finden.

Unter solche unvorhergesehene Überteuerungen können auch z. B. hohe Zinsendienste für Auslandsanleihen oder besondere aus früheren Umständen nötig gewesene Kapitalbeschaffungskosten fallen, welche das Unternehmen wesentlich zusätzlich belasteten oder die Herstellung verteuerten, wenn das Unternehmen im Veranlagungszeitpunkt noch diese Mehrbelastung zu tragen hat (also z. B. nicht durch Abwertung von überhöhten Zinsen für Auslandsanleihen frei geworden ist).

Derartige Vorbringen, die besondere wertmindernde Umstände geltend machen, sind eingehend zu begründen und in jedem Fall einer amtlichen sachverständigen Prüfung sowohl hinsichtlich ihrer tatsächlichen Berechtigung wie hinsichtlich der dafür angemessenen Wertminderung zu unterziehen[130]). Der nach Berücksichtigung solcher Sonderabzüge nach α—δ und ζ—ι verbleibende Anlagewert (einschließlich des Rechnungspostens für das Wassernutzungsrecht, vgl. III A a Abs. 2 und IV 8) darf keinesfalls geringer sein, als der Wert einer der Zweckbestimmung angemessenen Anlage[131]). —

Werden andere als die hier aufgeführten wertmindernden Umstände geltend gemacht, so ist über ihre Berücksichtigung Entscheidung des Hauptortes herbeizuführen[132]).

130. Die sich aus den besonderen wertmindernden Umständen ergebenden Möglichkeiten der Steuererleichterung dürfen zu keiner Verallgemeinerung über besonders berücksichtigenswerte Fälle hinaus und zu keiner Verwässerung in der steuerlichen Erfassung gerechtfertigter Wirtschaftswerte führen, vgl. 6 c auf S. 24. Bei der Ermittlung der Abzüge für wertmindernde Umstände zur Wertberechnung Anlage 3, A d bzw. B d, wird das FA. und der Sachverständige grundsätzlich ebenso vorzugehen haben, wie es der Käufer bei der Wertfindung unternehmen würde. Es kann nicht von vornherein ein prozentualer Abschlag geschätzt werden, vielmehr ist nach den gegebenen Verhältnissen zu ermitteln, was eine der Zweckbestimmung angemessene Nutzungsanlage kosten dürfte. Da nach Richtl. III B letzter Abs. und 141 auf S. 97 die Wertminderung durch die Besonderheiten auch bei den Grundstücksbestandteilen zu berücksichtigen ist, muß der Sachverständige die Gesamtkosten der Anlage (also jene der Grundstücksbestandteile und Gebäude, vgl. 139 auf S. 96) und die etwaigen Gebühren und Belastungen nach Richtl. III A a und III A d kennen. Aus dem Unterschied der für angemessen erachteten Kosten der Gesamtanlage (gegebenenfalls nach 122 b auf S. 86 oder ähnlich) gegenüber den tatsächlichen oder den nach dem Einheitswert sich ergebenden gesamten Anlagekosten kann der Abzug berechnet und auch prozentual ausgedrückt werden (vgl. Beispiel I A auf S. 130).

Alle hierzu dienenden Erhebungen und Berechnungen sind in nachprüfbarer Form als Unterlage für spätere Bewertungen, Nachfeststellungen oder Rechtsmittelverfahren der Wertberechnung beizunehmen.

131. Mit Ausnahme des Abs. ε, der an sich unvollkommene und daher in ihrem Wert nach unten hin mit dem Abbruchwert begrenzte Anlagen betrifft, wird der Mindestwert stets durch die Erwägung bestimmt, mit welchem Aufwand eine den Anforderungen des Kraft- oder Wassergebrauches gerecht werdende Anlage erstellt werden könnte, wenn die betriebsfremden Anforderungen oder Umstände nicht vorhanden wären.

132. Alle vorkommenden Möglichkeiten lassen sich weder überblicken noch in Richtlinien behandeln, vgl. 6a, b auf S. 23. Da die wirtschaftlichen, rechtlichen und technischen Verhältnisse auf dem Gebiet der Wassernutzung oft verwickelt und schwierig sind, ist bei allen hier nicht enthaltenen etwa auftretenden Fällen der Hauptort einzuschalten, auch um anläßlich der erstmaligen Anwendung der Richtlinien Erfahrungen zu sammeln.

Eine allgemeine Hauptortsentscheidung kann auch in solchen Sonderfällen herbeigeführt werden, in welchen bisher bestimmten Gruppen von Wassernutzern (insbes. Triebwerken bestimmter Gewerbszweige) aus besonderen Gewässer-Verhältnissen oder Standortsbedingungen heraus seitens der LFA. oder FA. auf Antrag von Wirtschaftsgruppen Ausnahmen von bisherigen Bewertungssätzen eingeräumt waren, insoweit die richtlinienmäßige Bewertung eine wesentliche Erhöhung gegenüber solchen bisherigen Ausnahme-Bewertungen bringen würde.

B. Grundstücke (bebaut und unbebaut).

Die baulichen Bestandteile einer Wassernutzungsanlage bedürfen zu ihrer Errichtung des Grund und Bodens. Die (bebauten und unbebauten) Grundstücke sind nach den hiefür geltenden allgemeinen Vorschriften des RBewG. und nach den hierzu ergangenen MinErl. zu bewerten. Als Grundstücke gelten auch die offenen Kanäle und Gräben sowie die überfluteten Grundflächen der Stauanlagen, Speicherweiher und die Stollen, soweit das über Tag liegende Grundstück dem Wassernutzer selbst gehört.

Für die Abgrenzung der Gebäude von Betriebsvorrichtungen gelten die hiezu gegebenen ministeriellen Anordnungen (insbesondere MinErl. S 3231 A — 620 III v. 14. 12. 35 RStBl. 1935 S. 1544); zu den Betriebsvorrichtungen sind Stollen dann zu rechnen, wenn das über Tag liegende Grundstück im Eigentum eines Betriebsfremden steht (Regelfall)![133]).

133. a) Grund und Boden ist im Bestand von Wassernutzungs-, insbes. Wasserkraftanlagen nach 22 auf S. 42 durch den meist großen Grundstücksbedarf und die damit vorgenommene nachhaltige Veränderung von erheblicher Bedeutung. Wenn er auch dem Wesen nach zur technisch gesehenen Wirtschaftseinheit der Wassernutzungsanlage gehörig, ist er nach den geltenden Vorschriften nicht zum Betriebsvermögen zu rechnen, sondern mit allen nach MinErl. S 3231 A—620 III vom 14. Februar 1935 dazu gezählten baulichen Bestandteilen als Grundvermögen zu bewerten. Dieser MinErl. bestimmt (1. Teil, A I, Anm. 4 auf S. 3): „Offene Kanäle, die ... Be- oder Entwässerungszwecken dienen, gehören zum Grundstück", ferner (2. Teil, F I, a 1, Anm. 2 auf S. 11): „Die offenen Kanäle und Gräben und die überfluteten Grundflächen der Stauanlagen und die Stollen sind zum Grundstück zu rechnen. Der gemeine Wert ist in Anlehnung an die Gestehungskosten*) zu schätzen", und rechnet im Text nur „alle Wasserbauten, die nicht ganz oder in der Hauptsache aus Aufschüttungen von Erde oder Vertiefungen im Erdboden bestehen", zu den Betriebsvorrichtungen.

b) Stollen — vgl. 13b auf S. 34 — liegen aber zumeist unter fremdem Grund und werden abgesehen von technischen Gründen oft auch zwecks Vermeidung der Inanspruchnahme fremden Grundes errichtet; sie können dann nicht zu dem über Tag liegenden (fremden) Grundstück gehören. Daher war bei den Wassernutzungsanlagen für die Hinzurechnung der Stollen zum Grundstück die Einschränkung „Stollen, soweit das über Tag liegende Grundstück dem Wassernutzer selbst gehört" notwendig; Stollen unter fremdem Grund sind als Betriebsvorrichtungen zu bewerten**).

---

*) Vgl. dazu 137 auf S. 95 und Beispiel I A auf S. 130.

**) Solche Stollen als Bau auf fremdem Grund zu betrachten erschien zu weit abwegig.

c) Im Anhalt an den MinErl. S. 3231 A—620 III vom 14. Dezember 1935 wird nachstehend beispielsweise die dort angeführten Bestandteile, soweit sie bei Wassernutzungsanlagen vorkommen, hinsichtlich ihrer Zurechnung zum Betriebs- bzw. Grundvermögen auseinanderzuscheiden versucht.

Betriebsvorrichtungen:	Grundvermögen:
	alle Grundstücke einschließlich der überfluteten Grundstücke von Stauanlagen, Talsperren, Stau- und Ausgleichsweihern, Klär-, Absitz- und Kühlteichen.
Stollen unter fremdem Grund.	Stollen unter eigenem Grund.
Wasserschlösser einschließlich des Apparatenraumes für die Drosselanlagen usw. (sinngemäß auch Schieberhäuser, sog. Apparatenhäuser oder -kammern).	
Offene Kanäle und Gräben, wenn mindestens eine Seitenwand und die Sohle, oder beide Seitenwände massiv aus Beton oder Mauerwerk hergestellt sind (nicht nur Verkleidung)*).	Offene Kanäle und Gräben in Erdeinschnitten oder mit Erddämmen, auch wenn z. B. mit einer Betonschale ausgekleidet*) oder gepflastert.
Umfassungsmauern von Speicherbecken, Stau- oder Ausgleichsweihern, Klär-, Absitz- oder Kühlteichen massiv aus Mauerwerk oder Beton*).	Umfassungsdämme wie neben, auch wenn z. B. mit einer Betonschale ausgekleidet*) oder gepflastert.
Rohrleitungen aller Art einschließlich ihrer Auflager.	
Stauanlagen (Wehre, Staumauern, Talsperren) aus Beton oder Mauerwerk, ohne oder mit Schützen (Schleusen).	Staudämme aus Erde, Kies, Steinen, auch wenn mit einer dichtenden Betonschale, mit einer dichtenden (dünnen) Mauer im Inneren oder mit Pflasterung versehen.
Bauwerke aus Beton oder Mauerwerk in Kanal- oder Staudämmen, z. B. Entlastungsbauwerke, Überfälle, Schützenanlagen, Entnahmebauwerke.	
Rechen.	
Fischleitern (Fischpässe).	
Floßgassen, Floßschleusen, Kahnschleusen, Schiffschleusen } als Zubehör zu Stau- oder Kraftanlagen**).	
Brücken, die über die für den Betrieb notwendigen Kanäle und Rohrleitungen führen und ausschließlich dem Verkehr des Betriebspersonals dienen.	Brücken, die dem öffentlichen Verkehr dienen, soweit sie nicht konstruktiv mit Betriebsvorrichtungen zu einem Ganzen zusammengebaut sind (z. B. Wehranlage mit einer auf die Wehrpfeiler aufgelegten Straßenbrückenfahrbahn), sondern selbständige Bauwerke darstellen.
Wehrbrücken und -Stege, welche Konstruktionsteile von Wehren und dgl. Betriebsvorrichtungen sind, auch wenn sie öffentlichem Verkehr freigegeben sind.	

---

*) Wenn auch mit Erdhinterfüllung. — „Massiv" ist im Gegensatz zur „Auskleidung" eine Stärke von mehr als etwa 30—40 cm. — „Massiv" bedeutet einen Konstruktionsbestandteil aus Standfestigkeitsgründen (statischen Gründen), „Auskleidung" hat nur den Zweck der Wasserdichtheit eines an sich standfesten (Erd-) Bauwerkes.

**) Insoweit also nicht Floß- oder Schiffsschleusen als Teile eines besonderen Wirtschaftszweckes (z. B. Schiffahrtsstraßen) überhaupt zu einer anderen Wirtschaftseinheit und nicht auf Grund besonderer Auflagen zur Wassernutzung des Pflichtigen gehören, vgl. 119 auf S. 84.

Betriebsvorrichtungen:	Grundvermögen:
Tiefbauliche Bestandteile aus Beton, Mauerwerk oder Eisen jeder Art.	
Kraftwerksbaubestandteile bis zur Höhe des Fußbodens des Maschinenhauses.	Kraftwerkshochbau, d. i. die Umschließung des Maschinenraumes über Fußbodenhöhe, insoweit nicht konstruktive Bestandteile der Betriebsvorrichtungen wie neben.
Desgl. auch über dem Fußboden des Maschinenhauses, wenn solche konstruktive Bestandteile von Betriebsvorrichtungen sind (z. B. Pfeiler für Krane, Auflager für Turbinenspurlager oder gegebenenfalls im Falle der Richtl. II A 3 b, c und 27, 28 auf S. 45 für elektrische Generatoren), Stützmauern gegen das Wasser oder die Erde, vgl. 25 auf S. 43.	
Wasserturbinenhäuschen ohne ständige Wartung*).	
Pumpenhäuschen oder Pumpstationen ohne ständige Wartung*).	Pumpenhäuschen oder Pumpstationen mit ständiger Wartung**).
	Pumpenhäuser „wenn sie Maschinenhallen gleichen"**).
	Wehr- und Schützenhäuser, d. h. die Umschließung der Maschinenanlage zur Bedienung der Schützen (sinngemäß auch Rechenhäuser).
Kanäle, unterirdische, z. B. für Abwässer, Kanalisations- und Wasserrohre.	
Zisternen, Sammelbrunnen oder sonstige Wassergewinnungsanlagen, z. B. Brunnen- und Quellstuben.	
Wasserentnahmeanlagen für Grundwasser, wie Brunnen- und Pumpschächte, Saugkammern.	
Bauwerke für Wasserreinigungsanlagen, Enthärtungs-, Filtrations- und ähnliche Anlagen, wie Enteisenungsanlagen***).	
Wassertürme.	
Umschließungen der Kläranlagen.	

*) Die „z. B. automatisch arbeiten oder ferngesteuert werden."

**) „Wenn die Pumpanlagen durch ein ständig anwesendes Gefolgschaftsmitglied überwacht werden."

***) „Enteisungsanlagen" im MinErl. S. 3 ist offenbar ein Fehler, da nicht Beseitigung von Eis, sondern von Eisengehalt des Wassers bezweckt wird.

Für die Hinzurechnung der Gebäude zu den Betriebsvorrichtungen oder zum Grundstück stellt der MinErl. vom 14. Dezember 1935 als entscheidend hin, ob die Anlage „automatisch arbeitet" und das Gebäude (die „Umschließung" der Anlage) „sich deshalb erfahrungsgemäß auf das für die Wasserförderung (bzw. „das für die Krafterzeugung, die Reinigung und Ausbesserung der Kraftmaschine") notwendige Mindestmaß beschränkt" (Betriebsvorrichtung), oder ob die Einrichtungen „durch ein ständig anwesendes Gefolgschaftsmitglied überwacht werden" (Grundstücksbestandteil). Ferner werden Pumpen- bzw. Turbinen-„Häuschen" als Betriebsvorrichtungen und -„Häuser" bzw. „Maschinenhallen" unterschieden. Bei den hier vorkommenden Anlagen wird der Umstand der Bedienungslosigkeit

(Betriebsvorrichtungen) oder der ständigen Bedienung (Grundstücksbestandteil) ausschlaggebend sein, denn größer als „auf das für die Krafterzeugung (bzw. Wasserförderung), die Reinigung und Ausbesserung notwendige Mindestmaß" beschränkt ist im allg. kein Maschinenhaus.

Die Maschinen- und Pumpenhäuser, Wehr- und Schützenhäuser besitzen keinen Fußboden üblichen Sinnes, der sog. Flur ist vielmehr die obere Fläche des Wasserbauteiles (Turbinen- bzw. Pumpenkammer, Wehrkonstruktion), der die maschinellen Betriebsvorrichtungsbestandteile (Turbinen- bzw. Pumpenlager und -getriebe, die zugehörigen Regler, Hilfsmaschinen, Schützenaufzüge und deren Antriebsmaschinen) trägt und einen wesentlichen Bestandteil der Maschinenanlage bildet. Somit bleiben als „Gebäude" und „schützender Überbau" nur die Umfassungswände — unter der Einschränkung von 25 auf S. 43 — und das Dach zu bewerten.

Für die Grundstücke ist zur endgültigen Wertfeststellung wegen der Abschreibung folgendes zu beachten:

Boden	kein Abschlag
Kanäle u. dgl.	0,7 v. H. (im Anhalt an III A c)[134]
Anlagengebäude	vgl. MinErl. S 3231 A — 330 III v. 23. II. 1935 und S 3231 A 630 III v. 24. 12. 1935. RStBl. 1935 S. 350 und 1559[135]).

134. Entsprechend einer Lebensdauer von 70—100 Jahren (technisch unbegrenzt) und dem im Verhältnis zu deren hohen Anlagekosten geringen Instandhaltungskosten.

135. Absetzung für technische Abnutzung im allg. 1,25%, bei Holzfachwerk 1,75%; Antrag auf höhere Absetzung ist eingehend zu begründen und von der Bewertungsbehörde zu prüfen. — Restwert als untere Grenze des abgeschriebenen Wertes 30%, solange das Gebäude noch benutzt wird. Ausnahmen: Baufälligkeit, wirtschaftliche Überalterung, Nichtbenutzbarkeit durch Verfall. — Vgl. Richtl. III A c Abs. 2 und 3 und III A d 6 ε.

Die mit der Bewertung des Grundbesitzes befaßten Belegenheitsfinanzämter erhalten von dem für die Feststellung des Einheitswertes des Betriebsvermögens zuständigen Sitzfinanzamt, soweit dies bei größeren Anlagen erforderlich ist, die notwendigen Unterlagen für die Ermittlung der in den einzelnen Gemeinden befindlichen Grundstückteile (Kanäle, Stauanlagen, Speicherweiher, Stollen unter eigenem Grund, Anlagengebäude u. dgl.)[136]) sowie den anteilig zum Grundstück zu schlagenden, nach Abschreibung sich ergebenden Wert der Kanäle usw.[137]). Wenn die Gestehungskosten der Kanäle nicht nachgewiesen werden, können hilfsweise hiefür die in den Einheitssätzen (Anlage 1 I Sp. 2 der Tabelle und Kurven 2 der Kurvenblätter) besonders ausgeworfenen Werte zugrunde gelegt werden[138]). Hiernach haben die Belegenheitsfinanzämter die Einheitsbewertung der Grundstücke durchzuführen[139]) und für die Zwecke der Realsteuern (Gemeindebesteuerung) den Einheitswert der Kanäle usw. auf die einzelnen Gemeinden zu zerlegen. Hiefür wird der Einheitswert im Verhältnis der in der beteiligten Gemeinde liegenden metrischen Länge zur gesamten Länge auf die einzelnen Gemeinden verteilt. Die so festgestellten Werte sind vom Belegenheitsfinanzamt dem Sitzfinanzamt mitzuteilen[140]).

136. Für die Feststellung des Einheitswerts von Grundstücken und Betriebsgrundstücken ist nach § 72 Abs. 1 AO. das Finanzamt zuständig, in dessen Bezirk das Grundstück (Betriebsgrundstück) liegt. (Belegenheitsfinanzamt). Erstreckt sich die Anlage (z. B. die Kanäle oder Stollen) auf die Bezirke mehrerer Finanzämter, so ist das Finanzamt zuständig, in dessen Bezirk der wertvollste Teil belegen ist. Daraus ergibt sich, daß ein zu einer Wasserkraftanlage gehöriger Kanal usw., der sich über mehrere Gemeinden oder auch über mehrere Finanzamtsbezirke erstreckt, in der Regel von dem Finanzamt zu bewerten ist, in dessen Bezirk die Wasserkraftanlage liegt, zu der der Kanal usw. führt.

Nach § 2 RBewG. ist jede wirtschaftliche Einheit für sich zu bewerten. Betriebsgrundstücke sind keine wirtschaftl. Einheit, sondern Teile einer wirtschaftl. Einheit des gewerbl. Betriebes (Untereinheiten); sie werden aber bei der Einheitsbewertung wie eine wirtschaftl. Einheit des Grundvermögens behandelt (§ 214 Ziff. 2 AO.). Die räumliche Erstreckung von Kanälen und die Art der Bewertung der bebauten Grundstücke (Betriebsgebäude) wird die Zusammenfassung der Gebäude und der Kanäle usw. zu einer wirtschaftlichen Einheit ausschließen. Es werden daher für die Gebäude nach den hiefür geltenden Bewertungsvorschriften besondere Einheitswerte festzustellen sein. Gleiches gilt für Kanäle usw. (unbebaute Grundstücke).

Wo das SitzFA. nicht zugleich BelegenheitsFA. für die zu bewertende Anlage ist oder mehrere BelegenheitsFA. in Frage kommen, müssen letztere zur Feststellung der betr. Grundstücke und Gebäude vom ersteren die Plannummern der Steuergemeinden oder die zu deren Feststellung dienlichen Lagepläne erhalten.

Das SitzFA. verlangt gelegentlich der Erhebung der Unterlagen für die Bewertung der Anlage nach Richtl. II A b 2 zu den Gestehungskosten zweckmäßig eine Aufstellung der Plannummern nach Steuergemeinden und BelegenheitsFA. geordnet und veranlaßt die Nachprüfung auf Vollständigkeit durch die BelegenheitsFA. — Diese Grundstücke und Gebäude werden auch im weiteren Gang der Bewertung in einer Untereinheit „Grundstücksbestandteile zur Wassernutzungsanlage ...“ herausgestellt (unter Vermeidung einer doppelten Erfassung!).

137. Aus der nach Richtl. II A b 2 vom Pflichtigen beizustellenden Aufstellung der Anlagekosten werden im Anhalt an die Vorschriften über die zum Grundvermögen gehörigen Bestandteile (vgl. 133 c auf S. 92) diese Bestandteile und ihre Kosten nach Steuergemeinden und Belegenheits-FA. zusammengestellt, getrennt nach

a) Kanäle, Stollen unter eigenem Grund, Speicheranlagen, Dämme usw.;

b) Gebäude (Hochbauteile);

c) Grunderwerbskosten;

die Summe aller dieser Bestandteile ergibt den in der Wertberechnung Anlage 3 unter A b 2 bzw. B b von den nachgewiesenen Kosten der Anlage abzuziehenden Betrag. Die Aufstellungen zu a und b, unter Umrechnung auf den Bewertungsstichtag mit dem Baukosteninder der Anlage 1 II und mit Anbringung der sich nach 134 und 135 ergebenden Abschreibungen und der Abzüge für Wertminderungen nach folgendem Abs. 5, erhalten die Belegenheits-FA.

138. Bei den nach Richtl. II A b 1 zu Einheitssätzen (welche die Kosten für Grundstücke und Kanäle usw. nicht enthalten) bewerteten Anlagen hat der Pflichtige nur die Plannummern der mit diesen Bestandteilen bedeckten Grundstücke wie bei 136 anzugeben. Für die Kosten der Kanäle (gelten hilfsweise auch für Stollen unter eigenem Grund) sind in den Einheitssätzen Anlage 1 I, Tabellen Spalte 2 und Kurven 2, Mittelwerte der Anlagekosten je PS Ausbauleistung angegeben. An den sich so ergebenden Gesamtkosten der Kanäle usw. werden dann die Abschreibung (0,7%) und gegebenenfalls die Abzüge für Wertminderungen wie vor angebracht und der sich ergebende Wert auf die einzelnen Belegenheits-FA. im Verhältnis der Längen der in ihrem Bezirke liegenden Teilstrecken verteilt.

Wenn bei Anlagen, welche im übrigen zu den Einheitssätzen bewertet werden, die Kosten für die Grundstücksbestandteile (Kanäle usw.) nachweisbar sind, so sind deren nachgewiesene Kosten zugrunde zu legen. Dies verstößt nicht gegen 69 b auf S. 67.

139. a) Die Belegenheits-FA. haben dann den Wert der Grundstücke, den sich nach 137 oder 138 ergebenden Wert der darauf befindlichen Kanäle, Stollen unter eigenem Grund und dgl. und den Wert der darauf stehenden Gebäude zur Summe des Teilwertes der in ihren Bezirken liegenden Grundstücksbestandteile der Wassernutzungsanlage zusammenzuziehen.

b) Falls der zu Veranlagende Wertminderungen geltend macht, die einer Prüfung nach Richtl. III A d Schlußsatz und 130 auf S. 90 bedürfen, wird das Sitz-FA. von dem Belegenheits-FA. die zunächst zum Grundvermögen festgestellten Werte einfordern, um sie dem Sachverständigen zum Prüfungsverfahren nach 130 als Grundlagen geben zu können.

140. Die Verteilung auf die einzelnen Gemeinden nach der anteiligen Länge ist der Regelfall; falls auf einzelne Gemeinden besonders teuere oder besonders billige zu den Grundstücken zu rechnende Anlagenteile fallen (z. B. Kanalstrecke in besonders tiefem Einschnitt oder umgekehrt eine natürliche Bodenmulde als Stauweiher), werden entsprechende Berichtigungen vorgenommen werden können. —

Erforderlichenfalls sind auch bei Grundstücken die Besonderheiten nach III A d 2—4 und 6 β—ι (nach sachverständiger Prüfung!) anteilsmäßig zu berücksichtigen[141]. Das gleiche gilt, falls durch Entscheidung des Hauptortes noch weitere wertmindernde Umstände anerkannt werden[132]).

141. Anteilsmäßig heißt in dem gleichen Verhältnis, in welchem in der Wertberechnung Anlage 3 die Besonderheiten (Summe aller Wertminderungen) unter A 2 d bzw. B 2 d zum Ausgangswert stehen. Vgl. das Beispiel I, A S. 130.

IV.

Bewertungsgang.

(Bewertungsbeispiele s. S. 124).

1. Zur Einleitung der Bewertung erhält der Pflichtige einen Vordruck „Beschreibung der Wassernutzungsanlagen" (Anlage 2); auf diesem sind auch die notwendigen Anleitungen zur Ausfüllung enthalten. Bei mehreren räumlich getrennten Nutzungsanlagen ist für jede Anlage ein besonderer Beschreibungsvordruck auszufüllen. Etwa erforderliche Unterlagen zur Ermittlung des Kreises der Wassernutzungsberechtigten[142]) sind aus den Wasserbüchern der Bezirksverwaltungsbehörden zu entnehmen.

Wegen der in der „Beschreibung" verlangten technischen oder wasserrechtlichen Erklärungen, z. B. über Gefälle, Ausbauwassermenge, mittlere Wassermenge, Ausbauleistung, mittlere Leistung[13]) sowie über die Art der Benutzungserlaubnis[36]) können die zuständigen Wasserbaubehörden oder Bezirksverwaltungsbehörden Aufschluß geben. Auch kann, soweit vorhanden, in Wasserbücher oder Wasserkataster Einsicht genommen werden.

2. Nach Eingang der Erklärungen ist insbesondere zu prüfen[67]), ob die Zahlenangaben bei Wasserkraftanlagen nicht offensichtliche Fehler aufweisen. Einen Anhalt zur Prüfung bietet folgende Berechnung:

Leistung bei Wasserturbinen im Durchschnitt:

Gefälle (m) × Wassermenge (m^3/sec) × 10,6 = Leistung (PS)

Leistung bei Wasserrädern im Durchschnitt:

Gefälle (m) × Wassermenge (m^3/sec) × 8,0 = Leistung (PS).

(Erklärung s. 13a S. 31).

142. Einschränkung s. Richtl. Einleitung Abs. 3 und 11 auf S. 30.

3. Ist die in der Beschreibung II 3 angegebene Gesamtleistung aller Wasserkraftmaschinen kleiner oder um mehr als 10 v. H. größer, als sich aus der Ausbauwassermenge nach obigen Formeln errechnet, so war offenbar im Fragebogen eine Größe unrichtig angegeben, oder es liegt — wenn die angegebene Gesamtleistung der Wasserkraftmaschinen erheblich größer ist als die errechnete Leistung — der Fall von III A b 1 Abs. 2 (Betriebsreserve)[66]) vor. Zur Klärung über vermutete Unstimmigkeiten, Vorhandensein einer Betriebsreserve oder unvollständige Angaben der rechtlichen Verhältnisse sind zweckmäßig die zuständigen Wasserbau- oder Verwaltungsbehörden einzuschalten.

Berechnungsbeispiele:

Fragebogenangabe unter Frage II 3: Ausgenütztes Gefälle an den Wasserkraftmaschinen	4,5 m	
Größte zu verarbeitende Wassermenge	12 m³/sec	
Gesamtleistung aller Wasserkraftmaschinen	600 PS	
Kontrollrechnung: $4{,}5 \times 12{,}0 \times 10{,}6 = 573$ PS;	Angaben in Ordnung.	
Fragebogenangabe unter Frage II 3: Ausgenütztes Gefälle an den Wasserkraftmaschinen	4,5 m	
Größte zu verarbeitende Wassermenge	2 m³/sec	
Gesamtleistung aller Wasserkraftmaschinen	65 PS	
Kontrollrechnung: $4{,}5 \times 2{,}0 \times 10{,}6 = 95$ PS;	Leistungsangabe um 31,5 v. H. zu niedrig, also offensichtlich Fehlangabe.	
Fragebogenangabe unter Frage II 3: Ausgenütztes Gefälle an den Wasserkraftmaschinen	4,5 m	
Größte zu verarbeitende Wassermenge	12 m³/sec	
Gesamtleistung aller Wasserkraftmaschinen	750 PS	

Kontrollrechnung:

4,5 × 12,0 × 10,6 = 573 PS; Leistungsangabe um 30 v. H. zu groß; also entweder Fehlangabe oder eine Betriebsreserve von 750—573 = 177 PS, was durch Rückfrage bei der zuständigen Wasserbaubehörde zu klären ist. — Bestätigen sich die Angaben von Gefälle und Wassermenge, so liegen 177 PS Betriebsreserve vor. Die Anlage ist hiernach mit 573 PS × dem Einheitssatz (Anlage 1 I) zu bewerten; für die zusätzliche Bewertung der Betriebsreserve gilt III A b I Abs. 2[66]) (Bewertung nach den Einheitssätzen Anl. 1 I unter H oder auf Verlangen nach den allgemein geltenden Bestimmungen)[68]).

4. Zur Bewertung der Wasserkraftanlagen nach den Einheitssätzen ist die Ausbauleistung der Anlage[63],[64]) (vgl. III A b 1 Abs. 2 und voriger Abs.) mit dem aus Anlage 1 I für diese Ausbauleistung entnommenen Einheitssatz der Baukosten (S. 101) zu multiplizieren. Die Einheitssätze nach Anlage 1 sind entsprechend der Größe der Anlagen und deren Ausführungsart gestaffelt und ferner in solche mit kurzen oder längeren Rohrleitungen und Stollen aufgeteilt. Für die richtige Einstufung dienen in der „Beschreibung" die Fragen zu II, 4 mit 6. Für zwischenliegende Größenstufen können die Einheitssätze aus den Kurvenblättern in Anlage 1 I abgelesen werden.

5. Wenn bei Bewertung einer Wasserkraftanlage nach den ausgewiesenen Gestehungskosten[70]) diese auf Preisbasis 1934 umgerechneten[72]) Kosten je PS Ausbauleistung um mehr als 30 v. H. unter dem Betrag liegen, der sich für die betreffende Anlage nach den Einheitssätzen ergibt, so ist Nachprüfung und Feststellung nötig[143]),

ob die in der „Beschreibung" II, 10 angegebenen Anlagekosten alle Bestandteile der Anlage[21, 133c]) enthalten,

ob die angegebenen Anlagekosten richtig sind.

Wegen der Bewertung der Grundstücke wird auf III B[133-141]) verwiesen.

143. Aus dem Grunde der Steuergerechtigkeit darf ein gegenüber den Einheitssätzen etwa vorhandener höherer Vermögenswert — wenn nicht besondere Umstände nach Richtl. III A d 2 mit 6 vorliegen — bei der steuerlichen Erfassung nicht untergehen, ebensowenig wie umgekehrt der Vermögenswert zu hoch angesetzt werden darf.

6. Um eine doppelte Erfassung zu vermeiden, ist darauf zu achten, daß Bestandteile, die bei der Bewertung der Wassernutzungsanlage berücksichtigt sind (Betriebsvorrichtungen, Maschinen, Stollen) nicht etwa auf Grund der Bilanzkonten des Unternehmens noch in anderen Wirtschaftseinheiten mit enthalten sind. Eine doppelte Heranziehung der nämlichen Gegenstände ist unter allen Umständen zu vermeiden.

7. Die Beschreibungen werden auch für spätere Jahre Gültigkeit behalten, so daß sich die künftigen Erhebungen in wesentlich vereinfachter Weise werden vornehmen lassen und nur die Änderungen zu erfassen brauchen, die zwischenzeitlich im Bestand der Nutzungen eingetreten sind[144]).

144. Da es sich um die erstmalige einheitliche Bewertung der Wassernutzungen handelt, muß erstmalig ein steuerliches Kataster der bisher vielfach (insbesondere bei den sonstigen Wassernutzungen) noch nicht sichtbar herausgestellten Wassernutzungen aufgestellt werden sowohl hinsichtlich des Kreises der Pflichtigen wie hinsichtlich der Art und des Umfanges der Vermögenswerte. — Für die weiteren Bewertungen wird daher ein wesentlich vereinfachter Beschreibungsvordruck anzuwenden sein, welcher nur etwaige Veränderungen der Anlagen, der rechtlichen Grundlagen und der besonderen Umstände anzuzeigen hat. Die ausführliche Beschreibung nach Anlage 2 wird dann außer für neue Nutzungen nur mehr für erhebliche Veränderungen bestehender Nutzungen anzuwenden sein. — Für die unverändert weiterlaufenden Nutzungen bedarf es in Zukunft nur der etwaigen Änderung des Ausgangswertes in A b 2 bzw. B b 2 der Wertberechnung Anlage 3 entsprechend dem Gesamtkostenindex des Stichtages und der jeweiligen Neuberechnung des Abzuges für Abnützung in A c bzw. B c der Wertberechnung, sowie bei zeitlich begrenzten Nutzungen nach Richtl. III A d 3 der Neuberechnung der Wertminderung im Verhältnis der verstrichenen Bestandszeit zur Erlaubnisdauer.

8. Im Anhalt an die „Wertberechnung" (Anl. 3) läßt sich der Bewertungsgang folgendermaßen darstellen:

Darstellung des Bewertungsgangs einer Wasserkraftnutzung.

(Siehe S. 17).

I. **Anlage 1.**

Einheits-Sätze für die Bewertung von Wasserkraft-Anlagen*)

(vgl. Richtlinien II A und III A b 1).

Vorbemerkung.

Werden die Wasserkraftanlagen nach Einheitssätzen bewertet, so schließen die Einheitssätze alle in Abschn. II A der Richtlinien aufgeführten Bestandteile ausschließlich der bebauten und unbebauten Grundstücke (III B) und ausschließlich des Rechnungspostens für das Wassernutzungsrecht in sich.

Für Großanlagen wird häufig der Nachweis der tatsächlichen Anlagekosten durch den Wassernutzer treten und hiernach Bewertung nach Gestehungskosten erfolgen müssen.

Die Wertansätze für die ausgebaute PS Leistung sind **mittlere Erfahrungswerte.**

Sie enthalten nicht: Besondere nicht allgemein übliche Anlagenteile, wie z. B. Speicher-Weiher größeren Ausmaßes, Talsperren-Anlagen, Hochspeicherbecken bei Pumpenspeicheranlagen.

Bei Anlagen, welche **nur Kanäle** besitzen, oder bei welchen die Länge der Kanäle (Frage II 6a) größer ist als die Gesamtlänge von Druckrohrleitungen und Stollen (Frage II 6b, c), sind die Ausbaukosten aus **Spalte 1** zu entnehmen; sie enthalten **nicht** den Grundstückswert und die zum Grundvermögen zu rechnenden anteiligen Gestehungskosten der Kanäle (Richtl. III B). — Wenn die Gestehungskosten der Kanäle nicht besonders nachgewiesen werden, sind sie aus **Spalte 2** zu entnehmen und dem Grundstückswert zuzurechnen (vgl. Richtl. III B).

Bei Anlagen mit überwiegenden **Druckrohrleitungen und Stollen** sind die Ausbaukosten aus **Spalte 3** zu entnehmen; sie enthalten ebenfalls nicht den Grundstückswert.

In den **Kurvenblättern** sind die Einheitssätze der Spalten 1, 2 und 3 graphisch aufgetragen und können hieraus für jede Leistung abgelesen werden (vgl. die Beispiele).

Wertansätze

ausschl. Grund und Boden und ausschl. Kanälen.

Größen-Stufe	Art der Anlagen	Anlagekosten je PS Ausbauleistung *RM*		
		1 ausschl. der Kanäle	2 Gestehungskosten der Kanäle	3 einschl. etw. Druckrohre und Stollen
A	**Kleinste Anlagen einfacher Art** mit einfachen Stauanlagen			
1	bei 10 PS	250	75	—
2	bei 25 PS	300	75	400—500
3	bei 100 PS	400	150	500—650

*) Erläuterungen S. 109.

Größen-Stufe	Art der Anlage	Anlagekosten je PS Ausbauleistung RM 1 ausschl. der Kanäle	2 Gestehungskosten der Kanäle	3 einschl. etw. Druckrohre und Stollen
B	**Kleine Anlagen mit vollkommenen Stauanlagen** und Turbinen			
1	mit 150 PS	450	200	525—675
2	mit 200 PS	450	225	550—650
3	mit 300 PS	425	200	525—600
C	**Mittlere Anlagen**			
1	mit 500 PS	400	175	500—575
2	mit 1000 PS	375	150	450—525
3	mit 2000 PS	350	125	400—475
4	mit 3000 PS	325	125	375—425
D	**Große Anlagen**			
1	mit 5000 PS . . .	300	125	375—450
2	mit 15000 PS . . .	275	110	325—380
3	mit 25000 PS . . .	250	100	300—350
E	**Größte Anlagen**			
1	mit 30000 PS . . .	240		
2	mit 50000 PS . . .	200	hiefür Kanäle, Druckrohrleitungen, Stollen zu Gestehungskosten	
3	mit 70000 PS . . . und darüber	180		

F **Bei Anlagen ohne betriebseigene Wehre** (Stauanlagen) **und Kanäle** (nur Wasserrad- bezw. Turbinenanlage in vorhandenen betriebsfremden Kanälen, Stadtbächen, Fluß-Armen u. dgl.) sind **75 v. H.** der nach Tabelle und Kurvenblättern geltenden Wertansätze (Tabelle Spalte 1 bezw. Kurven 1) anzusetzen.

G **Elektrische Anlagen** (Richtl. II A 3, b und c und III A b 1) sind mit einem Zuschlag von 10 v. H. bei Größenstufe A und B, abnehmend auf 5 v. H. bei der Größenstufe D und E, zu bewerten*).

H Eine **Betriebsreserve** nach Richtl. III A b 1 Abs. 2 und IV 3**) kann, falls nicht vom Pflichtigen der Nachweis ihrer anteiligen Gestehungskosten erbracht wird***) — insbesondere wenn also die Gesamtanlage nach den Einheitssätzen bewertet wird — zusätzlich zu dem nach Richtl. IV 4 errechneten Wert der Anlage bewertet werden

bei Größenstufe A und B mit 75.— RM/PS
C mit 50.— RM/PS
D mit 25.— RM/PS

*) S. Bewertungsbeispiel auf S. 141.

**) S. 66 auf S. 66.

***) S. 68 auf S. 66.

Bemerkungen zu den Einheitssätzen.

Bei den Wertansätzen für Anlagen mit Druckrohrleitungen und Stollen (Spalte 3 der Tabelle) gelten die unteren Rahmensätze je nach der Größe der Anlagen für Gesamtlänge der Stollen und Druckrohrleitungen:

bei Größenstufe A und B bis zu 400 m
C „ „ 750 m
D „ „ 1500 m

Für je 100 m Mehrlänge von Druckrohrleitungen und Stollen sind 2,5 v. H. den unteren Rahmensätzen zuzuschlagen bis zum Höchstbetrag des oberen Rahmensatzes.

Kurvenblätter.

Die 3 Kurvenblätter zeigen die Baukosten je PS Ausbauleistung für Wasserkraftanlagen bis zu 300 PS (S. 104), bis zu 3000 PS (S. 105) und bis zu 75000 PS (S. 106). Sie dienen dazu, die auf Seite 101 und 102 nicht enthaltenen Zwischenwerte genau abzulesen. — Man sucht unter „PS Ausbauleistung“ die in der „Beschreibung“ Frage II, 3 angegebene „Gesamtleistung aller Wasserkraftmaschinen“ auf, entscheidet gemäß Frage II, 6, ob Kanäle oder „kürzere oder längere Rohrleitungen und Stollen“ vorliegen, und sucht den Schnittpunkt der zugehörigen Kurve mit derjenigen Linie, welche die Ausbauleistung angibt. Hieraus findet man unter „Anlagekosten“ den in der „Wertberechnung“ unter A a 1 einzusetzenden Einheits-Satz, der mit der Anzahl der PS zu multiplizieren ist.

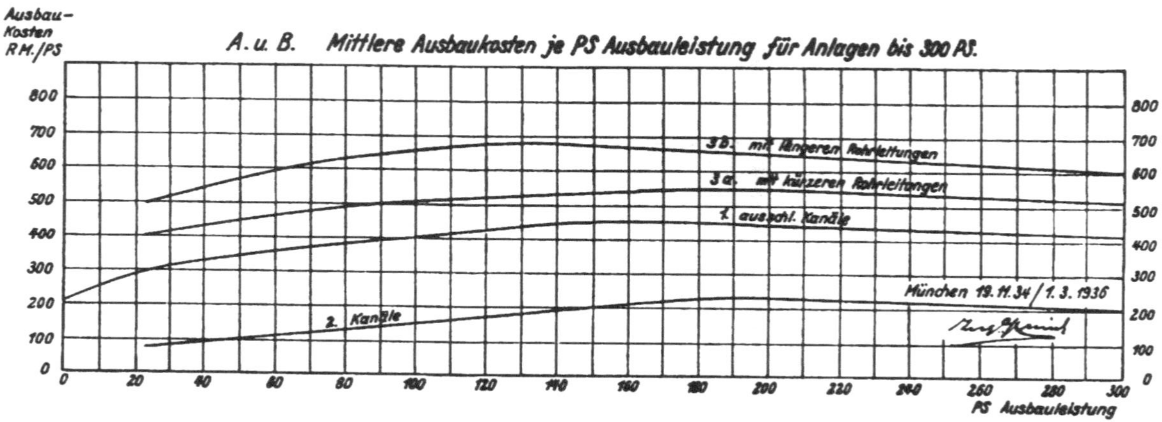

Beispiel 1a.

Gesamtleistung aller Wasserkraftmaschinen . . . . 160 PS;
lt. Fragebogen II 6 nur Kanäle, also Anlage nach Gruppe B Spalte 1 (vergl. Vorbemerkungen);
man sucht im Kurvenblatt die Linie für 160 PS Ausbauleistung, welche die Kurve 1 bei 450 RM/PS schneidet.
Anzusetzender Wert also: 160 PS × 450 RM/PS = 72 000 RM.

Beispiel 1b.

wie vor, jedoch lt. Fragebogen II 4 und 6 ohne eigene Stauanlage und ohne Kanäle.
Anzusetzender Wert also nach F, Seite 102: 75 v. H. von 72000 RM = 54000 RM.

C. Mittlere Ausbaukosten je PS Ausbauleistung für Anlagen bis 3000 PS.

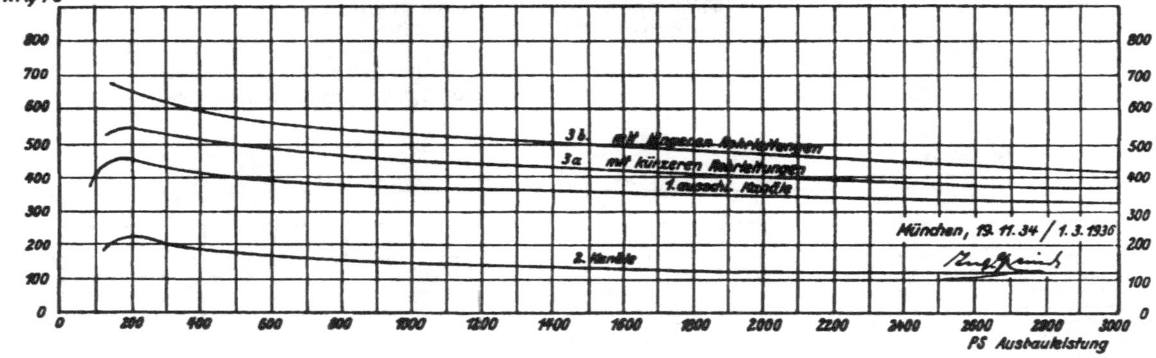

Beispiel 2.

Gesamtleistung aller Wasserkraftmaschinen . . . . 1700 PS
Länge von Stollen und Rohrleitungen . . . . 930 m
„ der Kanäle . . . . 200 m;

also Anlage nach Gruppe C Spalte 3 (vgl. Vorbemerkung);

man sucht im Kurvenblatt die Linie für 1700 PS Ausbauleistung, welche die Kurve 3a (mit kürzeren Rohrleitungen) bei 415 RM/PS schneidet. Dieser Wert gilt lt. Bemerkung S. 103 für 750 m Gesamtlänge; Mehrlänge 180 m oder aufgerundet 200 m.

Anzusetzender Wert also: 1700 PS × 415 RM/PS zuzügl. 2 × 2,5 v. H. für Mehrlänge der Rohrleitungen und Stollen = 708 900 + 5 v. H. von 708 900 = 744 345 RM.

D. u. E. Mittlere Ausbaukosten je PS Ausbauleistung für große Anlagen.

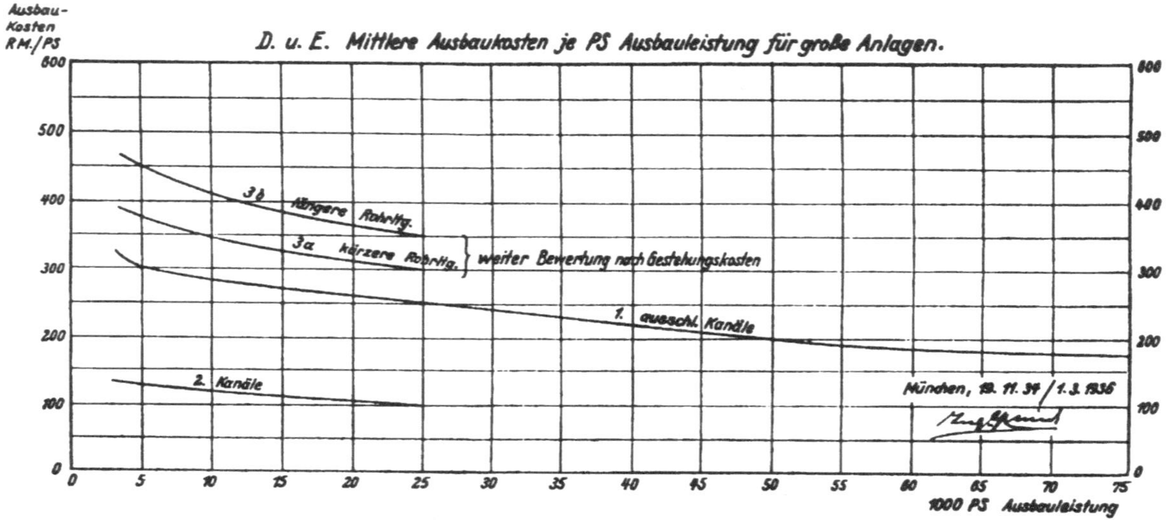

Beispiel 8.

Gesamtleistung aller Wasserkraftmaschinen . . . . 20000 PS;
Länge der Kanäle zusammen . . . . 2500 m
Länge der Rohrleitung . . . . 150 m

also Anlage nach Gruppe D Spalte 1 (überwiegend Kanal, vgl. Vorbemerkung);
man sucht im Kurvenblatt die Linie für 20 000 PS Ausbauleistung, welche die Kurve 1 bei 260 RM/PS schneibet.

Anzusetzender Wert also: 20 000 PS × 260 RM/PS = 5 200000 RM.

Würde der Nachweis der Kosten der Kanäle nicht erbracht werden, so wären hierfür lt. Vorbemerkung nach Kurve 2 zum Grundstück zu rechnen: 20 000 PS × 105.— RM/PS = 2 100 000 RM abzüglich der Abschreibung nach Richtlinien III B.

II.

Inderzahlen für Wasserkraftanlagen und sonstige Wassernutzungsanlagen

(vgl. Richtlinien II A, B und III A b 2).

Baukosten-Inderzahlen 1913/35*)

1913/14	=	100,00
1924	=	138,9
25	=	170,9
26	=	165,8
27	=	167,9
28	=	175,3
29	=	178,1
30	=	170,9
31	=	155,9
32	=	132,1
33	=	125,9
34	=	131,5
35	=	132,6 (Jan./Febr.)

Maschinenkosten-Inderzahlen 1913/35)**

1913/14	=	100,0
1924	=	145
25	=	150
26	=	155
27	=	154
28	=	157
29	=	167
30	=	173
31	=	170
32	=	155
33	=	143,5
34	=	140
35	=	141,5 (Anfang des Jahr.)

Davon ausgehend, daß sich die Gesamtkosten einer Wasserkraftanlage im Durchschnitt etwa zusammensetzen im Verhältnis:

15 v. H. für Grunderwerb
65 v. H. für Bauteile (Erdarbeiten, Tiefbau),
20 v. H. für die Maschinen und Schützen usw.,

ergeben sich aus den vorstehenden Inderzahlen für Baukosten und Maschinenkosten, abgestellt auf den gleichbleibenden Inder 100 für den Grundwert die folgenden

Gesamtkosten-Inderzahlen 1913/35:

1913/14	=	100,00
1924	=	134,3
25	=	156
26	=	153,8
27	=	154,8
28	=	159,4
29	=	164,1
30	=	160,6
31	=	150
32	=	132
33	=	125,5
34	=	128,5

Für ältere Anlagen ist die Inderzahl 100 v. H. beizubehalten, da früher die niedrigeren Baukosten durch größeren Aufwand an Handarbeit und durch höhere Maschinenkosten z. T. ausgeglichen wurden und weil jenen älteren Anlagen infolge des zwischenzeitlichen technischen Fortschrittes eine gewisse wertmindernde technische Unvollkommenheit innewohnt, welche — besondere weitergehende Überalterungsfolgen nach Richtlinien III A d, 6 e ausgenommen — den Sach- und Wirtschaftswert verringert.

*) Nach einer Aufstellung des Bayer. Baugewerbeverbandes München. **) Nach Unterlagen der Turbinenfirma Escher Wyß Maschinenfabrik G. m. b. H., Ravensburg/Württbg.

III.

Raum für Ergänzungen und Notizen

(z. B. aus Ministerialerlassen, Entscheidungen des Reichsfinanzhofs, Landesfinanzamtsverfügungen)

Ergänzung der Indexzahlen.*)

für	Bau	Maschinen	Gesamtkosten
1935	131,8	144,0	129,5
36			
37			
38			
39			
40			

*) In den amtlichen Richtlinien nicht enthalten.

Erläuterungen zu den Einheitssätzen.

Die Einheitssätze sind aus einer großen Zahl ausgeführter Anlagen üblicher Bauart ohne besondere, nicht regelmäßige Bestandteile, zunächst nach den Gesamtkosten (also einschl. Grunderwerb, Kanälen, Rohrleitungen usw. und einschl. allen Hilfs- und Nebenanlagen, Planungs- und Bauleistungskosten, Entschädigungen) in der Weise ermittelt, daß die Gesamtkosten je PS Ausbauleistung in Kurven aufgetragen wurden und eine etwas unter dem Mittel liegende ausgeglichene Kostenkurve gebildet wurde. Hiervon wurden die in gleicher Weise gefundenen mittleren Kosten von Kanälen und ein entsprechender Verhältniswert für den Anteil der Grundstückskosten an den Gesamtkosten (vgl. S. 91) in Abzug gebracht, woraus sich zunächst die durchschnittlichen Anlagekosten ausschl. Kanälen usw., Grundstücken und Hochbauteilen der Kurven Nr. 1 in den Kurvenblättern S. 104—106 ergeben, welche in der Tabelle Spalte 1 für einzelne Größenstufen eingetragen sind. In der Tabelle sind die Anlagen nach ihrer Größe (Ausbauleistung) in Größengruppen A bis E eingeteilt.

Die Gestehungskosten der Kanäle (ohne die zugehörigen Grundstücke) sind zum Gebrauch im Falle der Richtl. III B Abs. 3 (Abschreibung, vgl. 134 auf S. 94) und Abs. 4 (vgl. 138 auf S. 96) aus den Kurven bzw. Tabellenspalte 2 zu entnehmen. Bei dem verhältnismäßig weiten Spielraum hinsichtlich der Länge, Größenbemessung und Ausführung der Kanäle sind die Kurven bzw. Tabellenwerte Näherungswerte für derzeitige Herstellungskosten; bei den häufigen Fällen oft Jahrhunderte alter kleinerer Anlagen können die Werkgräben (Kanäle) bei der Erfassung des Vermögenswertes nicht als Gegebenheit betrachtet werden, sondern können gerechter Weise mit dem Wert, den sie bei Errichtung vor etwa 40 Jahren heute hätten (d. h. mit dem Endwert von 40%) angesetzt werden, wie er sich bei der Bewertung nach den Werten der Kurven Nr. 2 abzügl. der Höchstabschreibung nach Richtl. III A c Abs. 2 und 80 auf S. 70 ergibt.

Bei den Anlagen mit Rohrleitungen und mit Stollen unter fremdem Grund gehören nach den geltenden Vorschriften (vgl. 133 c auf S. 92) diese Bestandteile zu den Betriebsvorrichtungen. Für diese Anlagen sind daher in den Kurven und Tabellenspalte Nr. 3 die Anlagekosten der Gesamtanlage (also wie Nr. 1, jedoch noch zuzüglich der Rohrleitungen und Stollen), nur ausschl. Grundstücken und Hochbauten, angegeben.

Für größte Anlagen der Gruppe E, die durchwegs neuesten Ursprunges und nach der Aufstellung auf S. 21 nicht zahlreich sind, lassen sich aus letzterem Grunde und auch wegen der hier vorliegenden erheblichen Verschiedenheiten der Verhältnisse einigermaßen verallgemeinerungsfähige Durchschnittswerte für die Kanäle und Rohrleitungen nicht bilden.

Da in vielen Anlagen Kanäle, Stollen unter eigenem oder fremdem Grund und Druckrohrleitungen gemeinsam vorkommen, war zwecks einfacher Bewertung nach Einheitssätzen die Vereinfachung zu machen, daß in jenen Fällen, wo die Gesamtlänge der Kanäle größer ist als jene der Rohrleitungen und ev. Stollen, die Anlagen als solche mit Kanälen gelten (vgl. Beispiel II auf S. 141) und demnach im Anhalt an Richtl. III B ausschließlich der Kanäle nach Kurven bzw. Tabellenspalte Nr. 1 zu bewerten sind, während die Kosten der Kanäle nach Kurven bzw. Tabellenspalte Nr. 2 gemäß 137 auf S. 95 und Beispiel auf S. 130 dem BelegenheitsFA. anzugeben und zum Grundstück zu rechnen sind. Wo dagegen die Gesamtlänge der Rohrleitungen*) und Stollen größer ist als jene der Kanäle, sind die Anlagen einschließlich dieser Bestandteile (aber immer ohne Grundstücke) nach Kurven und Tabellenspalte 3 zu bewerten. In Anpassung an die bei Anlagen gleicher Leistung häufig aus topographischen Gründen verschiedene Länge der Rohrleitungen und Stollen sind für deren Werte Rahmensätze eingeführt, so daß bis zu einer (in den Bemerkungen auf S. 103 angegebenen) gewissen Mindestgesamtlänge dieser Bestandteile jeweils die niedrigsten Wertansätze (Kurven Nr. 3a) gelten und Mehrlängen je 100 m mit 2,5% dieser Werte hinzuzurechnen sind (vgl. Beispiel S. 105).

Abgesehen von den Besonderheiten nach Richtl. III A d 6 *a* und 112 auf S. 82 gibt es Anlagen, insbes. Kraftanlagen, welche in betriebsfremden (im Eigentum anderer stehenden, vgl. 46 auf S. 59) Kanälen oder Flußarmen liegen, daher auch keine eigenen das Wasser anstauenden Wehre besitzen, also im wesentlichen nur aus dem Kraftwerk mit Leerschuß (Grundablaßschütze, Freifluter, Freiarche) bestehen. Wegen des Wegfalles des Wehres sind solche Anlagen als Gruppe F auf S. 102 mit 75% der für die übliche Ausführung nach Kurven bzw. Tabellenspalte Nr. 1 geltenden Kosten zu bewerten**).

Erläuterungen zu den Indexzahlen.

Die Indexzahlen stellen den Reichsdurchschnitt dar; Ausnahmen von diesen Zahlen s. 74 auf S. 68 bei nachweisbar anderen Preisbildungsverhältnissen.

Im allgemeinen sind Gesamtanlagekosten stets mit dem Gesamtkostenindex umzurechnen (z. B. zu Richtl. III A b 2 und 70 auf S. 67), reine oder vorwiegende Maschinenkosten (gegebenenfalls auch von Rohrleitungen), mit dem Maschinenkostenindex (z. B. Reservemaschinen zu Richtl. III A b 1 Abs. 2 bei Bewertung nach den Gestehungskosten, vgl. 68 auf S. 66), reine oder vorwiegende Baukosten mit dem Baukostenindex (z. B. die Kanäle, Stollen usw. und die Hochbauteile bei Bewertung nach den Gestehungskosten zu den Grundstücken zu Richtl. III B Abs. 4 nach 137 auf S. 95).

Bei älteren Anlagen — also etwa bei Errichtung vor 1900 — wird zur Berücksichtigung der ihnen innewohnenden technischen Unvollkommenheiten der Kostenindex 100 beibehalten, d. h. eine Umrechnung nach Richtl. III A b 2 und 72 auf S. 68 auf die Preisbasis 1934 entfällt, ihr Ausgangswert ist den nachgewiesenen Anlagekosten gleichzusetzen.

Auf S. 108 sind die Kostenindexzahlen für 1935 angegeben (in den ausgegebenen Richtlinien noch nicht enthalten).

---

*) Als Gesamtlänge der Rohrleitungen einer Anlage gilt auch bei Auflösung in mehrere nebeneinander liegende Rohre anstelle eines einzigen Rohres (vgl. 13b auf S. 34) die einfache Länge vom Anfangspunkt (Wasserschloß) bis zum Endpunkt (Kraftwerk), das ist die sog. Länge der Rohrbahn (Rohrtrasse).

**) Die Kosten der Instandhaltung, Räumung usw. solcher fremden Kanäle und Stauanlagen sind aber in dem auf das Triebwerk entfallenden Anteil stets Betriebsauslagen und daher nicht nach Richtl. III A d 5 abzugsfähig, vgl. 108 auf S. 81.

Anlage 2.

Gemeinde .... **Katasteramt** ....

Finanzamt .... **Stadtkreis / Bezirksamt / Landkreis / Amtshauptmannschaft / Oberamtsbezirk** ....

Einheitswertbogen ....

Beschreibung*)

der

Wassernutzungsanlagen

der Firma: ....

Sitz der Firma: ....

Ort der Anlagen: ....

I. Allgemeines.

1. Die **Anlage liegt** im Amtsbereich¹)
des — Land- — Stadtkreises — Bezirksamts
der Amtshauptmannschaft — Oberamtsbezirk: ....
des Reichswasserstraßenamts —
Straßen- und Flußbauamts —
Wasserbauamts —
Straßen- und Wasserbauamts —
Wasser- und Straßenbauamts —
Kulturbauamts ....

2. **Eigentumsverhältnisse des genutzten Gewässers:**
(Reichswasserstraße — Gewässer I., II., III. Ordnung — öffentliches — Privat- Staatsprivat- Gewässer — Eigentumsgewässer):

....

3. a) Ist für die Benutzung des Gewässers eine **Abgabe an Reich, Land, Provinz, Kreis, Gemeinde oder eine Körperschaft des öffentlichen Rechts** zu entrichten (Wasserzins, Wasserbenutzungsgebühr, Anerkennungsgebühr¹):

(ja?)........ (nein?) ....

b) Höhe dieser Abgabe: jährlich *RM*²) ....

oder einmalig am²) .... *RM* ....

¹) Nicht Zutreffendes ist zu streichen.

¹) Die Art und Höhe der Gebühr ist der Verleihungsurkunde, dem Genehmigungsbeschluß u. dgl. zu entnehmen.

*) Bei mehreren örtlich getrennten Wassernutzungsanlagen ist für jede Anlage ein besonderer Bogen einzureichen.

4. Die **Wassernutzung ist letztmals genehmigt** durch Verleihungsbeschluß — Genehmigungsbeschluß — Sicherstellungsurkunde des[1]) ....

vom .... Aktenzeichen: ....

II. Wasserkraftnutzung.

1. Die Wasserkraft wird ausgenützt:
   a) im **eigenen gewerblichen Betrieb**[2]) . . . (ja? nein?) ....
   b) zur **Elektrizitätsversorgung,** d. h. zur Abgabe elektrischen Stromes gegen Bezahlung an Andere[2]) . . . . (ja? nein?) ....
   c) im **eigenen landwirtschaftlichen Betrieb** . (ja? nein?) ....
   d) bei Ausnützung im eigenen gewerblichen Betrieb erfolgt die Kraftübertragung dorthin: mechanisch (durch Wellen, Riemen, Seile) . . . .
   oder
   elektrisch (eigene Stromerzeugungsanlage für den eigenen Bedarf) . . . .
2. **Baujahr der wichtigsten Anlagenteile:**
   Wehr- und Kanal — Anlage im derzeitigen Bestand erbaut im Jahre . . . .

   Turbinen eingebaut im Jahre . . . .
3. **Ausgenütztes Gefälle** an den Wasserkraftmaschinen . . m ....
   größte zu verarbeitende Wassermenge[3]) (Ausbau-Wassermenge) der Anlage . . . . m³/sec ....

   Gesamtleistung aller Wasserkraftmaschinen . . . . . PS ....

   Anzahl der Wasserkraftmaschinen zusammen . . . Stück ....
   Art der Wasserkraftmaschinen:
   Turbinen oder Wasserräder? ....
4. Ist eine **eigene Stauanlage** (Wehr) vorhanden? ....
   Art dieser Stauanlage (Holzwehr, Steinwehr, Betonwehr, mit oder ohne Schützen u. dgl.):

....

....

....

---

[1]) Nennung der Behörde, welche diese Urkunde (Beschluß) ausgefertigt hat.

[2]) Falls die Kraftnutzung beiden Zwecken dient, ist anzugeben wieviel Prozent (v. H.) der gesamten gewonnenen Jahresarbeit (PSh, kWh) auf a) und b) entfallen.

[3]) Insbes. dann anzugeben, wenn die eingebaute Turbinenleistung größer ist, als der durch den Kanal zuführbaren Wassermenge entspricht.

Länge des Wehres von Ufer zu Ufer gemessen . . . . m

5. Ist ein **Stauweiher** oder **Stausee** vorhanden? ....

6. a) Länge des künstlich angelegten **Oberwasserkanals** und **Unterwasserkanals**
(der Werksgräben) zusammen . . . . m

b) Länge einer etwa vorhandenen **Druckrohrleitung** .... m

c) Länge von etwa vorhandenen **Stollen** . . . . m

davon liegen unter fremdem Grund . . . . m

7. a) **Welche Erzeugnisse** werden in dem durch die Wasserkraftanlage betriebenen gewerblichen oder landwirtschaftlichen Betrieb hergestellt:

....

....

....

b) **Arbeitet dieser Betrieb in einer Schicht, in zwei oder drei Schichten täglich?**
Bei normaler Beschäftigung .... Schichten

derzeit . . . . Schichten

8. a) Ist die Wasserkraftanlage
unwiderruflich . . . .
befristet (auf bestimmte Dauer) . .
jederzeit widerruflich genehmigt? .
} ....
Ablauf der Erlaubnisdauer bei befristeter Erlaubnis (Verleihung)

am ....

b) ist ein **Heimfall** an den Staat ausbedungen, wann und unter welchen Bedingungen?

....

....

c) ist die Anlage für dauernd **außer Betrieb**, seit wann und warum?

....

....

9. **Noch nicht ausgeübtes Nutzungsrecht.**

Wenn der Veranlagungspflichtige **am 1. Januar 1935 nur das Benutzungsrecht** (Erlaubnis, Verleihung, Genehmigung zur Errichtung einer Wasserkraftanlage) besaß, aber die Anlage noch nicht begonnen oder noch nicht fertiggestellt ist, sind die Fragen unter I und ferner die folgenden Fragen zu beantworten:

a) voraussichtlicher Zeitpunkt der Fertigstellung? ....

b) bisherige Aufwendungen für den Bau nach dem Stand vom 1. Januar 1935: . . . . RM ——

c) Kaufpreis der zur Ausführung der Anlage bis zum 1. Januar 1935 erworbenen Grundstücke und Gebäude[1]) . . . . RM ——

10. Insbesondere für **große Wasserkraftanlagen,** bei welcher bei der Bewertung von den **nachweisbaren Anlagekosten** ausgegangen wird (vgl. Anleitung Ziff. I, 1 b).

Anlage-Kosten gemäß der beigefügten Einzelaufstellung (vgl. Anleitung Ziff. II, 10) . . . . RM ——

III. Sonstige Wassernutzungen.

1. **Art der Wassernutzung:**

a) **Wasserentnahme**[2]) als Fabrikationswasser — Kühlwasser — Waschwasser — Kondensationswasser — Kesselspeisewasser — für öffentliche Wasserversorgung — oder ....

....

b) **Wasser-Einleitung**[2]) von unreinem Abwasser — Kühlwasser — Kondensationswasser — oder ....

....

c) zur Entnahme — Einleitung[2]) erlaubte **Wassermengen**[3]):

Entnahme .... l/sec.; Einleitung .... l/sec.

2. Baujahr der Anlage? Erbaut im Jahre ....

3. Sind besondere Anlagen zur Entnahme bzw. Einleitung vorhanden und welcher Art?[4]) ....

....

4. Ist die Wasser-Entnahme bezw. Einleitung
unwiderruflich . . . .
befristet (auf bestimmte Dauer) . .
jederzeit widerruflich genehmigt? . .
} ....

---

[1]) Durch Kauf-Urkunden, Kauf-Verträge usw. oder beglaubigte Abschriften oder Quittungen zu belegen; die bezüglichen Plan-Nummern sind in besonderer Aufstellung beizugeben.

[2]) Nicht Zutreffendes ist zu streichen, andere Verwendungszwecke sind anzugeben. — Landwirtschaftliche Wasserentnahme (zur Wiesenwässerung u. dgl.) gehört nicht hieher.

[3]) Als Wassermenge ist die von den Pumpen, aus den Brunnen oder sonstigen Entnahme- oder Einleitungseinrichtungen im Dauerbetrieb lieferbare bezw. förderbare Wassermenge anzugeben.

[4]) Gemäß Anleitung Ziff. III, 3 kurz zu beschreiben.

Ablauf der Erlaubnisdauer bei befristeter Erlaubnis (Verleihung

am ....

5. Die **Anlage-Kosten** der Wasser-Entnahme- bezw. Einleitungsanlagen betragen lt. beigefügter Einzelaufstellung (vgl. Anleitung Ziff. III, 5) . . . . RM ....

IV. Wertmindernde Umstände.

(zu II. u. III. der Beschreibung).

1. Ruhen auf der Wassernutzungsanlage (Ziff. II und III) außer den in Ziffer I 3 angegebenen Abgaben (Wasserzins, Wasserbenützungsgebühr) noch **andere Belastungen** und durch den Erlaubnis- (Verleihungs-) Beschluß auferlegte Verpflichtungen zur Instandhaltung von Gewässern, Uferstrecken und -Bauwerken, öffentlichen Wegen und Brücken, Anlagen der Reichsbahn oder Reichspost u. dgl. **ausschl.** der Instandhaltung der Betriebskanäle (Betriebsgräben) und der Stauanlage (Wehr)

   ja? .... nein? ....

   In welcher Höhe waren im Laufe der letzten 10 Jahre (oder, falls die Anlage noch nicht so lange besteht, seit deren Bestand) Aufwendungen zur Erfüllung solcher Auflagen zu machen?

   in den letzten —— Jahren betrugen diese Aufwendungen[1]) RM ....

2. Liegen **besondere Umstände** (Anleitung Ziff. IV, 2) vor, welche den Wert der Wassernutzung oder den Wert der Anlagen **erheblich vermindern**?

   Kurze Angaben; (eingehende Begründung mit zahlenmäßigem Nachweis der Wertminderung ist beizufügen). ....

....

....

....

....

Ich / Wir versicher——, die vorstehenden Angaben nach bestem Wissen und Gewissen gemacht zu haben.

.... (Ort), den .... 193....

(Firmenstempel Unterschrift) ....

[1]) Belege sind vorzuweisen oder der Erklärung beizugeben.

Anleitung
zur
Beschreibung der Wassernutzungs-Anlagen

Zu I. Allgemeines

1. Die Bewertung der Wassernutzungsanlagen erfolgt
   a) nach erfahrungsmäßigen **Durchschnittssätzen** für die Anlagekosten (Baukosten) auf Grund der Angaben der Beschreibung unter Berücksichtigung der Art und Größe der Anlagen (nur bei Wasserkraftanlagen!), oder
   b) auf Grund der nachgewiesenen **wirklichen Anlagekosten** (Gestehungskosten), welche durch Bauabrechnungen oder aus den Büchern nachzuweisen sind (Frage II, 10 und III, 5).
2. Die Wassernutzungsanlagen umfassen **alle** zur Wassernutzung dienenden Bestandteile.
3. Ein **Wassernutzungsrecht** ist regelmäßig ergeben, wenn die Befugnis zur Wassernutzung durch eine vorhandene oder im Entstehen begriffene Anlage tatsächlich ausgenützt wird oder werden soll, gleichgültig ob die Ausnutzung erfolgt als Ausfluß des Grundstückseigentums oder durch privatrechtliche Übertragung oder durch Hoheitsakte.

Bestandteile der Wassernutzungsanlagen.

Wasserkraftnutzungen.	Sonstige Wassernutzungen.
1. Wassernutzungsrecht.	
2. Entnahme.	
Stauanlagen Wehre, Schützen Einlaufbauwerke Talsperren Stauweiher-Anlagen	Quellfassungen, Grundwassersammelstollen Brunnenanlagen Stauanlagen Wehre, Schützen Einlaufbauwerke Talsperren Pumpen-Anlagen
3. Zuleitung.	
Gräben, Kanäle } Oberwasser Rohrleitungen Stollen Wasserschloß	Gräben, Kanäle, Rohrleitungen, Stollen } Zulauf Vorratsbehälter
4. Wasserkraftanlage.	**4. Aufbereitung.**
Kraftwerkstiefbauten (Turbineneinbau, Entlastungsanlagen, Leerschüsse, Turbinenhaus) Rechen und Schützen, Druckrohrleitungen, Verteilungsrohrleitungen im Kraftwerk	Kläranlagen (mechanische) Filteranlagen Aufbereitungsanlagen (chemische) zugehörige Rohrleitungen, Pumpen usw. (nicht zur Aufbereitung gehören Reinigungs- und Aufbereitungsanlagen für Kessel-

Wasserkraftnutzungen.

Wasserkraftmaschinen
(Turbinen, Wasserräder)
Regler, Drucköl- und Druckluftanlagen, Getriebe, Krane,
Rechenreinigungsmaschinen.

Sonstige Wassernutzungen.

speisewasser oder für die Herstellung einer besonderen zu Fabrikationszwecken nötigen Wasserbeschaffenheit. Diese gehören zu den Dampfkesselbezw. Fabrikationsanlagen des Produktionsbetriebs und bleiben dort zu bewerten).

4. a) elektrische Anlage.

Generatoren
Schaltanlagen für die Generatoren (ausschließlich der Stromverteilungsanlagen, Verteilungsschaltanlagen, Kabel usw. zur Kraftverteilung im eigenen Betrieb oder zur Stromlieferung an Dritte).

5. Wiedereinleitung.

Gräben } Unterwasser
Kanäle }
Rohrleitungen
Ausgleichsweiher
Auslaufbauwerke

Gräben } Ablauf
Kanäle }
Rohrleitungen
Auslaufbauwerke

5. a) Abwasserreinigung.

mechanische und chemische Klär- und Reinigungsanlagen.

6. Nebenanlagen.

Alle ständig und ausschließlich dem Werksbetrieb dienenden Hilfseinrichtungen, wie Seilbahnen (sog. Schrägaufzüge oder Rohrtransportbahnen), Revisions- und Montage-Aufzüge, Hebevorrichtungen (Krane), Rechenreinigungsmaschinen, Bagger, Schiffe usw.

7. Grundstücksbestandteile.

Alle ausschließlich zum Zwecke der Errichtung und des Betriebes der Wassernutzungsanlage erworbenen Grundstücke, welche von den baulichen Anlagen der Ziff. 2 mit 6 bedeckt werden oder diese Anlagen enthalten, einschließlich der sog. Vorrats- und Schutz-Grundstücke bei Wasserversorgungsanlagen.

Um eine doppelte Erfassung zu vermeiden, ist darauf zu achten, **daß die hier** unter den Wasserbenützungsanlagen **enthaltenen Anlageteile mit ihren Werten nicht auch in anderen Bewertungsgegenständen mitenthalten sind.** Gegebenenfalls sind früher abgegebene Erklärungen (Bewertungsunterlagen) zu berichtigen.

Zu II. Wasserkraftnutzungen.

Zu Frage 3: Gefälle, Wassermengen, (größte Schluckfähigkeit, für welche die Wasserkraftmaschinen bemessen sind) und Leistungen sind **genau** anzugeben. — Falls die verfügbare Wassermenge sehr stark schwankt, kann neben der größten (Ausbau-) Wassermenge auch die kleinste und die jahresmittlere Wassermenge, als solche deutlich gekennzeichnet, angegeben werden. — Wenn durch die Wehr- bezw. Kanalanlage nicht so viel Wasser zugeführt werden kann, daß alle Wasserkraftmaschinen auch bei Vollwasser gleichzeitig betrieben werden können (Maschinenleistung größer als der zuführbaren Wassermenge entspricht), ist die größte, der Triebwerksanlage zuführbare Wassermenge (Ausbauwassermenge) und die hieraus erzielbare Leistung anzugeben.

Zu Fragen 4 u. 6: Besonders einfache Ausführung von Stauanlagen und Kanälen wäre unter Ziff. IV, Frage 2 anzugeben, z. B., wenn statt eines Kanals (Werkgraben) das Triebwerk an einem natürlichen Arm des Gewässers liegt, Holzgerinne statt Oberwassergraben, Benützung von nicht betriebseigenen, oder anderen Hauptzwecken dienenden Stauanlagen und Kanälen oder von früheren Zwecken her vorhandenen Gräben und Stollen.

Zu Frage 8b: Abschrift der Bestimmungen über den Heimfall und die Heimfalls-Entschädigung aus dem Erlaubnis- (Genehmigungs-, Verleihungs-) Beschluß ist beizugeben.

Zu Frage 9c: Nachweise sind durch Abrechnungsbelege u. dgl. zu erbringen.

Zu Frage 10: Die Anlagekosten sind durch Bauabrechnungen oder aus den Büchern nachzuweisen. Ein Lageplan der Gesamtanlage oder Pläne besonders wichtiger und für die Anlagekosten erheblicher Teile, kurze Beschreibung ist beizugeben —. Die Beantwortung der Fragen der Ziff. II erübrigt sich hierdurch **nicht**.

Zu III. Sonstige Wassernutzungen.

Zu Frage 3: Bei größeren Entnahmen oder Einleitungen mittels besonderer Baulichkeiten ist eine kurze Beschreibung mit Lageplan oder ein Plan der wichtigsten Bauwerke (z. B. Stauanlage bei größeren Entnahme-Anlagen) beizugeben.

Zu Frage 5: Wie zu Ziff. II, 10
Nicht zu den Anlagen bei sonstigen Wassernutzungen gehören u. a. alle unter den Begriff der sog. Installationen fallenden Verteilungsleitungen auf Fabrikgrundstücken und in Fabrikgebäuden, ferner die einen Bestandteil von anderen Kraftmaschinen (Dampfmaschinen, Dampfturbinen, Dieselmotoren u. dgl.) bildenden Kühlwasserpumpen mit den zugehörigen Rohrleitungen sowie Kesselspeisepumpen.

Zu IV. Wertmindernde Umstände.

Vorbemerkung: Die **laufende Instandhaltung** der Anlagen, Baulichkeiten und Maschinen sowie zeitweilige größere Instandsetzungen, gelten **nicht** als wertmindernde Umstände. Ebenso nicht die Behebung von Schäden durch Elementar-Ereignisse.

Zu Frage 1: Es ist der Gesamtbetrag der Aufwendungen innerhalb der letzten 10 Jahre oder innerhalb der Bestandszeit neuerer Anlagen anzugeben.

Beispiel: Aufwendungen für die Instandhaltung der Flußufer, von Uferschutzbauten am Fluß außerhalb der Wasserkraftanlage, von Fähren und Brücken des öffentlichen Verkehrs, Instandhaltung von Schutzbauten für Straßen oder Bahnkörper.

Zu Frage 2: Besondere wertmindernde Umstände sind, außer den vorstehend genannten:

α) Außergewöhnlich **einfache Ausführung wichtiger Bestandteile** wie: einfachste hölzerne Gerinne, hölzerne Wasserräder, hölzerne Wasserradhäuser, das Fehlen besonderer Werksgräben, Wehre oder anderer wichtiger Bestandteile einer üblichen Anlage;

β) **Verlagerungen im Versorgungsgebiet,** wenn infolge einer Umstellung der versorgten Betriebe auf andere Erzeugnisse oder Verfahren ein geringerer Kraftbedarf, oder infolge behördlicher Betriebs- oder Absatzbeschränkungen des versorgten Unternehmens oder infolge von Bevölkerungsverschiebungen eine geringere Ausnutzung vorliegt und der Überschuß an Kraft oder Wasser unanbringlich ist;

γ) **Unzweckmäßiger Ausbau,** wenn die Anlage nach Entwurf, Ausführung oder Baukosten dem Stand der Technik zur Zeit ihrer Errichtung vollwertig entsprach, aber heute zur Erzielung der gleichen Leistung erheblich einfacher und billiger hergestellt werden würde;

δ) **Verbindung mit anderen wasserwirtschaftlichen Aufgaben** dergestalt, daß die Größenbemessung und Betriebsart der eigentlichen Wassernutzungsanlage beeinträchtigt wird durch fremde oder sogar gegensätzliche Anforderungen (Wasserabgabe zu Bewässerungs- oder Schiffahrtszwecken nach bestimmten Vorschriften, Hochwasserschutz, Kraftwerke an Schiffahrtsschleusen oder im Nebenbetrieb an Fluß-Klärbecken u. dgl.;

ε) **Überalterung,** wenn die Anlage oder wesentliche Teile derselben (z. B. Turbinen oder Wasserräder, Stauanlage) sich in einem so überalterten Zustand befindet, daß die Unbrauchbarkeit oder Unwirtschaftlichkeit in naher Zeit zu erwarten ist. Bei veralteten Turbinen (wenn zu Frage II 3, Art der Wasserkraftmaschinen, angegeben wird „Jonvalturbinen" oder „Girardturbinen" oder die Turbinen älter als 30 Jahre nachgewiesen werden) kann ein Abzug von 20 v. H. des für Anlagen ohne Kanäle geltenden Wertes in der Wertberechnung zu A d angebracht werden.

ζ) **Errichtung** von Anlagen **aus besonderen Gründen** volkswirtschaftlicher, kraftwirtschaftlicher oder wehrpolitischer Art (z. B. wegen Arbeitsbeschaffung, zur Herstellung besonderer Erzeugnisse), wenn mit Rücksicht auf die Aufgaben der Wassernutzung oder die Absatzbedingungen der Erzeugnisse die Wirtschaftlichkeit der Anlage ausgeschlossen oder mindestens stark gefährdet ist;

η) **Außergewöhnlich hohe Ausbauleistung** im Verhältnis zur vieljährigen mittleren Leistung (Ausbauleistung größer als etwa das

1,5-fache der mittleren Leistung), z. B. zur Spitzendeckung oder bei besonders unstetigen Wasserläufen. Ueber die mittlere Leistung ist in Zweifelsfällen Angabe der zuständigen Wasserbaubehörde einzuholen. Der Abzug wird im Höchstfall so bemessen, daß als Wert der Wasserkraftnutzung das 1,5-fache jenes Wertes bleibt, welcher sich bei Ansatz der mittleren Leistung ergeben würde.

ϑ) **Ausgesprochen schlechte Standortsbedingungen** für die Wassernutzung infolge der Notwendigkeit der Fortleitung von Energie oder Wasser auf weite Strecken wegen örtlich ungünstiger Absatz- oder Verkehrslage.

ι) **Wesentliche Ueberteuerung** der Anlage durch unvorhergesehene Umstände gegenüber der üblichen Ausführung, wodurch die Wirtschaftlichkeit des Unternehmens erheblich gefährdet ist.

Werden andere als die hier aufgeführten wertmindernden Umstände geltend gemacht, so hat das zuständige Finanzamt wegen ihrer Berücksichtigung die Entscheidung des Hauptortes herbeizuführen.

Finanzamt .... **Anlage 3**

Aktenzeichen: EWB. II Nr. ....

Wertberechnung

für Wassernutzungsanlagen und sonstige Wassernutzungen

der Firma ....

Sitz der Firma ....

Ort der Anlage ....

auf 1. Januar 1935

	Betrag	
A. Wasserkraftnutzung (Ziff. II der „Beschreibung")	*RM*	*RM*
a) 1. Wert des Wassernutzungsrechts (Richtl. III A a 1) mit 50 *RM* je PS bei .... PS Ausbauleistung (Richtl. III A b 1 Abs. 2)	....	
2. hievon ab, weil für Wassernutzung eine jährl. Gebühr von .... *RM* je PS an .... zu entrichten ist,*) .... *RM* × .... (PS) × 18 = ...	....	....
b) 1. Anlagekosten nach den **Einheitssätzen** (Richtl. Anl. 1 I) Bewertungsklasse .... für eine Leistung (Beschreibung II 3) von .... PS zu je *RM* .... (ohne Grundstücke, Kanäle und Gebäude) . . . . = **Ausgangswert**		....
oder		
2. **nachgewiesene Kosten** der Anlage (Beschreibung II 10 bezw. II 9b und c nach den von .... geprüften Nachweisen (Richtl. III A b 2 und Anl. 1 II) im Baujahr	....	
abzügl. der nachgewiesenen Kosten der Kanäle, Stollen unter eigenem Grund, Speicherweiher und Betriebsanlagengebäude, für die besondere Einheitswerte festzustellen sind (Richtl. II A 2 und III B), auch ausschl. Grundstücken . . .	....	
verbleiben:	....	
auf 1934 (Index 128,5) umgerechnet		
. . . . = **Ausgangswert**		....
c) Abzug für Abnützung (Richtl. III A c) für ...... Jahre mit je 1,5 v. H. vom Ausgangswert (Höchst-Abzug 60 v. H. des Ausgangswertes) .	....	
oder allgemein übliche Abschreibungen (Richtl. III A c Schlußsatz)	....	

*) vgl. Richtlinien III A a 1 und 3.

	Betrag RM	Betrag RM
d) Berücksichtigung von Besonderheiten nach Richtl. III A d Ziff. 2—4		
....	....	....
wiederkehrende Leistungen nach Richtl. III A d 5 für		
jährl. .... × 18 = ...	....	....
Übertrag	....	....
Berücksichtigung von wertmindernden Umständen (Richtl. III A d 6, α—ι, Beschreibung IV 1. u. 2.) gem. beigefügter kurzer Begründung und Berechnung wegen**)		
....	....	
Summe der Wertminderungen:		....
A. Teilwert der Wasserkraftnutzung ausschl. der Grundstücke		....
B. Sonstige Wassernutzung (Ziff. III der „Beschreibung")		
a) Wert des Wassernutzungsrechts (Richtl. III A a 2) mit ...... × ...... = .		
hievon ab, weil für Wassernutzung eine jährl. Gebühr von .... RM je .... an .... zu entrichten ist,*) ...... RM × ...... × 18 =	....	
b) **Anlagekosten** der Einrichtungen nach Beschreibung III, 5 nach den von .... geprüften Nachweisen (Richtl. III A b 2) im Baujahr	....	....
abzügl. der nachgewiesenen Kosten der Kanäle, Stollen unter eigenem Grund, Speicherbecken und Betriebsanlagengebäude, für die besondere Einheitswerte festzustellen sind (Richtl. II A 2 und III B 7), auch ausschl. Betriebs-, Vorrats- und Schutz-Grundstücken	....	
verbleiben	....	
auf 1934 (Index 128,5) umgerechnet		
. . . . = **Ausgangswert**		....

*) vergl. Richtlinien III A a 2 und 3.

**) Etwaige weitere vom Hauptort nach Richtl. III A d 6 Schlußsatz besonders anerkannte Wertminderungen sind hier als solche gekennzeichnet vorzutragen.

	Betrag RM	Betrag RM
c) Abzug für Abnutzung (Richtl. III A c) für ...... Jahre mit je 1,5 v. H. (Höchst-Abzug 60 v. H. des Ausgangswertes) =	....	
oder allgemein übliche Abschreibungen (Richtl. III A c Schlußsatz)	....	
d) Berücksichtigung von Besonderheiten nach Richtl. III A d 2—4		
... .		
... .	....	
wiederkehrende Leistungen nach Richtl. III A d 5 für		
....		
jährl. .... RM × 18 . . . . . . =	....	
Berücksichtigung von besonderen Umständen (Richtl. III A d 6, α—ι, Beschreibung IV. 1. u. 2.) gem. beigefügter kurzer Begründung und Berechnung wegen**)		
....	....	
Summe der Wertminderungen		....
B. Teilwert der sonstigen Wassernutzungen ausschl. der Grundstücke		....

Zusammenstellung:

A. Teilwert der Wasserkraftnutzung . . . . RM ....

B. Teilwert der sonstigen Wassernutzungen. . . . . . . RM ....

Gesamter Teilwert der Wassernutzungen ausschl. der Grundstücke . . . . RM ....

**) Etwaige weitere vom Hauptort nach Richtl. III A d 6 Schlußsatz besonders anerkannte Wertminderungen sind hier als solche gekennzeichnet vorzutragen.

Anlage 2.

Bewertungsbeispiel I.

Gemeinde *X*

Finanzamt *Y*

Einheitswertbogen *318/4*

Katasteramt *Z*

~~**Stadtkreis**~~
Bezirksamt
Landkreis
~~**Amtshauptmannschaft**~~
Oberamtsbezirk } *U*

Beschreibung

der

Wassernutzungsanlagen

der Firma: *L*

Sitz der Firma: *M*

Ort der Anlagen: *P*

I. Allgemeines

1. Die **Anlage liegt** im Amtsbereich[1])
des — ~~Land- — Stadtkreises~~ — Bezirksamts
~~der Amtshauptmannschaft — Oberamtsbezirk:~~ *A*
des ~~Reichswasserstraßenamts~~ —
Straßen- und Flußbauamts —
~~Wasserbauamts~~ —
~~Straßen- und Wasserbauamts~~ —
~~Wasser- und Straßenbauamts~~ —
~~Kulturbauamts~~ — } *B*

2. **Eigentumsverhältnisse des genutzten Gewässers:**
(Reichswasserstraße — Gewässer I., II., III. Ordnung — öffentliches — Privat- Staatsprivat- Gewässer — Eigentumsgewässer):

öffentlicher Fluß

3. a) Ist für die Benutzung des Gewässers eine **Abgabe an Reich, Land, Provinz, Kreis, Gemeinde oder eine Körperschaft des öffentlichen Rechts** zu entrichten (Wasserzins, Wasserbenutzungsgebühr, Anerkennungsgebühr[1]):

(ja?) *ja* (nein?) ....

b) Höhe dieser Abgabe: jährlich *RM*[2]) *40 000.—*

oder einmalig am[2]) .... *RM* ....

---

[1]) Nicht Zutreffendes ist zu streichen.

[2]) Die Art und Höhe der Gebühr ist der Verleihungsurkunde, dem Genehmigungsbeschluß u. dgl. zu entnehmen.

4. Die **Wassernutzung ist letztmals genehmigt** durch ~~Verleihungsbeschluß~~ — Genehmigungsbeschluß — ~~Sicherstellungsurkunde~~ des[1]) *Bezirksamts A* vom *20. 10. 30* Aktenzeichen: *Nr. 7284*

II. Wasserkraftnutzung.

1. Die Wasserkraft wird ausgenützt:
   a) im **eigenen gewerblichen Betrieb**[2]) . . . (ja? nein?) *ja*
   b) zur **Elektrizitätsversorgung**, d. h. zur Abgabe elektrischen Stromes gegen Bezahlung an Andere[2]) . . . . (ja? nein?) *nein*
   c) im **eigenen landwirtschaftlichen Betrieb** . (ja? nein?) *nein*
   d) bei Ausnützung im eigenen gewerblichen Betrieb erfolgt die Kraftübertragung dorthin:
   mechanisch (durch Wellen, Riemen, Seile) . . . . . . *nein*
   oder
   elektrisch (eigene Stromerzeugungsanlage für den eigenen Bedarf) . . . . *ja*
2. **Baujahr der wichtigsten Anlagenteile:**
   Wehr- und Kanal — Anlage im derzeitigen Bestand erbaut im Jahre *1928*
   Turbinen eingebaut im Jahre *1928*
3. **Ausgenütztes Gefälle** an den Wasserkraftmaschinen . . m *13.5*
   größte zu verarbeitende Wassermenge[3])
   (Ausbau-Wassermenge) der Anlage . . . . m³/sec *136*
   Gesamtleistung aller Wasserkraftmaschinen . . . . . PS *25000*
   Anzahl der Wasserkraftmaschinen zusammen . . . Stück *5*
   Art der Wasserkraftmaschinen:
   Turbinen oder Wasserräder? *Francisturbinen*
4. Ist eine **eigene Stauanlage** (Wehr) vorhanden? *ja*
   Art dieser Stauanlage (Holzwehr, Steinwehr, Betonwehr, mit oder ohne Schützen u. dgl.):
   Betonwehr mit eisernen Schützen
   Länge des Wehres von Ufer zu Ufer gemessen . . . *60* m
5. Ist ein **Stauweiher** oder **Stausee** vorhanden? *nein*
6. a) Länge des künstlich angelegten **Oberwasserkanals** und **Unterwasserkanals**
   (der Werksgräben) zusammen . . . . *2500* m

---

[1]) Nennung der Behörde, welche diese Urkunde (Beschluß) ausgefertigt hat.

[2]) Falls die Kraftnutzung beiden Zwecken dient, ist anzugeben wieviel Prozent (v. H.) der gesamten gewonnenen Jahresarbeit (PSh, kWh) auf a) und b) entfallen.

[3]) Insbes. dann anzugeben, wenn die eingebaute Turbinenleistung größer ist, als der durch den Kanal zuführbaren Wassermenge entspricht.

b) Länge einer etwa vorhandenen **Druckrohrleitung** . ...—.......... m

c) Länge von etwa vorhandenen **Stollen** . . . .*150*.......... m

davon liegen unter fremdem Grund . . . .*150*.......... m

7. a) **Welche Erzeugnisse** werden in dem durch die Wasserkraftanlage betriebenen gewerblichen oder landwirtschaftlichen Betrieb hergestellt:

Carbid und weitere chem. Produkte

b) Arbeitet dieser Betrieb in einer Schicht, in zwei oder drei Schichten täglich?

Bei normaler Beschäftigung ....*3*.......... Schichten

derzeit . . . .*3*.......... Schichten

8. a) Ist die Wasserkraftanlage
unwiderruflich . . . .
befristet (auf bestimmte Dauer) . .
jederzeit widerruflich genehmigt? .
} *befristet auf 60 Jahre*

Ablauf der Erlaubnisdauer bei befristeter Erlaubnis (Verleihung) am *1989*

b) ist ein **Heimfall** an den Staat ausbedungen, wann und unter welchen Bedingungen?

nach 60 Jahren gegen Heimfallsentschädigung von RM 1 500 000 in betriebsfähigem Zustand

c) ist die Anlage für dauernd **außer Betrieb,** seit wann und warum?

9. **Noch nicht ausgeübtes Nutzungsrecht.**

Wenn der Veranlagungspflichtige **am 1. Januar 1935 nur das Benutzungsrecht** (Erlaubnis, Verleihung, Genehmigung zur Errichtung einer Wasserkraftanlage) besaß, aber die Anlage noch nicht begonnen oder noch nicht fertiggestellt ist, sind die Fragen unter I und ferner die folgenden Fragen zu beantworten:

a) voraussichtlicher Zeitpunkt der Fertigstellung? ....—..........

b) bisherige Aufwendungen für den Bau nach dem Stand vom 1. Januar 1935: . . . . *RM* ....

c) Kaufpreis der zur Ausführung der Anlage bis zum 1. Januar 1935 erworbenen Grundstücke und Gebäude[1]) . . . . *RM* ....—..........

10. Insbesondere für **große Wasserkraftanlagen,** bei welchen bei der Bewertung von den **nachweisbaren Anlagekosten** ausgegangen wird (vgl. Anleitung Ziff. I, 1b).

Anlage-**Kosten** gemäß der beigefügten Einzelaufstellung (vgl. Anleitung Ziff. II, 10) . . . . *RM* *8 800 000*

---

[1]) Durch Kauf-Urkunden, Kauf-Verträge usw. oder beglaubigte Abschriften oder Quittungen zu belegen; die bezüglichen Plan-Nummern sind in besonderer Aufstellung beizugeben.

III. Sonstige Wassernutzungen.

1. **Art der Wassernutzung:**
   a) **Wasserentnahme**[1]) als ~~Fabrikationswasser~~ — ~~Kühlwasser~~ — ~~Waschwasser~~ — Kondensationswasser — Kesselspeisewasser — ~~für öffentliche Wasserversorgung~~ — oder ....

   b) **Wasser-Einleitung**[1]) von ~~unreinem Abwasser~~ — ~~Kühlwasser~~ — Kondensationswasser — oder ....

   c) zur Entnahme — Einleitung[1]) erlaubte Wassermengen[2]): Entnahme ...... *100* ...... l/sec.; Einleitung ...... *100* ...... l/sec.
2. Baujahr der Anlage? Erbaut im Jahre *1928* ....
3. Sind besondere Anlagen zur Entnahme bzw. Einleitung vorhanden und welcher Art?[3]) ...... *Mechanischer Rechen, Pumpen, Rohrleitung* ......
4. Ist die Wasser-Entnahme bezw. Einleitung
   unwiderruflich . . . .
   befristet (auf bestimmte Dauer) . .
   jederzeit widerruflich genehmigt? . .
   } ...... *unwiderruflich* ......

   Ablauf der Erlaubnisdauer bei befristeter Erlaubnis (Verleihung am ....
5. Die **Anlage-Kosten** der Wasser-Entnahme- bezw. Einleitungsanlagen betragen lt. beigefügter Einzelaufstellung (vgl. Anleitung Ziff. III, 5) . . . . *RM* ...... *70 000* ......

IV. Wertmindernde Umstände
(zu II. u. III. der Beschreibung).

1. Ruhen auf der Wassernutzungsanlage (Ziff. II und III) außer den in Ziffer I 3 angegebenen Abgaben (Wasserzins, Wasserbenützungsgebühr) noch **andere Belastungen** und durch den Erlaubnis- (Verleihungs-) Beschluß auferlegte Verpflichtungen zur Instandhaltung von Gewässern, Uferstrecken und -Bauwerken, öffentlichen Wegen und Brücken, Anlagen der Reichsbahn oder Reichspost u. dgl. **ausschl.** der Instandhaltung der Betriebskanäle (Betriebsgräben) und der Stauanlage (Wehr).

   ja? ...... *ja* ...... nein?

   In welcher Höhe waren im Laufe der letzten 10 Jahre (oder, falls die Anlage noch nicht so lange besteht, seit deren Bestand) Aufwendungen zur Erfüllung solcher Auflagen zu machen?
   in den letzten *7* Jahren betrugen diese Aufwendungen[4]) *RM* ...... *40 000* ......

---

[1]) Nicht Zutreffendes ist zu streichen, andere Verwendungszwecke sind anzugeben. — Landwirtschaftliche Wasserentnahme (zur Wiesenwässerung u. dgl.) gehört nicht hieher.

[2]) Als Wassermenge ist die von den Pumpen, aus den Brunnen oder sonstigen Entnahme- oder Einleitungseinrichtungen im Dauerbetrieb lieferbare bezw. förderbare Wassermenge anzugeben.

[3]) Gemäß Anleitung Ziff. III, 3 kurz zu beschreiben.

[4]) Belege sind vorzuweisen oder der Erklärung beizugeben.

2. Liegen **besondere Umstände** (Anleitung Ziff. IV, 2) vor, welche den Wert der Wassernutzung oder den Wert der Anlagen **erheblich vermindern?**

Kurze Angaben; (eingehende Begründung mit zahlenmäßigem Nachweis der Wertminderung ist beizufügen).

zu I 3: Wasserbenützungsgebühr vom Min. d. I. ermäßigt angesetzt wegen Herstellung volkswichtiger Produkte.

zu II 3: Ausbauleistung ist 20000 PS entspr. der Ausbau-Wassermenge.

zu IV 1: Ufer-Instandhaltung und Floßfahrts-Freihaltung (Baggerungen) u. Erlaubnisbedingungen kosteten bisher RM 40000.—

zu IV 2: s. beiliegende Begründung

zu III 4: Da die Dampfkraftanlage mit Erlöschen der Erlaubnis der Wasserkraftanlage mit hinfällig wird, wolle die Wasserentnahme und -Einleitung ebenfalls wie zu II 8 a erlaubt gelten, ohne Heimfalls-Entschädigung.

Ich/Wir versicher...., die vorstehenden Angaben nach bestem Wissen und Gewissen gemacht zu haben.

.... (Ort), den .... 193 ......

(Firmenstempel Unterschrift) ....

....

Bewertungsbeispiel I.

A. Wasserkraftnutzung.

Anlage mit 25000 PS Ausbauleistung für eine Ausbauwassermenge von 136 m³/sec bei 13,5 m Gefälle. Heimfall gegen eine Entschädigung von 1500000 RM nach 60 Jahren. Wasserbenützungsgebühr jährlich 40000 RM. Nachgewiesene Anlagekosten 8800000 RM insgesamt; Baujahr 1928. Durch die Erlaubnisbedingungen wird Instandhaltung der Ufer des Flusses auf eine gewisse Entfernung vom Wehr abwärts und die Freihaltung der Floßfahrt im Fluß durch etwa nötige Kiesbeseitigung auferlegt. Das Unternehmen macht in besonderer Begründung geltend, daß die Kraftanlage zur Versorgung seiner chemischen Fabrik zwecks Herstellung wichtiger Erzeugnisse im Interesse der Einfuhrbeschränkung errichtet wurde und bei dem dazu nötigen hohen Stromverbrauch auf billigste Kraft angewiesen ist und verlangt Ermäßigung der Vermögensteuer auf die Kraftanlage um 20%. Dem entsprechend hat der Pflichtige den Beschreibungsvordruck ausgefüllt (S. 124).

1. Die **Bewertung** des Teilwertes der Wasserkraftnutzung geht wie folgt vor sich:

Nachprüfung der Angaben der Beschreibung II 3 nach Richtl. IV 2: 13,5 m Gefälle × 136 m³/sec Wassermenge × 10,6 = 19450 PS; 5 Turbinen von je 5000 PS = 25000 PS Ausbauleistung sind vorhanden, also entsprechen 4 Turbinen der Ausbauwassermenge von 136 m³/sec und sind für die Bewertung 4/5 von 25000 PS = 20000 PS richtig und zugrunde zu legen; die 5. Turbine mit den restlichen 5000 PS ist Betriebsreserve nach Richtl. II A b 1 Abs. 2. — Demgemäß wird zunächst der Wert des Wassernutzungsrechts zur Wertberechnung unter A a ermittelt: Wegen Nachweises der in Beschreibung IV 2 zu I 3 geltend gemachten Berücksichtigung besonderer wirtschaftlicher Gründe bei der Bemessung der Wasserbenützungsgebühr wird nach Richtl. III A a 3 und sachverständiger Prüfung der Mindestansatz von 10,00 RM je PS zugebilligt, daher Abzug unter A a 2: (50,00 — 40,00) · 20000 PS = 800000,00 RM, so daß der Mindestansatz von 10,00 · 20000 PS = 200000,00 RM als Wert des Wassernutzungsrechts verbleibt.

Die vorgelegte Aufstellung der Anlagekosten ergibt folgende Hauptposten:

Gesamtanlagekosten		8800000 RM
davon Grundstücke	700000 RM	
Anlagekosten der Kanäle u. Stollen	2100000 RM	
Betriebsanlagengebäude	300000 RM	
		3100000 RM
verbleiben		5700000 RM

bei dem nach Anlage 1 II für das Baujahr 1928 geltenden Gesamtkostenindex (Anlage 1 II auf S. 107 unten) von 159,4; auf 1934 umgerechnet wird der Ausgangswert also $\frac{128,5}{159,4} \cdot 5700000 = 4595000$ RM. Abzug für Abnützung (Abschreibung) nach Richtl. III A c Abs. 2 ergibt bei 7 Jahren Bestandsdauer 1,5×7 = 10,5%, das sind 482475 RM. Die Berücksichtigung des Heimfalles nach Richtl. III A d 3 α ergibt

Wert der Anlage	4595000 *RM*
Heimfallsentschädigung	1500000 *RM*
Unterschied	3095000 *RM*

mal $\frac{\text{Bestandszeit 7 Jahre}}{\text{Erlaubnisdauer 60 Jahre}}$

also Wertminderung wegen Heimfalles: 361063 *RM*. Die allgemeine Abschreibung nach Richtl. III A c geht über die Wertminderung wegen Heimfalles hinaus, infolgedessen ist hier gemäß Richtl. III A d 3 Schlußsatz diese allgemeine Abschreibung abzusetzen und bleibt die (geringere) Wertminderung wegen Heimfalles unberücksichtigt*).

Als bisherige Aufwendungen nach Richtl. III A d 5 für behördlich vorgeschriebene Uferinstandhaltungen und Aufwendungen zur Aufrechthaltung der Floßfahrt werden 40000 *RM* nachgewiesen, also durchschnittlich 5714 *RM* jährlich, die mit 18 kapitalisiert 102852 *RM* ergeben.

Für die geltend gemachten besonderen wertmindernden Umstände nach Richtl. III A d 6 ζ ergab ein eingehendes amtliches Sachverständigengutachten nach 130 auf S. 90 einen Abzug von 459500 *RM* als angemessen. Der Zeitwert der Anlage ist:

Ausgangswert (ausschl. der Grundstücksbestandteile)	4595000 *RM*
Abzug für Abnützung	482475 *RM*
Zeitwert	4112525 *RM*
Zeitwert der Gebäude nach 2 b auf S. 131	205350 *RM*
desgl. Wert der Grundstücke (ebendort unter 2 c)	300000 *RM*
die Kanäle, Stollen usw. machen einen Zeitwert (nach 2a, unten) aus von	1498106 *RM*
die Gesamtanlagekosten sind sind also am Stichtag	6115981 *RM*.

Der Abzug für die wertmindernden Umstände nach 122 und 93 beträgt mithin $459500 + 102852 = 562352$ *RM*

oder $\frac{562352}{6115981} \cdot 100 =$ rund 9,195%

vom Zeitwert aller Bestandteile der Anlage, also auch vom Zeitwert der Grundstücke und Gebäude.

Hiernach ist die Wertberechnung zu A aufgestellt.

2. Die Bewertung der Grundstücksbestandteile nach Richtl. III B durch das BelegenheitsFA. geht wie folgt vor sich:

Das SitzFA. teilt dem BelegenheitsFA. nach 137 (S. 95) mit:

a) Anlagekosten der Kanäle, Stollen usw. 2100000 *RM*, umgerechnet von 1928 mit dem Baukostenindex (Anlage 1 II auf S. 107 oben links) 175,3 auf 1934 mit 131,5:

---

*) Wenn z. B. die Erlaubnisdauer nur 50 Jahre und die Heimfallsentschädigung 1000000 *RM* wäre, ergäbe sich die Wertminderung durch Heimfall zu $\frac{7}{50} \cdot 3595000 = 503300$ *RM*; die allgemeine Abschreibung ist dann geringer und statt ihr diese Wertminderung in Abzug zu bringen.

$\frac{131,5}{175,3} \cdot 2100000$ = Ausgangswert . . . . =	1575295 RM
hiervon ab 0,7% Abschreibung für 7 Jahre = 4,9% =	77189 RM
Zeitwert:	1498106 RM

b) Anlagekosten der Gebäude 300 000 RM, umgerechnet

wie vor: $\frac{131,5}{175,3} \cdot 300000$ = Ausgangswert. . . =	225040 RM
hiervon ab nach MinErl. S 3231 A—630 III 135: 1,25% für 7 Jahre = 8,75% vom Ausgangswert. . . =	19690 RM
bleibt Gebäudezeitwert	205350 RM.

c) Das SitzFA. teilt dem BelegenheitsFA. nach 136 die Plannummern der von den Bestandteilen der Anlage bedeckten Flächen mit, wofür letzteres einen Wert von 300000 RM ermittelt.

d) Ferner teilt das SitzFA. dem BelegenheitsFA. mit, daß auf Grund des Sachverständigengutachtens ein Abzug für Wertminderungen in Höhe von 9,195% nach Richtl. III B letzter Abs. vom Zeitwert der Grundstücksbestandteile anzubringen ist.

3. Das BelegenheitsFA. ermittelt nun den Wert der Grundstücksbestandteile der Wassernutzungsanlage:

a) Kanäle, Stollen usw. Zeitwert	1498106 RM
b) Gebäude Zeitwert	205350 RM
c) Grundstücke	300000 RM
	2003456 RM
hiervon ab nach Richtl. III B Schlußsatz 9,195% . .	184218 RM
Wert	1819238 RM,

der dem SitzFA. mitzuteilen ist.

4. Insgesamt ist sodann der Teilwert der Wirtschaftseinheit der Wassernutzung:

Teilwert der Wasserkraftnutzung nach der Wertberechnung (S. 134)	3750173 RM
Wert der Grundstücksbestandteile wie unter 3 . . .	1819238 RM
Gesamter Teilwert der Wirtschaftseinheit	5569411 RM.

B. Sonstige Wassernutzungen.

Für eine Dampfkraftanlage sind Wasserentnahme- und Wiedereinleitungsanlagen ohne besonderen Grundstücksbedarf für eine Wassermenge von 100 l/sec im Herstellungswert von 70000,— RM vorhanden und unter III der Beschreibung ausgewiesen; die Entnahme und Einleitung ist gebührenfrei.

Die **Bewertung** des Teilwertes dieser sonstigen Wassernutzung geht wie folgt vor sich:

Wert des Wassernutzungsrechts (Richtl. III A a 2) für die

Entnahme von Gebrauchswasser (16 auf S. 39)

$\frac{1}{10} \cdot 500 =$ 50 *RM*, jedoch Mindestansatz . . . . = 100 *RM*

desgl. für die Abwassereinleitung $\frac{1}{10} \cdot 1000$ . . . . = 100 *RM*

200 *RM*.

Die Anlagekosten auf 1934 als Ausgangswert umgerechnet wie auf S. 107 sind: $\frac{128{,}5}{159{,}4} \cdot 70000 = 56430$,— *RM*. Die Abschreibung für Abnutzung ist für 7 Jahre Bestandsdauer $1{,}5 \times 7 = 10{,}5\%$, d. s. 5925,— *RM*. Zu den besonderen wertmindernden Umständen wird geltend gemacht (s. S. 128), daß die Entnahme und Einleitung zwar unwiderruflich erlaubt sei, der Verwendungszweck jedoch praktisch mit dem Ablauf der Erlaubnis der Kraftanlage hinfällig werde. Dies ist einleuchtend, daher Richtl. III A d 3 β anzuwenden gerechtfertigt. Hieraus nach S. 77:

Wert der Anlage 70000 *RM*.

90% hiervon $\times \frac{7}{60}$ = Wertminderung = 7350 *RM*; da diese Wertminderung größer ist als die gewöhnliche Abschreibung, ist nach Richtl. III A d 3 Schlußsatz und 96 auf S. 78 diese letztere Wertminderung zugrunde zu legen.

Die zur Wasserkraftnutzung geltend gemachten besonderen Umstände (S. 130) sind auch auf diese sonstige Wassernutzung anzuwenden; daher auch hier zur Wertberechnung B d der dort zu A d ermittelte Abzug von 9,195% vom Zeitwert der Anlage,

das sind 9,195% von (56430—7350) oder

9,195% von 49080 = 4513,— *RM*.

Bewertungsbeispiel I.

Finanzamt Y **Anlage 3**

Aktenzeichen: EWB. II Nr. ....

Wertberechnung

für Wassernutzungsanlagen und sonstige Wassernutzungen

der Firma L

Sitz der Firma M

Ort der Anlage P

auf 1. Januar 1935

	Betrag RM	Betrag RM
A. Wasserkraftnutzung (Ziff. II der „Beschreibung")		
a) 1. Wert des Wassernutzungsrechts (Richtl. III A a 1) mit 50 RM je PS bei 20 000 PS Ausbauleistung (Richtl. III A b 1 Abs. 2)	1 000 000	
2. hievon ab, weil für Wassernutzung eine jährl. Gebühr von 40 000 RM ~~je PS~~ an das Reich (ermäßigte Gebühr. Richtl. III A a 3) zu entrichten ist,*) 40 RM × 20 000 (PS) × 18 = ...	800 000	200 000
b) 1. Anlagekosten nach den Einheitssätzen (Richtl. Anl. 11) Bewertungsklasse .... für eine Leistung (Beschreibung II 3) von .... PS zu je RM .... (ohne Grundstücke, Kanäle und Gebäude) . . . . . . = **Ausgangswert**		—
oder		
2. nachgewiesene Kosten der Anlage (Beschreibung II 10 bezw. II 9b und c nach den von OStI. Huber geprüften Nachweisen (Richtl. III A b 2 und Anl. 1 II) im Baujahr 1928	8 800 000	
abzügl. der nachgewiesenen Kosten der Kanäle, Stollen unter eigenem Grund, Speicherweiher und Betriebsanlagengebäude, für die besondere Einheitswerte festzustellen sind (Richtl. II A 2 und III B), auch ausschl. Grundstücken . . .	3 100 000	
verbleiben:	5 700 000	
auf 1934 (Index 128,5) umgerechnet = **Ausgangswert**		4 595 000

*) vgl. Richtlinien III A a 1 und 3.

		Betrag RM	Betrag RM
c)	Abzug für Abnützung (Richtl. IIIAc) für *7* Jahre mit je 1,5 v. H. vom Ausgangswert (Höchst-Abzug 60 v. H. des Ausgangswertes) .	*482 475*	
	oder allgemein übliche Abschreibungen (Richtl. III A c Schlußsatz)	—	
d)	Berücksichtigung von Besonderheiten nach Richtl. III A d Ziff. 2—4 *Erlaubnisdauer 60 Jahre, Heimfallsentschäd. RM 1 500 000; ist geringer als Abzug f. Abnützung.*	—	
	wiederkehrende Leistungen nach Richtl. IIIAd5 für *Ufer-Instandhaltung und Floßfahrt* jährl. *5714* × 18 = ...	*102 852*	
	Übertrag	*585 327*	*4 795 000*
	Berücksichtigung von wertmindernden Umständen (Richtl. III A d 6, α—ι, Beschreibung IV 1. u. 2.) gem. beigefügter kurzer Begründung und Berechnung wegen**) *Richtlinien III A d 6 ζ, lt. Gutachten d. amtl. Sachverst. N. N. vom 10. 6. 36: 9,195 % vom Zeitwert*	*459 500*	
	Summe der Wertminderungen:		*1 044 827*
	A. Teilwert der Wasserkraftnutzung ausschl. der Grundstücke		*3 750 173*
	B. Sonstige Wassernutzung (Ziff. III der „Beschreibung")		
a)	Wert des Wassernutzungsrechts (Richtl. III A a 2) mit ______ × ______ =	*200*	
	hievon ab, weil für Wassernutzung eine jährl. Gebühr von ______ RM je ______ an ______ zu entrichten ist,*) ____ RM × ____ × 18 =	—	*200*
b)	**Anlagekosten** der Einrichtungen nach Beschreibung III, 5 nach den von *OStI. Huber* geprüften Nachweisen (Richtl. III A b 2) im Baujahr *1928*	*70 000*	

*) vergl. Richtlinien III A a 2 und 3.

**) Etwaige weitere vom Hauptort nach Richtl. III A d 6 Schlußsatz besonders anerkannte Wertminderungen sind hier als solche gekennzeichnet vorzutragen.

	Betrag RM	Betrag RM
abzügl. der nachgewiesenen Kosten der Kanäle, Stollen unter eigenem Grund, Speicherbecken und Betriebsanlagengebäude, für die besondere Einheitswerte festzustellen sind (Richtl. II A 2 und III B 7), auch ausschl. Betriebs-, Vorrats- und Schutz-Grundstücken	—	
verbleiben	70 000	
auf 1934 (Index 128,5) umgerechnet = **Ausgangswert**		56 430
c) Abzug für Abnutzung (Richtl. III A c) für 7 Jahre mit je 1,5 v. H. (Höchst-Abzug 60 v. H. des Ausgangswertes) =		
oder allgemein übliche Abschreibungen (Richtl. III A c Schlußsatz)	—	
d) Berücksichtigung von Besonderheiten nach Richtl. III A d 2—4 *nach III A d 3 β gemäß Antrag zu III 4 der Beschreibung*	7350	
wiederkehrende Leistungen nach Richtl. III A d 5 für ———		
jährl. ——— RM × 18 . . . . =	—	
Berücksichtigung von besonderen Umständen (Richtl. III A d 6, α—ι, Beschreibung IV. 1. u. 2.) gem. beigefügter kurzer Begründung und Berechnung wegen**) *wie bei A d: 9,195 % vom Zeitwert*	4513	
Summe der Wertminderungen		11 863
B. Teilwert der sonstigen Wassernutzungen ausschl. der Grundstücke		44767

Zusammenstellung:

A. Teilwert der Wasserkraftnutzung	RM	3750173
B. Teilwert der sonstigen Wassernutzungen	RM	44767
Gesamter Teilwert der Wassernutzungen ausschl. der Grundstücke	RM	3794940

**) Etwaige weitere vom Hauptort nach Richtl. III A d 6 Schlußsatz besonders anerkannte Wertminderungen sind hier als solche gekennzeichnet vorzutragen.

Anlage 2.

Bewertungsbeispiel II.

Gemeinde .... *E*		**Katasteramt** .... *G*		
Finanzamt .... *F*		~~**Stadtkreis**~~	}	
		~~**Bezirksamt**~~	}	
Einheitswertbogen		~~**Landkreis**~~	}	.... *H* ....
		Amtshauptmannschaft	}	
		~~**Oberamtsbezirk**~~	}	

Beschreibung*)

der

Wassernutzungsanlagen

der Firma: .... *K* ....

Sitz der Firma: .... *L* ....

Ort der Anlagen: .... *M* ....

I. Allgemeines.

1. Die **Anlage liegt** im Amtsbereich[1])
~~des — Land- — Stadtkreises — Bezirksamts~~
der Amtshauptmannschaft — ~~Oberamtsbezirk:~~ .... *P* ....
des ~~Reichswasserstraßenamts~~ —
~~Straßen- und Flußbauamts~~ —
~~Wasserbauamts~~ —
Straßen- und Wasserbauamts — } .... *Q* ....
~~Wasser- und Straßenbauamts~~ —
~~Kulturbauamts~~

2. **Eigentumsverhältnisse des genutzten Gewässers:**
(Reichswasserstraße — Gewässer I., II., III. Ordnung — öffentliches — Privat- Staatsprivat- Gewässer — Eigentumsgewässer):

.... *Eigentumsgewässer* ....

3. a) Ist für die Benutzung des Gewässers eine **Abgabe an Reich, Land, Provinz, Kreis, Gemeinde oder eine Körperschaft des öffentlichen Rechts** zu entrichten (Wasserzins, Wasserbenutzungsgebühr, Anerkennungsgebühr[1]):
(ja?) .... (nein?) .... *nein* ....

b) Höhe dieser Abgabe: jährlich *RM*[2]) ————
oder einmalig am[2]) ———— *RM* ....

---

[1]) Nicht Zutreffendes ist zu streichen.

[2]) Die Art und Höhe der Gebühr ist der Verleihungsurkunde, dem Genehmigungsbeschluß u. dgl. zu entnehmen.

*) Bei mehreren örtlich getrennten Wassernutzungsanlagen ist für jede Anlage ein besonderer Bogen einzureichen.

4. Die **Wassernutzung ist letztmals genehmigt** durch Verleihungsbeschluß — Genehmigungsbeschluß — Sicherstellungsurkunde des[1]) *der Amtshauptmannschaft P*

vom *18. 5. 1927* Aktenzeichen: *1718*

II. Wasserkraftnutzung.

1. Die Wasserkraft wird ausgenützt:
   a) im **eigenen gewerblichen Betrieb**[2]) . . . (ja? nein?) *ja*
   b) zur **Elektrizitätsversorgung**, d. h. zur Abgabe elektrischen Stromes gegen Bezahlung an Andere[2]) . . . . (ja? nein?) *nein*
   c) im **eigenen landwirtschaftlichen Betrieb** . (ja? nein?) *nein*
   d) bei Ausnützung im eigenen gewerblichen Betrieb erfolgt die Kraftübertragung dorthin:
   mechanisch (durch Wellen, Riemen, Seile) . . *ja, bei Wasserrad*
   oder
   elektrisch (eigene Stromerzeugungsanlage für den eigenen Bedarf) . . . . *ja, bei Turbinen*
2. **Baujahr der wichtigsten Anlagenteile:**
   Wehr- und Kanal — Anlage im derzeitigen Bestand erbaut im Jahre . . . . *Kanal ca. 100 Jahre alt. Wehr: 1926*
   Turbinen eingebaut im Jahre *1926*
3. **Ausgenütztes Gefälle** an den Wasserkraftmaschinen m *Rad: 3,0, Turb.: 30,0*
   größte zu verarbeitende Wassermenge[3])
   (Ausbau-Wassermenge) der Anlage . . . . m³/sec *Rad: 0,5, Turb.: 1,3*
   Gesamtleistung aller Wasserkraftmaschinen . . PS *Rad: 14, Turb.: 440*
   Anzahl der Wasserkraftmaschinen zusammen Stück *3*
   Art der Wasserkraftmaschinen:
   Turbinen oder Wasserräder? *1 Wasserrad, 2 Spiralturbinen*
4. Ist eine **eigene Stauanlage** (Wehr) vorhanden? *ja 2 Wehre*
   Art dieser Stauanlage (Holzwehr, Steinwehr, Betonwehr, mit oder ohne Schützen u. dgl.):
   a) für Wasserrad: altes Holzwehr,
   b) für Turbinen: Betonwehr mit Leerschuß.

   Länge des Wehres von Ufer zu Ufer gemessen *a) 20 m; b) 15 m* m
5. Ist ein **Stauweiher** oder **Stausee** vorhanden? *Nein*
6. a) Länge des künstlich angelegten **Oberwasserkanals** und **Unterwasserkanals**
   (der Werksgräben) zusammen . . . . *a) 50 m; b) 400 m* m

---

[1]) Nennung der Behörde, welche diese Urkunde (Beschluß) ausgefertigt hat.

[2]) Falls die Kraftnutzung beiden Zwecken dient, ist anzugeben wieviel Prozent (v. H.) der gesamten gewonnenen Jahresarbeit (PSh, kWh) auf a) und b) entfallen.

[3]) Insbes. dann anzugeben, wenn die eingebaute Turbinenleistung größer ist, als der durch den Kanal zuführbaren Wassermenge entspricht.

b) Länge einer etwa vorhandenen **Druckrohrleitung** . *b) 800* m
c) Länge von etwa vorhandenen **Stollen** . . . . —— m
davon liegen unter fremdem Grund . . . . —— m

7. a) **Welche Erzeugnisse** werden in dem durch die Wasserkraftanlage betriebenen gewerblichen oder landwirtschaftlichen Betrieb hergestellt:

a) Sägewerk, b) Holzwarenfabrik

b) Arbeitet dieser Betrieb in einer Schicht, in zwei oder drei Schichten täglich?
Bei normaler Beschäftigung *2* Schichten
derzeit . . . . *2* Schichten

8. a) Ist die Wasserkraftanlage
unwiderruflich . . . .
befristet (auf bestimmte Dauer) . .
jederzeit widerruflich genehmigt? .
} *kein Widerruf*
Ablauf der Erlaubnisdauer bei befristeter Erlaubnis (Verleihung) am ——

b) ist ein **Heimfall** an den Staat ausbedungen, wann und unter welchen Bedingungen?

c) ist die Anlage für dauernd **außer Betrieb**, seit wann und warum?

9. **Noch nicht ausgeübtes Nutzungsrecht.**

Wenn der Veranlagungspflichtige **am 1. Januar 1935 nur das Benutzungsrecht** (Erlaubnis, Verleihung, Genehmigung zur Errichtung einer Wasserkraftanlage) besaß, aber die Anlage noch nicht begonnen oder noch nicht fertiggestellt ist, sind die Fragen unter I und ferner die folgenden Fragen zu beantworten:

a) voraussichtlicher Zeitpunkt der Fertigstellung?
b) bisherige Aufwendungen für den Bau nach dem Stand vom 1. Januar 1935: . . . . *RM*
c) Kaufpreis der zur Ausführung der Anlage bis zum 1. Januar 1935 erworbenen Grundstücke und Gebäude[1]) . . . . *RM*

10. Insbesondere für **große Wasserkraftanlagen**, bei welcher bei der Bewertung von den **nachweisbaren Anlagekosten** ausgegangen wird (vgl. Anleitung Ziff. I, 1b).

Anlage-Kosten gemäß der beigefügten Einzelaufstellung (vgl. Anleitung Ziff. II, 10) . . . . *RM*

[1]) Durch Kauf-Urkunden, Kauf-Verträge usw. oder beglaubigte Abschriften oder Quittungen zu belegen; die bezüglichen Plan-Nummern sind in besonderer Aufstellung beizugeben.

III. Sonstige Wassernutzungen.

1. **Art der Wassernutzung:**
   a) **Wasserentnahme**[1]) als Fabrikationswasser — ~~Kühlwasser — Waschwasser~~ — ~~Kondensationswasser~~ Kesselspeisewasser — ~~für öffentliche Wasserversorgung~~ — oder *und Wasserversorgung des Ortes M.*
   b) **Wasser-Einleitung**[1]) von unreinem Abwasser — Kühlwasser — Kondensationswasser — oder
   c) zur Entnahme — Einleitung[1]) erlaubte Wassermengen[2]):
   Entnahme *25* l/sec.; Einleitung *10* l/sec.
2. Baujahr der Anlage? Erbaut im Jahre *1926*
3. Sind besondere Anlagen zur Entnahme bzw. Einleitung vorhanden und welcher Art?[3]) *Quellstollen u. Hochbehälter*
4. Ist die Wasser-Entnahme bezw. Einleitung
   unwiderruflich . . . .
   befristet (auf bestimmte Dauer) . .
   jederzeit widerruflich genehmigt? . . } *ohne Befristung*
   Ablauf der Erlaubnisdauer bei befristeter Erlaubnis (Verleihung) am
5. Die **Anlage-Kosten** der Wasser-Entnahme- bezw. Einleitungsanlagen betragen lt. beigefügter Einzelaufstellung (vgl. Anleitung Ziff. III, 5) . . . . *RM* *30 000*

IV. Wertmindernde Umstände
(zu II. u. III. der Beschreibung).

1. Ruhen auf der Wassernutzungsanlage (Ziff. II und III) außer den in Ziffer I 3 angegebenen Abgaben (Wasserzins, Wasserbenützungsgebühr) noch **andere Belastungen** und durch den Erlaubnis- (Verleihungs-) Beschluß auferlegte Verpflichtungen zur Instandhaltung von Gewässern, Uferstrecken und -Bauwerken, öffentlichen Wegen und Brücken, Anlagen der Reichsbahn oder Reichspost u. dgl. **ausschl.** der Instandhaltung der Betriebskanäle (Betriebsgräben) und der Stauanlage (Wehr)
   ja? nein? *nein*

   In welcher Höhe waren im Laufe der letzten 10 Jahre (oder, falls die Anlage noch nicht so lange besteht, seit deren Bestand) Aufwendungen zur Erfüllung solcher Auflagen zu machen?
   in den letzten *8* Jahren betrugen diese Aufwendungen[4]) *RM* *6 000.—*

---

[1]) Nicht Zutreffendes ist zu streichen, andere Verwendungszwecke sind anzugeben. — Landwirtschaftliche Wasserentnahme (zur Wiesenwässerung u. dgl.) gehört nicht hieher.

[2]) Als Wassermenge ist die von den Pumpen, aus den Brunnen oder sonstigen Entnahme- oder Einleitungseinrichtungen im Dauerbetrieb lieferbare bezw. förderbare Wassermenge anzugeben.

[3]) Gemäß Anleitung Ziff. III, 3 kurz zu beschreiben.

[4]) Belege sind vorzuweisen oder der Erklärung beizugeben.

2. Liegen **besondere Umstände** (Anleitung Ziff. IV, 2) vor, welche den Wert der Wassernutzung oder den Wert der Anlagen **erheblich vermindern?**

Kurze Angaben; (eingehende Begründung mit zahlenmäßigem Nachweis der Wertminderung ist beizufügen).

Wasserrad-Anlage ist ruinös und daher außer Betrieb; Einbau einer Turbine ist vorgesehen. Es wird beantragt, die Wasserradanlage deshalb nicht zu veranlagen. Infolge Abwanderung der Exportkundschaft ist meine Beschäftigung um 20 % gesunken und wird entsprechende Ermäßigung erbeten.

Ich/Wir versicher....., die vorstehenden Angaben nach bestem Wissen und Gewissen gemacht zu haben.

.... (Ort), den .... 193....

(Firmenstempel Unterschrift) ....

....

Bewertungsbeispiel II.

Die Beschreibung zeigt, daß die Wasserkraftanlage aus zwei Teilanlagen besteht:

a) Wasserradanlage, die abbruchreif ist,

b) neuzeitlicher Turbinenanlage;

beide müssen getrennt bewertet werden.

Nachprüfung nach Richtl. IV 2:

zu a): $3{,}0 \cdot 0{,}5 \cdot 8{,}0 = 12$ PS;
zu b): $30 \cdot 1{,}3 \cdot 10{,}6 = 415$ PS; } Angabe von 454 PS richtig.

Rückfrage beim Straßen- und Wasserbauamt ergibt, daß Wassermengen und Gefälle mit Wasserbucheintrag stimmen und Wasserrad unbrauchbar ist. Die Wasserradanlage ist daher nach Richtl. III A d 2 mit 10% Abbruchwert zu bewerten; das zugehörige Wassernutzungsrecht ist voll zu bewerten, da es nicht erloschen oder aufgegeben ist (vgl. 90 auf S. 75). Der Antrag auf Nichtbewertung kann nicht berücksichtigt werden. — Zu Frage IV 1 ist das Vorliegen von Instandhaltungsauflagen verneint, trotzdem will der Pflichtige einen Abzug für jährlich $\frac{6000}{8} = 750$ *RM* Aufwendungen geltend machen; offensichtlich versteht er also hierunter die Instandhaltung der zum Betrieb der Anlage gehörigen Bestandteile; eine Berücksichtigung dieser Betriebsaufwendungen ist aber nach II A d 5 Schlußsatz nicht statthaft.

Wertberechnung.

a) Wassernutzungsrecht für 454 PS anzusetzen; kein Abzug (weil keine Benützungsgebühr).

b) 1. Anlagekosten der Turbinenanlage. Frage II 10 nicht beantwortet, also Bewertung nach Einheitssätzen. Länge der Kanäle größer als jene der Rohrleitung, daher nach Vorbemerkung zu Anlage 1 Abs. 4 die Kurve Nr. 1 S. 105 zu benutzen, welche für 440 PS den Wert von 405 *RM*/PS ergibt; dazu 9% für elektrische Anlage: Ausgangswert $= 441 \cdot 440 = 194\,040$ *RM*. — Dieser Wert bezieht sich bereits auf den Stichtag (Richtl. III A b 1), also keine Umrechnung mit Indexzahlen.

c) Abzug für Abnützung: Baujahr der Turbinenanlage 1926; Alter 9 Jahre; Abschreibung also $9 \cdot 1{,}5 = 13{,}5\%$ vom Ausgangswert $= 13{,}5 \cdot 194040 = 26195$ *RM*. — Allgemein übliche Abschreibung wird nicht verlangt.

d) Die geltend gemachte Absatzbeschränkung (Frage IV 2) wird von der zuständigen Industrie- und Handelskammer auf Grund näherer Angaben des Pflichtigen bestätigt und als ein längerdauernder, durch Inlandsabsatz wertmäßig nicht einbringbarer Ausfall begutachtet; der wertmäßige Ausfall wird auf 15% geschätzt. Daher wird billigerweise der besondere wertmindernde Umstand nach Richtl. III A d 6 β (Verlagerung im Versorgungsgebiet, Umstellung auf andere Erzeugnisse) eingeräumt und 15% vom Ausgangswert abgesetzt. — Es ist aber dann darauf zu achten, daß nicht vom Gesamtbetriebsvermögen nochmals ein entsprechender Abzug gemacht und dadurch für den im Gesamtbetriebsvermögen enthaltenen Teilwert der Wasserkraftnutzung doppelt berücksichtigt würde; ein solcher Abzug wäre dort aus dem Gesamtbetriebsvermögen abzüglich des Teilwertes der Wasserkraftnutzung zu errechnen! Wasserradanlage: 14 PS zu je 280 *RM* nach Kurve Nr. 1 auf S. 104; mit 10% dieses Wertes anzusetzen gibt 392 *RM*, wie auf der Wertberechnung S. 144 unten hinzugefügt.

Die Wertminderungen machen 28,5% vom Ausgangswert der Turbinenanlage aus; die gleiche prozentuale Wertminderung ist wie im 1. Berechnungsbeispiel S. 131 auch beim Grundstückswert abzusetzen.

Der gleiche Betrieb besitzt eine eigene Quellwasserleitung nach Beschreibung III mit Einleitung des Abwassers in den Fluß.

a) Wassernutzungsrecht nach Richtl. III A a 2;

1. Fall, Entnahme: $\frac{25}{100} \cdot 1000 = 250$ *RM*.

4. Fall, Einleitung: $\frac{10}{1000} \cdot 1000 = 10$ *RM*, jedoch Mindestansatz von 100 *RM* anzusetzen; zusammen also $150 + 100 = 250$ *RM*.

b) Von den 30 000 *RM* angegebenen Anlagekosten entfallen 5000 *RM* auf Grundstücke, so daß als Betriebsvorrichtungen 25 000 *RM* verbleiben, welche vom Baujahr 1926 auf 1934 umzurechnen sind mit $\frac{128,5}{153,8} \cdot 25000 = 20887$ *RM*.

Bewertungsbeispiel II.

Finanzamt ____________ **Anlage 3**

Aktenzeichen: EWB. II Nr. ________

Wertberechnung

für Wassernutzungsanlagen und sonstige Wassernutzungen

der Firma *K*

Sitz der Firma *L*

Ort der Anlage *M*

auf 1. Januar 1935

A. **Wasserkraftnutzung** (Ziff. II der „Beschreibung")	Betrag *RM*	Betrag *RM*
a) 1. Wert des Wassernutzungsrechts (Richtl. III A a 1) mit 50 *RM* je PS bei *454* PS Ausbauleistung (Richtl. III A b 1 Abs. 2)	*22 700*	
2. hievon ab, weil für Wassernutzung eine jährl. Gebühr von ______ *RM* je PS an ______ zu entrichten ist,*) —— *RM* × —— (PS) × 18 = ...	—	*22 700*
b) 1. Anlagekosten nach den **Einheitssätzen** (Richtl. Anl. 1 I) Bewertungsklasse *C 1* für eine Leistung (Beschreibung II 3) von *440* PS zu je *RM* *441* (ohne Grundstücke, Kanäle und Gebäude) . . . . = **Ausgangswert**		*194 040*
oder		
2. **nachgewiesene Kosten** der Anlage (Beschreibung II 10 bezw. II 9b und c nach den von ______ geprüften Nachweisen (Richtl. III A b 2 und Anl. 1 II) im Baujahr ______		
abzügl. der nachgewiesenen Kosten der Kanäle, Stollen unter eigenem Grund, Speicherweiher und Betriebsanlagengebäude, für die besondere Einheitswerte festzustellen sind (Richtl. II A 2 und III B), auch ausschl. Grundstücken . . .		
verbleiben:		
auf 1934 (Index 128,5) umgerechnet = **Ausgangswert**		
c) Abzug für Abnützung (Richtl. III A c) für *9* Jahre mit je 1,5 v. H. vom Ausgangswert (Höchst-Abzug 60 v. H. des Ausgangswertes) .	*26 195*	
oder allgemein übliche Abschreibungen (Richtl.) III A c Schlußsatz)	—	
d) Berücksichtigung von Besonderheiten nach Richtl. III A d Ziff. 2—4 ______	—	

*) vgl. Richtlinien III A a 1 und 3.

	Betrag RM	RM
wiederkehrende Leistungen nach Richtl. III A d 5 für ________	—	—
jährl. ________ × 18 = ...		
Übertrag	*26 195*	*216 740*
dazu Wasserrad-Anlage 14 PS zum Abbruchwert: 10 % v. 280 RM		*392*
Übertrag		*217 132*
Berücksichtigung von wertmindernden Umständen (Richtl. III A d 6, α—ι, Beschreibung IV 1. u. 2.) gem. beigefügter kurzer Begründung und Berechnung wegen**) *III A d 6 β u. Gutachten der Ind.- u. Handelskammer in Y (vgl. Beilage)*	*29 106*	
Summe der Wertminderungen:		*55 301*
A. **Teilwert der Wasserkraftnutzung** ausschl. der Grundstücke		*161 831*
B. **Sonstige Wassernutzung** (Ziff. III der „Beschreibung")		
a) Wert des Wassernutzungsrechts (Richtl. III A a 2) mit ________ × ________ =	*250*	
hievon ab, weil für Wassernutzung eine jährl. Gebühr von — RM je ________ an ________ zu entrichten ist,*) ____ RM × ____ × 18 =	—	*250*
b) **Anlagekosten** der Einrichtungen nach Beschreibung III, 5 nach den von *Stl. Müller* geprüften Nachweisen (Richtl. III A b 2) im Baujahr *1926*	*30 000*	
abzügl. der nachgewiesenen Kosten der Kanäle, Stollen unter eigenem Grund, Speicherbecken und Betriebsanlagengebäude, für die besondere Einheitswerte festzustellen sind (Richtl. II A 2 und III B 7), auch ausschl. Betriebs-, Vorrats- und Schutz-Grundstücken	*5 000*	
verbleiben	*25 000*	
auf 1934 (Index 128,5) umger. = **Ausgangswert**		*20 887*
c) Abzug für Abnutzung (Richtl. III A c) für *9* Jahre mit je 1,5 v. H. (Höchst-Abzug 60 v. H. des Ausgangswertes) =	*2 820*	

*) vergl. Richtlinien III A a 2 und 3.

**) Etwaige weitere vom Hauptort nach Richtl. III A d 6 Schlußsatz besonders anerkannte Wertminderungen sind hier als solche gekennzeichnet vorzutragen.

	Betrag RM	Betrag RM
oder allgemein übliche Abschreibungen (Richtl. III A c Schlußsatz)	—	
d) Berücksichtigung von Besonderheiten nach Richtl. III A d 2—4 ________________	—	
wiederkehrende Leistungen nach Richtl. III A d 5 für ________________ jährl. ______ RM × 18 . . . . =	—	
Berücksichtigung von besonderen Umständen (Richtl. III A d 6, α—ι, Beschreibung IV. 1. u. 2.) gem. beigefügter kurzer Begründung und Berechnung wegen**)	—	
Summe der Wertminderungen		2820
B. Teilwert der sonstigen Wassernutzungen ausschl. der Grundstücke		18317

Zusammenstellung:

A. Teilwert der Wasserkraftnutzung . . . . RM 161831
B. Teilwert der sonstigen Wassernutzungen . . . . RM 18317

Gesamter Teilwert der Wassernutzungen ausschl. der Grundstücke . . . . RM 180148

**) Etwaige weitere vom Hauptort nach Richtl. III A d 6 Schlußsatz besonders anerkannte Wertminderungen sind hier als solche gekennzeichnet vorzutragen.

Für die Bewertung einschlägige wassergesetzliche Bestimmungen.

I. Eigentumsverhältnisse.

A. Oberflächenwasser.

1. Reich.

Alle der Großschiffahrt dienenden natürlichen und künstlichen Wasserstraßen (Flüsse, Kanäle) sind durch den Staatsvertrag über den Übergang der Wasserstraßen an das Reich vom 31. 3./26. 9. 1921 aus der Hoheit der Länder in den Besitz des Reiches übergegangen. Die an diesen Wasserstraßen gewinnbaren Wasserkräfte fielen dem Reich zu; die bereits im Betrieb oder Bau befindlichen Wasserkräfte blieben im Eigentum der sie errichtenden Länder. Die bei Vertragsschluß bestehenden Rechte Anderer an den Wasserstraßen blieben unberührt. Etwaige von den Ländern vorher erhobene Abgaben (Wasserzinse) aus Benützungsrechten fielen fortan dem Reich zu.

2. Länder.

Im Eigentum des Landes stehen:

in Preußen (WG. vom 7. 4. 1913) die Wasserläufe 1. Ordnung, die in einem besonderen Verzeichnis benannt sind (im allg. die schiffbaren Wasserläufe);

in Bayern (WG. vom 23. 7. 1907) die öffentlichen Gewässer, das sind die zur Schiff- und Floßfahrt dienenden Flüsse und z. T. Seen, erstere auch mit ihren Nebenarmen; die zur Schiff- und Floßfahrt dienenden und nach dem WG. ebenfalls zu den öffentlichen Flüssen zählenden Kanäle sind nach A seither ausgeschieden*);

die Privatflüsse im Eigentum des Staates (Staatsprivatflüsse) nach besonderem auf Besitztitel des Staates gegründetem Verzeichnis, nebst einer Anzahl von Seen;

in Sachsen (WG. vom 12. 3. 1909) die Flußbetten der Freiberger, Zwickauer und Vereinigten Mulde (die Elbe ist nach A seither ausgeschieden);

in Baden (WG. vom 26. 6. 1899 und 12. 4. 1913) die zur Schiffahrt und Floßfahrt geeigneten fließenden Gewässer, alle übrigen fließenden Gewässer stehen im Eigentum der Gemeinden;

in Württemberg (WG. vom 1. 12. 1900) alle in einem natürlichen oder künstlichen Bett ständig fließenden Gewässer und die Seen mit ständigem Ablauf, also praktisch alle ausnutzbaren Gewässer;

in Thüringen (verschiedene Teilgesetze, Notgesetz vom 20. 12. 1923 und 25. 1. 1927 betr. Stau- und Wasserkraftanlagen) die ständig in einem natürlichen oder künstlichen Bett fließenden Gewässer und die Seen und Teiche mit ständigem Zufluß und Abfluß, also praktisch alle ausnutzbaren Gewässer auf der Erdoberfläche;

in den übrigen kleinen Ländern gilt z. T. das römische Recht, z. T. sind keine besonderen Wassergesetze vorhanden und die Eigentumsverhältnisse auf die vorhandenen Rechte und Besitztitel abgestützt.

---

*) Jene öffentlichen Flüsse, welche Schiffahrtsstraßen sind, schieden zwar als Landeseigentum aus, sind jedoch trotzdem wassergesetzlich öffentliche Flüsse.

3. Privateigentum.

Im übrigen — außer Baden und Württemberg — stehen die Oberflächengewässer im Eigentum der Ufereigentümer (Wasserläufe 2. und 3. Ordnung in Preußen, Privatflüsse und -gewässer in Bayern*), Eigentumsgewässer in Sachsen); Privatgewässer kennt das badische und württembergische Wasserrecht nicht.

B. Grundwasser.

Das unter einem Grundstück vorhandene unterirdische Wasser (Grundwasser) ist z. T. ausgesprochen (Bayer. WG. Art. 16), z. T. mangels anderer gesetzlicher Vorschriften, im Eigentum des Grundstücksbesitzers solange, als es das Grundstück nicht z. B. durch den Abfluß von Quellen verlassen hat.

Für Mineral- und Heilquellen und für Grubenwässer gelten zumeist besondere Gesetze (Berggesetze usw.); zum Schutz von Heilquellen sind besondere das Privateigentumsrecht am Grundwasser hinsichtlich seiner Zutageförderung beschränkende Schutzvorschriften in manche Wassergesetze, z. B. in das Bayer. WG. (Art. 20), in das Preuß. WG. (§ 394), in das Sächs. WG. (§ 54 ff.) eingebaut.

II. Nutzungsrecht.

A. Oberflächenwasser.

Allgemein reichsgesetzlich ist nach § 16 RGewO. für Stauanlagen von Wassertriebwerken die Genehmigung der gemäß dem Landesgesetz zuständigen Behörde (Verwaltungsbehörde) nötig; der Ablauf dieser Genehmigung nach § 49 RGewO. (wenn nicht innerhalb eines Jahres mit der Ausübung begonnen wird oder wenn der betr. Gewerbebetrieb während 3 Jahren eingestellt ist, in beiden Fällen Fristverlängerung auf Antrag möglich) bedeutet nach den Landes-WG. zugleich auch den Ablauf der sonstigen landeswassergesetzlichen besonderen Erlaubnisse.

Zu dieser gewerbepolizeilichen Genehmigung tritt in den einzelnen Ländern hinzu:

Preußen: Für alle Arten des Wassergebrauches und -verbrauches und der Anstauung bedarf es bei Wasserläufen 1., 2. und 3. Ordnung der Verleihung der Verwaltungsbehörde, welche ein auf dem Unternehmen ruhendes Recht begründet, das auf Antrag auch mit dem Grundstück verbunden werden kann. Die Verleihung kann für immer oder für eine bestimmte Zeit (nicht auf Widerruf) erteilt werden; sie kann zurückgenommen werden bei überwiegenden Nachteilen für öffentliche Interessen gegen Entschädigung und bei Zuwiderhandlungen gegen die Verleihungsbedingungen oder bei Aufhören der Benützung nach § 49 RGewO. ohne Entschädigung. — Die Verleihung erfolgt unter den im öffentlichen Interesse nötigen Bedingungen. Bei Seen mit natürlichem Abfluß, künstlichen Wasserläufen und Talsperren steht den Eigentümern derselben ein Einspruchsrecht gegen die Benützung zu. Wasserbenützungsgebühren (Wasserzins) sind durch das Preuß. WG. weder ausgeschlossen

*) Soweit nicht im Besitz des Staates als Staatsprivatflüsse, vgl. unter 2. — Die „Privatflüsse im Eigentum Dritter“ und die „geschlossenen Gewässer“ (z. B. Seen, Weiher) stehen unbeschadet des Besitzrechtes am Ufer im Privateigentum eines Anderen.

noch vorgeschrieben, sie können für die Benützung von Wasserläufen 1. Ordnung erhoben werden; praktisch werden jedoch Wasserzinse nicht erhoben. Die Verleihung muß, wenn nicht öffentliche Interessen entgegenstehen, erteilt werden.

Die beim Inkrafttreten des WG. von 1913 bereits bestandenen und daher nicht nach diesem Gesetz verliehenen Wassernutzungsrechte konnten nach § 86 WG. auf Antrag der Berechtigten noch besonders durch die Verleihungsbehörde „sichergestellt" werden; die Sicherstellung stellt sie den verliehenen Rechten gleich. — Durch Ges. vom 19. 3. 1935 finden vom 1. 4. 1935 an keine weiteren Sicherstellungen mehr statt, um vor Inkrafttreten des Reichswasserrechtes keine neuen, diesem entgegenstehenden Rechtslagen zu schaffen.

Bayern: Zur Benutzung der öffentlichen Gewässer und der Staatsprivatgewässer ist die Wasserbenützungserlaubnis des Staates erforderlich, welche grundsätzlich nur auf bestimmte Zeit oder gegen Widerruf erteilt wird. Alte unwiderrufliche Rechte, die bei Inkrafttreten des WG. vorlagen, blieben bestehen. Die Erteilung der Erlaubnis liegt im Ermessen des Staates, ein Recht auf Erhalt der Erlaubnis gibt es nicht. Mit der Erlaubnis werden die im öffentlichen Interesse erforderlichen Bedingungen auferlegt. Vorhaben des Staates unterliegen der gleichen öffentlichen verfahrensmäßigen Behandlung wie Privatunternehmen. Die Erlaubnis ruht auf dem Unternehmen, mithin auf dem dazugehörigen Grundstück; in seltenen Fällen wurden (zur Vermeidung von spekulativem Handel mit Erlaubnissen) früher Erlaubnisse an bestimmte Personen (Gesuchsteller) erteilt, dann aber nötigenfalls bei Besitzwechsel auf die neuen Unternehmungen übertragen.

Nach Art. 73 WG. können für die besonderen Wasserbenutzungen an den öffentlichen und Staatsprivatgewässern Gebühren erhoben werden und sind auch, insoweit nicht ältere Rechte entgegenstehen, regelmäßig auferlegt; ihre Höhe liegt in der Regel zwischen 4.— bis 6.— RM je PS mittlerer Leistung, abgesehen von besonderen wirtschaftlichen Fällen.

Für Wassernutzungen an Privatgewässern ist nur die gewerbepolizeiliche Genehmigung in Verbindung mit der wasserpolizeilichen Prüfung des Vorhabens vom Standpunkt öffentlicher Interessen und entgegenstehender Rechte Anderer und Genehmigung der Verwaltungsbehörde unter den gegebenenfalls dafür nötigen Auflagen vorgeschrieben.

Sachsen. Für alle besonderen Wassernutzungen — mit Ausnahme solcher des Staates selbst — bedarf es der verwaltungsbehördlichen Erlaubnis, welche dem Unternehmen unter den zum Schutze öffentlicher Interessen oder anderer bestehender Rechte nötigen Bedingungen auf bestimmte Zeit oder auf Widerruf erteilt wird; sie kann wegen überwiegender Nachteile und Gefahren für das Gemeinwohl ganz oder teilweise zurückgenommen werden, und zwar ohne Entschädigung bei Zuwiderhandlung gegen die auferlegten Schutzbestimmungen bei Einleitung schädlicher Stoffe und sonst bei Nachteilen und Gefahren, welche dem Nutzungsberechtigten zur Last fallen. Die Erteilung der Erlaubnis kann nur bei Verletzung öffentlicher Interessen, erheblicher Beeinträchtigung schon erlaubter Nutzungen oder erheblicher Benachteiligung anderer Grundstücke sowie für offenbar unwirtschaftliche oder unzweckmäßige Vorhaben versagt werden, im übrigen besteht ein Anspruch auf Erlaubniserteilung.

Wasserbenützungsgebühren werden nicht erhoben.

Baden: Für die Benützung der im staatlichen oder gemeindlichen Besitz stehenden Gewässer ist eine Verleihung nötig, welche dem Unternehmer unter den im öffentlichen Interesse nötigen Bedingungen entweder für dauernd oder auf bestimmte Zeit oder auf Widerruf erteilt wird und allgemein an eine Wasserbenützungsgebühr geknüpft ist, welche sich nach der mittleren Leistung der Rohwasserkraft bemißt (Rohwasserkraft s. 13 auf S. 31) und fallweise von der Wasser- und Straßenbaudirektion festgesetzt wird. Von der Wasserbenützungsgebühr befreit sind alle von öffentlicher Hand oder von Privaten in öffentlichem oder gemeinnützigem Interesse ausgeführten Unternehmungen mit Ausnahme von Wasserkraftanlagen, auch wenn diese solchen Voraussetzungen genügen würden.

Württemberg: Für alle Wasserkraftnutzungen bedarf es der Verleihung, welche Ermessenssache ohne einen Anspruch des Unternehmers hierauf ist und für immer, unter besonderen Umständen auch auf bestimmte Zeit, erteilt wird. Wasserregalzinse werden nur bei solchen Anlagen erhoben, welche bei Inkrafttreten des WG. von 1900 hierzu verpflichtet waren und diese Leistung nicht abgelöst haben.

Thüringen: Eine Verleihung auf immer oder auf bestimmte Zeit ist nötig und kann bei entgegenstehenden Rücksichten des öffentlichen Wohles oder von Rechten anderer versagt werden. Bei Widerruf wird, falls nicht schuldhafte Zuwiderhandlungen gegen die Verleihungsbestimmungen vorliegen, volle Entschädigung gewährt. Durch ein besonderes Reichsgesetz vom 13. 2. 1935 sind mit Rücksicht auf umfangreiche wasserwirtschaftliche Vorhaben (Talsperrenanlagen) besondere, insbesondere verfahrensrechtliche und enteignungsrechtliche Bestimmungen vorbereitend für das kommende Reichswasserrecht eingeführt worden.

Allgemeines: Bei zeitlich befristeter Erlaubnis (Verleihung) sind in den Bedingungen zumeist auch besondere Vorschriften für den am Ende der Erlaubnisdauer stattfindenden Heimfall der Anlagen an den Staat bezüglich der an das Unternehmen zu zahlenden Heimfallsentschädigung enthalten. Die Entschädigung errechnet sich meist aus den Anlagekosten abzüglich einer bestimmten jährlichen Abschreibung und zuzüglich der während der Betriebszeit gemachten Erneuerungsaufwendungen. In besonderen Fällen gehen einzelne Teile (z. B. Wasserbauanlagen) ohne Entschädigung, andere Teile (z. B. Maschinenausrüstung) gegen eine bestimmte Entschädigung an den Staat über; selten ist entschädigungsloser Heimfall vorgesehen. Auch die Wiedererneuerung der Erlaubnis, falls der Staat die Anlage nicht übernehmen will, kann vorgesehen sein.

Die im allgemeinen im Erlaubnis-, Verleihungs- oder Genehmigungsverfahren auferlegten Bedingungen sehen insbesondere bei den im Eigentum des Staates stehenden Gewässern Auflagen zur Instandhaltung von Flußufern, von Bauwerken des Reiches oder Staates, der Reichsbahn, Reichspost, von Gemeinden und dgl. vor, also von Teilen, welche nicht zur Wassernutzungsanlage gehören, vielmehr durch deren Errichtung oder Betrieb unmittelbar oder mittelbar beeinflußt werden. Z. B.: Sicherungsbauten der Flußufer in der Ausnutzungsstrecke, Ausbaggerung von Anlandungen infolge der durch die Wasserableitung verminderten eigenen Räumungskraft des Flusses in seinem eigenen Bett, Sicherungsmaßnahmen an Brücken, Fähren, Bahn- oder Straßendämmen längs des Flusses oder des Werkkanals, Sicherung von Leitungsmasten usw. — Solche Auflagen und Leistungen sind streng zu trennen von jenen Leistungen, welche zur Erhaltung der Nutzungsanlagen selbst in sicherem und betriebsfähigem Zustand zu machen sind (auch wenn solche Bestimmungen unter Umständen in den Genehmigungsbedingungen aufgeführt sein sollten) und welche daher keine Auflagen, sondern Betriebsmaßnahmen darstellen (vgl. Richtl. III A d 5 S. 79).

B. Grundwasser.

Die Entnahme von Grundwasser aus dem unterirdischen Wasservorrat über die Zwecke des eigenen häuslichen und landwirtschaftlichen Bedarfes hinaus, d. h. also die Entnahme zur gewerbsmäßigen Abgabe von Wasser oder die Entnahme zu einem — auf dem gleichen Grundstück oder auf einem anderen Grundstück ausgeübten — gewerblichen Zweck bedarf im allgemeinen der Genehmigung der Verwaltungsbehörde, nach Preuß. WG. auch der Verleihung (oder kann für ältere Rechte durch Sicherstellung wie unter II A rechtlich der Verleihung gleichgestellt werden).

Die Entnahme von Grundwasser zum Gebrauch für Haushalt und Wirtschaft des Grundeigentümers ist Ausfluß des Grundeigentums und rechtlich nicht gegen Einwirkungen, z. B. durch Maßnahmen auf anderen Grundstücken geschützt. Jedoch sind solche häuslichen Nutzungen meist vor Benachteiligungen durch genehmigungs- (verleihungs-) pflichtige neue Vorhaben des vorigen Abs. dadurch geschützt, daß im Falle einer solchen Benachteiligung Bedingungen zur Abwendung des Schadens oder zur Entschädigung auferlegt werden müssen (z. B. Preuß. und Bayer. WG.), meist wenn eine 30jährige ununterbrochene Benützung vorliegt.

C. Einleitung schädlicher Stoffe.

Bei der Wichtigkeit des Wassers für Leben und Wirtschaft sehen alle WG. strenge Bestimmungen für die stets erlaubnis-, genehmigungs- oder verleihungspflichtige Einleitung schädlicher flüssiger oder fester Stoffe in die Gewässer oder den Grundwasservorrat vor. Diese Erlaubnis usw. kann gleich wie das Eigentum am Gewässer beschaffen sein (also auch bei Einleitung in Privat- oder Eigentumsgewässer), grundsätzlich nur jederzeit widerruflich erteilt werden; entsprechende Bedingungen sichern die Ungefährlichkeit der Vorflut in Hinsicht auf Hygiene, Fischerei und Gemeingebrauch, indem sie das zulässige Maß der Verunreinigung feststellen und die vorherige entsprechende reinigende Behandlung der einzuführenden Abwässer oder dgl. vorschreiben und den Flußzustand überwachen lassen.

D. Gemeingebrauch.

Alle Arten der Wasserbenützung, welche ohne besondere Einwirkungen auf das Gewässer und auf die Rechte anderer sind, stellen den Gemeingebrauch dar. Darunter sind zu verstehen ohne Rücksicht auf das Eigentum am Gewässer:

Wasserschöpfen mit Handgefäßen, Baden, Waschen, Viehtränken, Viehschwemmen, Befahren mit kleinen Fahrzeugen ohne eigene Antriebskraft,

Eisbahn auf Eigentums- (Privat-) gewässer; ferner die Entnahme von Sand, Kies, Steinen, Eis aus den Gewässern 1. Ordnung (Preußen) bzw. aus öffentlichen und Staatsprivatflüssen (Bayern) und den sonstigen Gewässern im Staatseigentum; in Sachsen außerdem die Schiffahrt und Flößerei mit verbundenen Hölzern, in Preußen außerdem die Einleitung der Abwässer aus eigenem Haushalt und Wirtschaft, jedoch nicht durch gemeinsame Anlagen für mehrere.

III. Vollzugsbehörden. Wasserbücher.

Der Vollzug der wassergesetzlichen (und einschlägigen gewerbegesetzlichen) Bestimmungen und die Durchführung der Verfahren liegt bei den Bezirksverwaltungsbehörden in 1. Instanz, welche sich bei den technischen Fragen der Mitwirkung der staatlichen Baubehörden bedienen. Die Erlaubnis- (Verleihungs-) erteilung bei Nutzungen an den im Eigentum des Staates stehenden Gewässern liegt letzten Endes bei den Ministerien, welchen diese Gewässer unterstellt sind.

Die Verwaltungsbehörden führen über die rechtlichen und technischen Verhältnisse der erlaubten bzw. verliehenen, sichergestellten oder genehmigten Wassernutzungen Wasserbücher, in welche die Eintragung neuer (d. h. seit Erlaß der betr. WG. genehmigter) Nutzungen von Amts wegen, jene bereits bestandener Nutzungen auf Antrag erfolgt. Der Eintrag in das Wasserbuch ist nicht rechtsbegründend. Infolge des Fehlens eines Zwanges zum Eintrag bestandener Rechte sind die Wasserbücher mehr oder weniger unvollständig. — Neben den Wasserbüchern werden in verschiedenen Ländern auch in der obersten Instanz Wasserkraftkataster geführt (z. B. Bayern, Baden), die sich meist durch Genauigkeit auszeichnen, jedoch auch nur die seit Bestehen der betr. Landes-WG. erlaubten bzw. genehmigten Anlagen auf Grund der Verfahrensunterlagen sicher erfassen*). Daneben verfügen auch die zuständigen Baubehörden meist über Verzeichnisse und Unterlagen der in ihren Bezirken gelegenen Wassernutzungsanlagen. Wo aber (z. B. in Thüringen) weder Wasserbücher noch eine obere Wasserbehörde vorhanden ist, werden die gegebenenfalls nötigen Angaben bestmöglich von den Bauämtern beizuziehen sein.

---

*) In Bayern sind auch die alten Wasserkraftanlagen erfaßt.

Die wichtigsten Berechnungshilfen für den Bewertungsvorgang.

(Erklärung der Grundbegriffe s. S. 31 bis 40).

Mechanische Leistung.

Theoretische Leistung (Rohleistung) einer Wasserkraft in PS:

$$N = \frac{1000}{75} \cdot Q \cdot H = 13{,}33 \cdot Q \cdot H;$$

Leistung der Wasserkraftmaschinen (mit e = Wirkungsgrad) in PS:

$N = 13{,}33 \cdot Q \cdot H \cdot e;$

im Durchschnitt für Wasserräder $N = 8{,}0 \cdot Q \cdot H;$

für Turbinen $N = 10{,}6 \cdot Q \cdot H;$

1 PS eine Stunde lang geleistet gibt die Arbeit von 1 PSh;

bei gegebener Leistung der Wasserkraftmaschinen ist die zu deren Gewinnung nötige Wassermenge im Durchschnitt

bei Wasserrädern $Q = \frac{N}{8 \cdot H};$

bei Turbinen $Q = \frac{N}{10{,}6 \cdot H};$

aus der Ausbauwassermenge Q_a ergibt sich die Ausbauleistung, aus der mittl. Wassermenge Q_m ergibt sich die mittl. Leistung.

Bei Pumpenanlagen ist die zur Wasserförderung nötige, der Pumpe zuzuführende Leistung $N = 16{,}7 \cdot Q \cdot H;$

die förderbare Wassermenge ist $Q = \frac{0{,}064 \cdot N}{H};$

wobei überall H in Metern (m) und Q in Kubikmetern je Sekunde (m^3/sec) ausgedrückt ist.

Elektrische Leistung.

1 PS dem Generator zugeführt gibt 0,666 kW; 1 PSh = 0,666 kWh;

1 kW Generatorleistung braucht 1,5 PS zum Antrieb des Generators; 1 kWh = 1,5 PSh;

1 kW elektrischer Leistung eine Stunde lang geleistet gibt die Arbeit von 1 kWh;

ein Elektromotor braucht für 1 PS Leistungsabgabe rd. 0,82 kW;

1 kW elektr. Leistung einem Motor zugeführt gibt rd. 1,22 PS;

(zu beachten: Leistungsangaben von elektr. Generatoren in kVA sind nicht gleich kW; 1 kW ist im Durchschnitt zu 1,33 kVA anzusetzen).

Wassermengen.

1 m^3/sec = 100 l/sec = 86 400 m^3/Tag = 31 536 000 m^3/Jahr;

1 l/sec = 60 l/min = 3,6 m^3/h.

Zeiten.

1 Jahr = 31 536 000 sec; 1 Tag = 86 400 sec;

1 Jahr einschichtiger Betrieb hat 2400 h

zweischichtiger " " 4800 h

dreischichtiger " " 7200 h.

Abkürzungen.

h	Stunde	m	Meter		
min	Minute	m^2	Quadratmeter		
sec	Sekunde	m^3	Kubikmeter		
Q	Wassermenge	Q_a	Ausbauwassermenge	Q_m	mittl. Wassermenge
H	Gefälle				
e	Wirkungsgrad				
N	Leistung				
PS	Pferdekraft	PSh	Pferdekraftstunde	(1 PS 1 h lang)	
kW	Kilowatt	kWh	Kilowattstunde	(1 kW 1 h lang).	

Stichwort-Verzeichnis.

(Die Zahlen bedeuten die Seiten).

Z.

FSC
www.fsc.org
MIX
Papier | Fördert
gute Waldnutzung
FSC® C083411

Kolibri 360 GmbH
Ferdinand-Jühlke-Straße 7
99095 Erfurt, Deutschland
produktsicherheit@kolibri360.de